普通高等教育工程管理类"十四五"规划教材

项目管理

XIANGMU GUANLI

主 编 田文迪 吴金红

华中科技大学出版社
http://press.hust.edu.cn
中国·武汉

图书在版编目(CIP)数据

项目管理/田文迪,吴金红主编.—武汉:华中科技大学出版社,2023.9(2025.7重印)
ISBN 978-7-5680-9810-6

Ⅰ.①项… Ⅱ.①田… ②吴… Ⅲ.①项目管理 Ⅳ.①F224.5

中国国家版本馆 CIP 数据核字(2023)第 149894 号

项目管理
Project Management

田文迪　吴金红　主编

策划编辑:聂亚文	
责任编辑:白　慧	
封面设计:孢　子	
责任监印:朱　玢	
出版发行:华中科技大学出版社(中国·武汉)	电话:(027)81321913
武汉市东湖新技术开发区华工科技园	邮编:430223
录　排:华中科技大学惠友文印中心	
印　刷:武汉科源印刷设计有限公司	
开　本:787 mm×1092 mm　1/16	
印　张:17	
字　数:435 千字	
版　次:2025 年 7 月第 1 版第 3 次印刷	
定　价:48.00 元	

本书若有印装质量问题,请向出版社营销中心调换
全国免费服务热线:400-6679-118　竭诚为您服务
版权所有　侵权必究

前言

一、概论

项目无处不在,大到中国万里长城的修建,小到组织一次联欢晚会,都可以称为项目。正如美国项目管理协会(PMI)所指出的,当今世界是"项目的世界"(a world of projects)。在这样一个项目化的世界,出现了大量开展项目和推进项目化管理的需求,社会上出现了大量项目管理咨询公司,企业界也出现了项目管理热。人们普遍认为,项目管理是企业应对现代快速、复杂、多变和多样化市场及经济环境的最有效手段,是一套完整的工作流程。学习项目管理知识、方法和技能将有助于管理者把工作做得更好、走向成功。有效应用项目管理将极大降低企业管理成本、优化资源、提升企业的决策能力和组织凝聚力,从而助力企业实现战略目标。

大学生是祖国建设的生力军,本书主要是针对"项目管理"素质教育课程而编写的,旨在向更多大学生普及项目管理理论和方法,引导学生运用项目管理的思维和方法开展学习和工作。

本书特色:

(1) 以项目管理流程为框架结构。本书按照项目启动、项目计划、项目实施、项目控制和项目收尾五个过程来组织编写,有助于在短时间内掌握对项目进行有效管理的方法。

(2) 短小精悍的项目管理案例。本书穿插了大量的经典案例,可帮助学生理解项目管理知识点。

(3) 知识扩展。本书在每章知识要点后配有对应的知识扩展内容,可以丰富学生的项目管理知识。

(4) 免费精选工具与模板。本书提供了项目管理经典模板,便于学生迅速了解工作分解结构(WBS)、责任分配矩阵(RAM)、挣值分析法(EVM)等。

(5) 丰富的习题。本书每个章节都配有大量习题,包含单选题、多选题、判断题、简答题和案例分析题等,题型丰富,可帮助学生巩固项目管理知识要点。

二、本书结构和内容

本书以PMI的项目管理知识体系(PMBOK®)为主线,按照项目管理流程(项目启动、项目计划、项目实施、项目控制和项目收尾)的基本框架进行编写。

第一部分：项目管理的基础理论（第 1 章），主要介绍项目、项目管理的概念和项目管理知识体系，以及项目管理与运营管理的区别。

第二部分：项目启动（第 2 章），主要介绍如何进行项目选择、明确项目目标、识别项目相关方、组建项目团队、签发项目章程和召开项目启动会。

第三部分：项目计划（第 3 章、第 4 章、第 5 章和第 6 章）。第 3 章主要介绍项目范围管理计划的相关知识。首先介绍项目范围、项目范围管理的相关概念和范围管理过程的工作内容，然后介绍项目范围管理计划编制，最后介绍项目范围说明书、工作分解结构和范围基准。第 4 章主要介绍项目时间管理的相关知识。首先介绍时间管理的相关概念和时间管理过程的工作内容，然后分别介绍定义活动、活动排序、活动资源和时间的估算，最后介绍项目进度计划编制。第 5 章主要介绍项目资源、成本和采购管理计划的相关内容。第 6 章主要介绍项目风险和质量管理计划的相关内容。首先介绍风险的定义与分类、风险管理计划的概念；其次介绍如何识别风险，如何进行风险定性和定量分析，如何制订风险应对计划；最后介绍质量管理计划的相关内容。

第四部分：项目实施（第 7 章），主要介绍项目施工过程中的团队组织结构，项目团队的建设和管理，项目沟通与冲突处理。

第五部分：项目控制（第 8 章和第 9 章）。第 8 章主要介绍项目范围控制、进度控制和成本控制等核心控制的相关内容，着重介绍挣值分析法。第 9 章主要介绍辅助控制的相关内容，包含质量控制、风险控制、沟通控制、采购控制和相关方控制等控制工作。

第六部分：项目收尾（第 10 章），主要介绍项目终止、项目收尾、项目验收、项目后评价和经验总结的基本概念与相关知识。

三、教学建议

（1）教学目标。

使学生掌握项目管理的基本概念和项目管理知识体系（PMBOK®）相关内容，掌握有效的项目管理技能与方法，培养学生应当具备的知识、能力和素养，具体包含以下三个方面。

知识目标：使学生熟悉项目、项目管理的基本概念，重点掌握项目启动、项目计划、项目实施、项目控制和项目收尾各个过程的具体工作；项目管理十大知识领域穿插在项目管理五个过程中，学生应重点掌握项目范围管理、项目时间管理、项目成本管理、项目质量管理、项目风险管理的相关内容和方法，了解项目沟通管理、项目采购管理、项目相关方等内容。

能力目标：通过对项目生命周期、过程管理等方面的教学，使学生掌握工程项目或产品设计的全周期、全流程管理，能对项目进行启动、计划、实施、控制和收尾；通过对项目范围管理、时间管理、成本管理、资源管理等方面的基本理论知识的教学，培养学生遵循工程逻辑，将工程、产品设计项目进行工作结构分解的能力，能根据工作分解结构编制项目进度管理计划、成本管理计划、资源管理计划等；使学生掌握全周期、全流程产品开发的项目管理方法论，并能够在毕业设计、课程设计、创新实践中进行应用。

素质目标:通过对时政热点和经典案例的学习和讨论,增强学生的民族责任感和自豪感,培养学生的家国情怀和奉献精神;通过分组讨论和合作交流的形式,培养学生的团队协作精神;以问题为导向,帮助学生运用项目管理的基本知识解决问题,培养学生遵纪守法、诚实守信的职业素养,帮助学生形成良好的心理素质、创新素质和综合素质。

(2)教学知识点及教学安排建议。

基本框架	章 节	各章主要知识点	课时安排
基础理论	第1章 走进项目:夯实基础,科学管理	• 项目的概念、特性和要素 • 项目管理的产生和发展 • 项目管理的概念、特性 • 项目管理与运营管理的区别 • 项目管理知识体系	2~4课时
项目启动	第2章 项目启动:充分授权,师出有名	• 基于战略规划的项目选择 • 基于SMART法则的项目目标 • 识别项目相关方 • 组建项目团队 • 签发项目章程 • 召开项目启动会	2~6课时
项目计划	第3章 项目计划:工作分解,明确范围	• 项目范围管理概述 • 项目范围管理计划编制 • 项目范围说明书 • 工作分解结构(WBS) • 范围基准	2~4课时
项目计划	第4章 项目计划:估算时间,制订计划	• 项目时间管理概述 • 定义活动 • 活动排序 • 估算活动资源和活动时间 • 项目进度计划编制	2~6课时
项目计划	第5章 项目计划:预估成本,采购资源	• 项目资源管理计划 • 项目成本管理计划 • 项目采购管理计划	2~4课时
项目计划	第6章 项目计划:预估风险,保证质量	• 项目风险管理计划 • 项目质量管理计划	2~4课时
项目实施	第7章 项目实施:依计而行,团队协作	• 项目组织结构 • 项目团队 • 项目沟通与冲突处理	2~4课时

续表

基本框架	章节	各章主要知识点	课时安排
项目控制	第8章 项目控制：核心控制，随机应变	• 项目控制概述 • 范围控制 • 进度控制 • 成本控制	2～4课时
	第9章 项目控制：辅助控制，精益求精	• 质量控制 • 风险控制 • 沟通控制 • 采购控制 • 相关方控制	2～4课时
项目收尾	第10章 项目收尾：善始善终，总结经验	• 项目终止 • 项目收尾 • 项目验收 • 项目后评价 • 项目经验总结	2～4课时

四、教辅资料

课程教学网站及各章末尾提供了各种类型的习题，包括单选题、多选题、判断题、简答题和案例分析题等，同时可为教师提供相关教辅资料，包括课程大纲、配套课件、管理模板和习题答案。这些教辅资料可以减轻教师的教学负担，给教学工作带来一定的帮助。联系出版社或登录课程教学网站可以获得本书配套教辅资料。

五、致谢

本书在编写过程中参阅了大量资料及有关人员的研究成果，在此对他们表示衷心感谢。

感谢武汉纺织大学管理学院的领导和同事对本书的出版所给予的大力支持，感谢武汉纺织大学"项目管理"课程组的谢静老师、瞿翔老师、陈勇跃老师、张文芬老师、郭昊老师、卢巍老师、杨晓花老师、余牛老师和李文莉老师，他们分别对本书的第1章、第2章、第3章、第5章、第6章、第7章、第8章、第9章和第10章进行了修订和指导，感谢中南财经政法大学的赵雁老师和中南民族大学的别黎老师，他们对本书的第4章进行了修订和指导，他们毫不吝啬地分享自己的大量教学成果和研究成果。

感谢对本书做出贡献的同学们，特别是孙子丹、杨毅、邢汶渊、李依澎、胡蓉、向东蔚和佘俊等研究生为本书的素材收集和整理做了大量工作，在此一并感谢。

感谢出版社的编辑老师，他们为本书的顺利出版提供了宝贵的建议。

由于编者的视野和能力有限，不能全面反映整个项目管理流程错综复杂的情况，书中难免存在疏漏和不妥之处，敬请读者批评和指正。

编　者
2023年5月于武汉光谷

目录

第1章 走进项目：夯实基础，科学管理 .... (1)
1.1 项目 .... (2)
1.2 项目管理的产生和发展 .... (8)
1.3 项目管理 .... (12)
1.4 项目管理知识体系 .... (15)

第2章 项目启动：充分授权，师出有名 .... (28)
2.1 基于战略规划的项目选择 .... (30)
2.2 基于SMART法则的项目目标 .... (34)
2.3 识别项目相关方 .... (37)
2.4 组建项目团队 .... (41)
2.5 签发项目章程 .... (47)
2.6 召开项目启动会 .... (49)

第3章 项目计划：工作分解，明确范围 .... (60)
3.1 项目范围管理概述 .... (61)
3.2 项目范围管理计划编制 .... (63)
3.3 项目范围说明书 .... (64)
3.4 工作分解结构（WBS） .... (65)
3.5 范围基准 .... (77)

第4章 项目计划：估算时间，制订计划 .... (85)
4.1 项目时间管理概述 .... (86)
4.2 定义活动 .... (88)
4.3 活动排序 .... (89)
4.4 估算活动资源和活动时间 .... (97)
4.5 项目进度计划编制 .... (99)

第5章 项目计划：预估成本，采购资源 .... (118)
5.1 项目资源管理计划 .... (119)
5.2 项目成本管理计划 .... (123)
5.3 项目采购管理计划 .... (133)

第 6 章　项目计划：预估风险，保证质量 ·· (144)
　6.1　项目风险管理计划 ··· (145)
　6.2　项目质量管理计划 ··· (157)

第 7 章　项目实施：依计而行，团队协作 ·· (173)
　7.1　项目组织结构 ·· (175)
　7.2　项目团队 ··· (181)
　7.3　项目沟通与冲突处理 ·· (188)

第 8 章　项目控制：核心控制，随机应变 ·· (197)
　8.1　项目控制概述 ·· (198)
　8.2　项目范围控制 ·· (201)
　8.3　项目进度与成本控制 ·· (204)

第 9 章　项目控制：辅助控制，精益求精 ·· (219)
　9.1　项目质量控制 ·· (220)
　9.2　项目风险控制 ·· (226)
　9.3　项目沟通控制 ·· (229)
　9.4　项目采购控制 ·· (231)
　9.5　项目相关方控制 ··· (232)

第 10 章　项目收尾：善始善终，总结经验 ·· (240)
　10.1　项目终止 ·· (241)
　10.2　项目收尾 ·· (246)
　10.3　项目验收 ·· (249)
　10.4　项目后评价 ··· (250)
　10.5　项目经验总结 ·· (256)

参考文献 ··· (262)

第1章 走进项目：夯实基础，科学管理

在当今社会，一切都是项目，一切都将成为项目。
——美国项目管理协会主席 Paul Grace
In today's society, everything is a project, and everything will become a project.
——Paul Grace, President of the Project Management Institute

 学习要求

☆ **了解**：项目管理的产生与发展，国际项目管理资格认证。
☆ **掌握**：项目的概念、特性和分类，项目管理的概念、特性，项目管理与运营管理的区别。
☆ **熟悉**：基于《PMBOK®指南》的项目管理知识体系。
☆ **核心概念**：项目、运营、项目管理。

武汉火神山、雷神山医院建设的"中国速度"!

2020年初，新型冠状病毒肺炎（2022年12月更名为新型冠状病毒感染）暴发，武汉作为抗击疫情的主战场，因医疗资源不足，出现了"人等床"现象。为解决这一难题，打赢武汉保卫战，4万多名医护人员逆行出征，又有4万余名建设者从八方赶来，并肩奋战。参照北京"小汤山"医院模式，抢建火神山医院和雷神山医院，两座医院建成历时仅十余天，速度惊人，体现了中国速度（见图1-1、图1-2）。

"小汤山"模式起源于2003年的非典时期，是全国各大城市为应对潜在的疫情风险，以"宁可备而不用，不可用而无备"为原则，开工建设的临时医院。

火神山医院位于武汉市蔡甸区，总建筑面积3.39万平方米，编设床位1000张，设置放射诊断等辅助科室，不设门诊。2020年1月24日，火神山医院相关设计方案完成，上百台挖掘机抵达现场待命；25日正式开工，26日第一间样板房建成；27日，场地整平、碎石、黄沙回填全部完成，首批箱式集装箱板房吊装搭建成功；28日，双层病房区钢结构初具规模……2020年2月1日，全面展开医疗配套设备安装，于2月2日正式交付并投入使用，2月4日正式收治病人。

项目管理

图 1-1　火神山医院现场建造图　　　　图 1-2　雷神山医院现场建造图

雷神山医院位于武汉市江夏区强军路，总建筑面积 7.97 万平方米，采取模块化设计，包括医疗隔离区、医护人员生活区、综合后勤区三大分区，病床共 1600 张，由武汉地产集团组织建设、中建三局以总承包方式承建。2020 年 1 月 25 日，武汉市决定建造雷神山医院，项目启动；1 月 26 日，雷神山医院已完成建筑总平面、6 个护理单元的基础图以及水电总图设计，并提供给施工单位进行现场施工；1 月 28 日 11 时，中国铁塔湖北武汉市分公司"雷神山突击队"顺利完成雷神山医院通信基站基础设施的新建及改造任务；1 月 29 日 18 时，雷神山医院通电；2 月 1 日晚，雷神山医院隔离病区首个完整病房样板正式完成；2 月 5 日，雷神山医院项目进入最后施工阶段，主体建设已经完成，施工进入冲刺阶段；2 月 6 日，雷神山医院正式通过武汉市城建和卫健部门的验收，并开始逐步移交；2 月 8 日，雷神山医院交付使用，首批医疗队员进驻，当天晚上 8 时收治了首批患者。

两座医院建造之初，上亿网民 24 小时"云监工"，为一线建设者鼓劲呐喊，那场面极其壮观：集结号吹响，上千台大型设备及运输车辆在工地上有序地穿梭作业，上万工人夜以继日地施工。火神山医院 10 天建成，雷神山医院 12 天建成，中国速度震惊世界。如此神速的建设背后，除了受中国速度的加持外，也离不开新技术的支撑和高效的管理。据了解，火神山医院和雷神山医院两座医院的建设，均采用了行业最前沿的装配式建筑技术，最大限度地采用拼装式工业化成品，同时，在外部拼接后进行整体吊装，将现场施工和整体吊装穿插进行，大幅减少现场作业的工作量和时间，实现了效率最大化。两座医院的建造，集中体现了"中国制造"的科技创新发展，给未来中国建造工业技术发展以丰富的启示。

思考：火神山医院和雷神山医院的建造是项目吗？为什么？

1.1　项　　目

项目无处不在，大到中国万里长城的修建，小到组织一次联欢晚会，都可以称为一个项目。

第1章 走进项目：夯实基础，科学管理

正如美国项目管理协会主席保罗·格雷斯(Paul Grace)所说："在当今社会，一切都是项目，一切都将成为项目。"那么究竟什么是项目？项目有什么特点？项目有哪些构成要素？项目又包含哪些类型？

1.1.1 项目的概念

对于项目，很多专家学者给出了不同的定义。虽然项目没有统一的定义，但不同的定义能够反映出项目相同的本质，其中比较经典的定义如下。

美国项目管理协会(Project Management Institute, PMI)认为项目是为创造独特的产品、服务或成果而进行的临时性工作。该定义包含：①独特的产品、服务或成果。开展项目是为了通过可交付成果达成目标。目标指的是工作所指向的结果、要达到的战略地位、要达到的目的、要取得的成果、要生产的产品或者准备提供的服务。可交付成果指的是在某一过程、阶段或项目完成时，必须产出的任何独特并可核实的产品、成果或服务能力。可交付成果可能是有形的，也可能是无形的。②临时性工作。项目的"临时性"是指项目有明确的起点和终点。"临时性"并不一定意味着项目的持续时间短。

国际项目管理协会(International Project Management Association, IPMA)认为项目是受时间和成本约束的、用以实现一系列既定目标的可交付物(达到项目目标的范围)，同时满足质量标准和需求的一次性活动。该定义指出，完成交付活动是在事先确定的要求和约束条件下进行的，是独特的、临时的。

国际标准化组织(International Organization for Standardization, ISO)把项目定义为由一系列具有开始和结束日期、相互协调和控制的活动组成的，通过实施活动而达到满足时间、费用和资源等约束条件和实现项目目标的独特过程。ISO 认为实现项目目标需要提供符合特定要求的交付物。该定义认为项目是由过程组成的，而过程是由活动组成的。

英国商务部(Office of Government Commerce)的受控环境下的项目管理(Projects in Controlled Environments, PRINCE2)认为项目是为了交付一个或多个商业产品而组建的临时性组织，从系统理论的角度把项目看作为了实现一个目标而把人员、设备、材料及设施组织起来并加以管理的系统，认为项目是一系列独特而又相互关联的任务，应该系统地考虑才能有效利用资源。因此，PRINCE2 把项目定义为：为了在规定的时间、成本和性能参数内实现特定的目标，由个人或团队进行的一组独特的、有明确的起点和终点的、相互协调的活动。

德国标准 DIN69901 直接根据项目的特征对项目进行定义，认为项目是指在总体上符合如下条件的唯一性任务：具有预定的目标，具有时间、财务、人力和其他限制条件，具有专门的组织。该定义体现了项目的主要特征，其中，预定的目标是指根据某种技术规格制定的目标，时间限制条件是指有确定的开始和结束日期，财务、人力和其他限制条件是指对资源消耗的限制，专门的组织是指项目团队。

上述项目的定义虽然文字表达有所不同，但其实质是相同的，都反映了项目的基本特征：项目是一项独一无二的任务，是在一定的约束条件下(主要是受到时间和资源约束)，为实现特定的预期目标而进行的一系列相关工作的总称。但是，从这些定义中看不出项目涉及多少人，有多大规模，需要多长时间来完成。因此，对以上定义需要做进一步说明。

(1) 项目是由一系列活动组成的任务。项目侧重于实现某一产品、服务或成果的过程。尽管项目的结果可能是某种产品，但产品本身不等于项目。例如，一条高速公路的建设过程是项

目,但建成后的高速公路本身不是项目,而是项目的结果,是一项设施。又如,开发一款新车的一系列研究设计和样车生产等活动是项目,而样车是该项目的结果,是一个产品。

(2) 项目定义不涉及项目规模的大小。项目可能很小,投资不超过1万元;项目也可能很大,投资上万亿元。项目可能在一个组织机构内就可以完成,甚至只需一人就能完成;也可能需要多个甚至上万个组织机构的几十万人的共同努力才能完成。例如,一个人的学位论文是由个人独立完成的,而在美国阿波罗登月工程项目的高峰时期,参加项目的组织机构有2万余家企业、200多所大学和80多个科研机构,总人数超过30万。

(3) 项目定义强调了时间限制,但没有定义时间的长短。有的项目在很短时间(如几天甚至几小时)内就可以完成,有的则需要很长时间(如几年甚至几十年)才能够完成。例如,一次郊游从策划到实施可能只用了一两天时间,而英法海底隧道项目从提出设想到最终完成历经近200年的时间。

1.1.2 项目的特性

一提起项目,人们就会想到中国的万里长城和古埃及的金字塔,就会想到美国的阿波罗登月工程、英法海底隧道、中国的三峡水电站……这种例子不胜枚举。但人们通常不会将企业的运营、产品的批量生产、工作族上班、学生上学等活动看作项目。为什么人们将上述工程认作项目,而认为日常生活和运营不是项目呢?项目的定义是人们长时间对现实中的项目进行概括总结而形成的,想要准确判断哪些活动是项目,哪些活动不是项目,就需要理解项目具有哪些特征。从本章的导入案例,可以清楚看出项目具有以下六大特征:

(1) 目标性。所有项目都是以完成个人或组织的目标为导向的,都要满足项目相关方的需求,都有期望的产品、服务或者成果。

(2) 临时性。每一个项目都有一个明确的开始时间和结束时间,即人们常说的"一次性",可以从以下几个方面来理解:①项目从开始到结束,不论历时的长短,总是受时限的制约,但并不一定意味着项目的持续时间短。②项目的临时性并不意味着项目所创造的产品、服务或成果具有临时性。临时项目所创造的成果往往具有长期且可持续的生命力,并对环境持续造成影响。例如,著名的都江堰水利工程至今仍在发挥作用。③项目可能因为多种情况而结束。在项目目标实现后,或者由于需求已不复存在时,或因某种原因无法继续进行或实现时,都意味着项目的结束。④临时性也表现为项目组织的临时性,即项目结束,组织解散。

(3) 独特性。项目所创造的产品、服务或成果与其他产品、服务或成果相比,并不是简单的重复,在某些方面有明显的差别。因为受到不同用户、不同需求、不同目标、不同时间、不同成本、不同质量标准、不同施工单位等因素的制约,没有两个项目是完全相同的。某个项目实际实施中,虽然部分过程、功能、人员等可以复制其他项目,但是并不存在所有因素完全一样的项目,尤其是时间因素(不同的时间,对风险的认识、应对策略不同)。

(4) 渐进明细性。通常把从提出项目概念至实现项目目标的过程(项目生命周期)分为若干个前后接续的项目阶段,依次实施,逐渐实现项目目标。为了便于项目管理和控制项目风险,每个项目阶段都有预期的可交付成果(一种可见的、能够验证的工作结果或产出物)。每个阶段结束时都进行评审:一是评价本阶段的绩效;二是决定是否要继续。例如,一个工程建设项目通常划分成可行性研究阶段、勘察设计阶段、工程施工阶段和交付使用阶段。可行性研究阶段的可交付成果是项目可行性研究报告,根据可行性研究报告的结果决定是否要继续;勘察设计阶段的可交付成果是项目设计方案,根据设计结果进行施工;工程施工阶段的可交付成果是完成的工程设施和项目竣工验收报告,根据竣工验收报告决定项目是否投入使用。将一个项目分解成若干个前后接续的项目阶段并依次实施,说明项目具有渐进明细性。

(5)制约性。项目的实施总是受质量、需求、时间进度、成本费用及资金、人力资源、技术实力、信息传递、物资资源、自然环境、政策法规等条件的限制,其中资金是制约项目规模的关键性条件。我国许多项目都存在规模过小和分散的特点,其中的重要原因之一就是资金的缺乏和分散,这又在一定程度上影响了经济效益和资金的供应。

(6)不确定性。项目的目标(产品、成果或服务)事先并不可见,前期只能粗略地进行定义和描述,随着项目的进行,这些目标和过程逐渐变得清晰、明朗、完善和精准。不确定性也暗示在项目进行的过程中,一定会出现修改、纠正、补充、删除等现象,发生相应的变更。因此,项目经理们在实施项目工作时,要正确面对变更,不要惊慌失措。

1.1.3 项目的要素

项目的要素是指与项目活动有关的各个方面的总和,项目管理人员必须对项目的组成要素有正确的认识和足够的了解。项目一般由以下五要素构成:

(1)项目范围。项目范围在这里不是指项目的时间,而是指每个项目的边界,包括产品范围和项目过程范围等,主要是产品和项目的特性及功能。项目过程范围就是依据生产出来的产品或者服务的范围来定义项目,比如 IT 项目接到的钱包项目,规定这个钱包支付宝和微信都能支付。

(2)项目组织。项目组织是为了完成项目而组建的组织,一般也称为项目班子、项目团队或项目组。项目组织的组织机构设置、具体职责、人员构成及配置等会因项目的性质、复杂程度、规模大小和持续时间长短等有所不同。项目组织可以是另外一个组织机构的下属单位或机构,也可以是一个单独的组织机构。

(3)项目质量。项目质量就是项目的一组固有特性满足项目相关方要求的程度。每个项目都会包含两种类型的质量:首先是产品质量,也就是项目最终所交付成果的质量;其次是过程质量,主要集中于如何进行项目过程的管理及如何改进项目管理过程。

(4)项目成本。项目成本是由项目投资以及流动资金等组成的,是整个项目所需要的资金,也可以说是项目整个生命周期内全部的资金流出。

(5)项目进度。项目进度就是整个项目的时间安排,包括开始时间和结束时间等。主要的项目进度表示形式有项目网络图、甘特图、时间坐标网络图等。

1.1.4 项目、项目集与项目组合

项目可以从不同的角度进行分类。按照不同的分类标准,项目可以划分为不同的类型,见表1-1。

表1-1 项目分类

分类标准	分类情况
按项目规模划分	大型项目、中型项目、小型项目
按项目复杂程度划分	复杂项目、简单项目

续表

分类标准	分类情况
按项目所在行业划分	农业项目、工业项目、教育项目、运输项目等
按项目性质划分	新建项目、扩建项目、改建项目、迁建项目、恢复项目
按项目用途划分	生产性建设项目、非生产性建设项目
按资金来源划分	政府投资项目、非政府投资项目、混合投资项目

项目规模有大有小,大项目可以分解成许多层次,包括项目组合、项目集、项目和子项目。

项目组合(portfolio):美国项目管理协会把项目组合定义为"项目或项目群以及其他工作的聚合,该聚合有助于通过有效管理以满足业务战略目标"。国际项目管理协会把项目组合定义为"一组彼此不一定相关联的项目或项目集聚合在一起,能够优化组织资源的使用,实现组织的战略目标,同时使该聚合的风险最小化"。上述定义说明,项目之间不一定有关联,不是把一些项目或项目集放在一起就是项目组合,项目组合是有助于实现组织战略目标的项目或项目集的聚合。换句话说,项目组合是指为便于有效管理、实现战略业务目标而组合在一起的项目、项目集和其他工作,但项目组合中的项目或项目集不一定彼此依赖或有直接关系。

项目集(program):也被称为项目群。美国项目管理协会把项目集定义为"经过协调管理以便获取单独管理这些项目时无法取得的收益和控制的一组相关联的项目"。国际项目管理协会把项目集定义为"把相互关联的项目临时组织在一起,通过协调管理,实施应变和实现效益"。从上述定义可以看出,项目集包含多个项目,而且这些项目彼此之间不是独立的,而是相关联的,因而通过协调管理可以获得对单个项目分别管理所无法实现的利益和控制。因为项目之间的关联性,项目集中可能包括各单个项目范围之外的相关工作。

项目(子项目)、项目集和项目组合三者是部分与整体的关系。项目组合可以由项目和项目集组成,而项目集又由项目组成,项目可能是独立的,也可能是项目集或项目组合的一部分。

常见的与项目相关的概念如下。

大项目:人们对"项目组合"或者"项目集"的统称。例如,人们通常把三峡水利工程建设、雷神山医院和火神山医院两座医院的建造、港珠澳大桥建设等叫作大项目。

工程:工程是一个十分广泛的概念,人们为了某种目的进行设计和计划,解决某些问题,改进某些事物等,都属于"工程"。"工程"一词在不同的地方使用,会有不同的含义。通常在行政语言中使用"工程"是对"项目集"或"项目组合"的统称,例如,行政语言中所说的"211工程"就是面向21世纪重点建设100所左右的高等学校和一批重点学科的建设项目集。

子项目(sub-project):为了方便分工协作,通常按照项目的专业分工或者生命周期、里程碑等特征,把项目分解成若干较小的项目。大项目也经常被划分为多个容易管理的组成部分或子项目。单个的子项目可以称为项目并加以管理,非常大的子项目可以由更小的子项目组成。

任务(task):把子项目分解成若干个更加微小的、容易管控的单元。

活动(activity):对项目的最小可交付成果(工作包)进行分解,形成完成工作包的具体思路、过程和步骤等,活动本身不一定是可交付成果,活动产生的结果一般是工作包。

以上概念之间的关系图如图1-3所示。

第1章
走进项目：夯实基础，科学管理

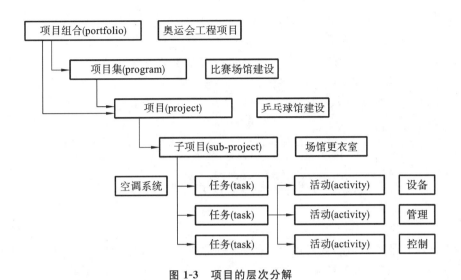

图 1-3 项目的层次分解

小链接 1-1

某城镇化建设过程中的项目组合管理

图 1-4 表示某城镇化建设过程中的项目组合管理，这种项目管理模式通常体现行政上的集中管理和宏观经济效能。项目组合管理中所包括的项目集和项目之间的专业技术层面的联系和依赖关系并不是特别紧密，图 1-4 所示的城镇化建设过程中的生命线工程如供电、供水、通信等，在行政和行业归属上有区别和相对独立性。项目组合管理关注的重点：通过审查项目和项目集，确定资源分配的优先顺序，并确保对项目组合的管理与组织战略协调一致。例如，在某城镇化建设过程中以社会、经济和环保综合效益最大化为战略目标的某基础设施公司，可以把油气、供电、通信、供水、道路、企业、商场、医院和学校等项目混合成一个项目组合。在这些项目

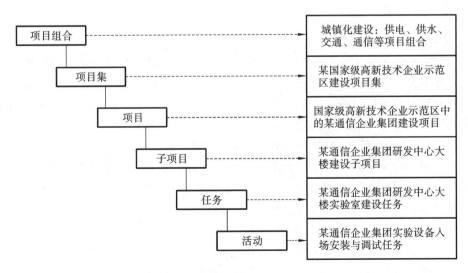

图 1-4 项目组合、项目集、项目、子项目、任务、活动之间的关系

中,地方政府又可以把相互关联的"某国家级高新技术企业示范区建设"看作某一个项目集。其中,国家级高新技术企业示范区中的某通信企业集团建设可以视为一个项目;该企业研发中心大楼建设可以视为一个子项目;研发中心大楼中的实验室建设可以视为一个建设任务,其中某实验设备安装与调试可以视为一项活动。

(资料来源:金井露,《华为项目管理图解》,广东经济出版社,2017)

1.2 项目管理的产生和发展

作为对一次性任务进行有效管理的活动,项目管理的历史源远流长。自从人类开始进行有组织的活动,就一直在实施各种规模的项目,并在实际项目中积累了大量管理经验,形成项目管理的思想。项目管理的产生和发展大致分为以下三个阶段:古代项目管理阶段、近代项目管理阶段和现代项目管理阶段。

1.2.1 古代项目管理阶段

中国作为世界文明古国,历史上有许多举世瞩目的项目,如秦始皇统一中国后修筑长城,战国时期李冰父子设计修建都江堰水利工程,以及河北的赵州桥、北京的故宫等,都是中华民族历史上运作大型复杂项目的范例。从今天的角度来看,这些项目都堪称极其复杂的大型项目。

项目管理历史源远流长,何成旗在《我国古代工程建设中的项目管理思想》一文中,总结了中国古代的六大项目管理思想——系统思想、优化思想、统筹思想、规矩先定、控制思想以及程序思想。但是这一阶段的项目管理一般被认为仅仅属于实践,没有上升到理论层面,没有形成清晰的理论和技术,这时候的项目管理也仅仅局限于一些狭小的领域。

1.2.2 近代项目管理阶段

1) 近代项目管理的萌芽

1917年,亨利·甘特发明了著名的甘特图(Gantt chart),项目经理可按日历制作任务图表,用于日常工作安排。甘特图又名横道图,直观而有效,便于监督和控制项目的进展状况,时至今日仍是管理项目尤其是建筑项目的常用方法。由于甘特图难以展示工作环节间的逻辑关系,不适应大型项目的需要,因此在其基础上,卡洛尔·阿丹密基(Karol Adamiecki)于1931年研制出协调图,以克服甘特图的缺陷,但没有得到足够的重视和承认。不过与此同时,在规模较大的工程项目和军事项目中广泛采用了里程碑系统。里程碑系统的应用虽未从根本上解决复杂项目的计划和控制问题,却在网络概念的产生中充当了重要的媒介。1939年第二次世界大战前夕,甘特图成为计划和控制军事工程与建设项目的重要工具。

2) 近代项目管理的起源

近代项目中比较典型的案例是美国军方研制原子弹的计划,即曼哈顿计划。1937年2月,纳粹德国开始执行"铀计划"。1941年末,珍珠港事件后,美国参加了第二次世界大战,向纳粹德国及轴心国宣战。一些美国科学家提议要先于纳粹德国制造出原子弹,因此美国陆军部于1942

年6月开始实施利用核裂变反应来研制原子弹的计划,亦称曼哈顿计划(Manhattan Project)。据统计,该工程集中了当时西方国家(除纳粹德国外)最优秀的核科学家,拥有2000多名文职研究人员和3000多名军事人员,其中包括1000多名科学家。历时3年,耗资20亿美元,美国于1945年7月16日成功地进行了世界上第一次核爆炸,并按计划制造出两颗实用的原子弹,整个工程取得圆满成功。

在工程执行过程中,负责人 L.R.格罗夫斯和 R.奥本海默应用了系统工程的思路和方法,大大缩短了工程所需时间,先于纳粹德国制造出核武器。这种系统工程的思路就是项目管理科学的前身。曼哈顿计划根据项目目标分解为几个大的部分,如研发论证、计算、工程模拟等,而这些部分又分解为若干个工作包。这些工作包分给不同的组织单位,如科研一组、科研二组、军事一组、军事二组等。由于不同的组织单位所能投入的资源不同,因此可以根据资源来估算时间,进而制定出各自的时间表。这些时间表汇总在一起,就形成了原子弹研制的整体时间表。这种方法就是项目管理的核心——三重制约,分别是范围、时间和成本。这三重制约相互影响、相互依赖、相互约束,可以说掌握了三重制约的关系,就掌握了项目管理的本质。

3) 近代项目管理的成熟

项目管理在20世纪四五十年代主要应用于国防和军工项目。项目管理的突破性成就出现在20世纪50年代。20世纪50年代后期,美国出现了关键路径法(critical path method,CPM)和计划评审技术(program evaluation and review technique,PERT)。两种方法都是基于网络模型技术,所以统称为网络计划技术。该技术被认为是项目管理的起点。

1957年,美国的路易斯维化工厂由于生产过程的要求,必须昼夜连续运行,因此每年都不得不安排一定的时间,停下生产线进行全面检修。过去的检修时间一般为125小时,后来,相关人员对检修流程进行精细分解,发现在整个检修过程中所经过的不同路线上的总时间是不一样的,缩短最长路线上工序的工期,就能够缩短整个检修的时间。他们经过反复优化,最后只用了78个小时就完成了检修,节省时间达到38%,当年产生效益达100多万美元。这就是至今项目管理工作者还在应用的著名时间管理技术"关键路径法"。

20世纪60年代初,美国宇航局提出了"阿波罗登月计划"。项目管理的理论应用于这个有42万人参加、耗资400亿美元的"阿波罗"载人登月计划中,取得了巨大成功。20世纪60年代,项目管理的应用范围还局限于建筑、国防和航天等少数领域,而阿波罗登月计划的成功让项目管理风靡全球,国际上许多人由此对项目管理产生了浓厚的兴趣。在此期间,华罗庚教授引进和推广了网络计划技术,并结合我国"统筹兼顾,全面安排"的指导思想,将这一技术称为统筹法。当时华罗庚组织并带领小分队深入重点工程项目中进行统筹法的推广应用,取得了良好的经济效益。我国项目管理学科的发展就起源于华罗庚对统筹法的推广,中国项目管理学科体系也是由于统筹法的应用而逐渐形成的。

1965年,第一个专业性国际项目管理组织——国际项目管理协会(International Project Management Association,IPMA)在瑞士洛桑成立。1969年,美国成立项目管理协会(Project Management Institute,PMI),其他如澳大利亚、法国、巴西、日本等国家的项目管理协会也陆续成立。后来,逐渐形成了两大项目管理的研究体系:以欧洲为首的体系——国际项目管理协会(IPMA),以美国为首的体系——美国项目管理协会(PMI)。在过去的40多年中,它们都做了卓有成效的工作,为推动国际项目管理现代化发挥了积极的作用。此时,项目管理有了科学的系统方法。

4）项目管理的传播和现代化

进入 20 世纪 70 年代，各类项目日益复杂，建设规模日趋庞大，项目外部环境的变化也更加频繁。项目管理的应用也从传统的军事、航天领域逐渐拓展到建筑、石化、电力、水利等各个行业，项目管理成为政府和大企业日常管理的重要工具。同时，随着信息技术的飞速发展，现代项目管理的知识体系和职业逐渐成型。在 1976 年 PMI 的一次会议上，有人大胆地提出了一个设想，能否把这些具有共性的实践经验进行总结，并形成"标准"。作为一个议题，参加会议的人们会后深入地进行思考、研究，最终归纳、整理成文，即后来的项目管理知识体系 PMBOK® 的雏形。

1.2.3 现代项目管理阶段

1）现代项目管理的产生

1981 年，PMI 组委会批准了建立项目管理标准的项目，组成了以 Matthew H. Parry 为主席的 10 人小组进行开发。1983 年，该小组发表了第一份报告，该报告将项目管理的基本内容划分为 6 个领域，即范围管理、成本管理、时间管理、质量管理、人力资源管理和沟通管理，成为 PMI 的项目管理专业化的基础内容。1984 年，PMI 组委会批准了第二个关于进一步开发项目管理标准的项目，组成了以 R. Max Wideman 为主席的 20 人小组进行再开发。1987 年，该小组发表了题目为"项目管理知识体系"的研究报告，并推出项目管理知识体系（Project Management Body of Knowledge，PMBOK®）和基于 PMBOK 的项目管理专业人员资格认证（Project Management Professional，PMP）两项创新，这是项目管理领域的又一个里程碑。因此，项目管理专家们把 20 世纪 80 年代以前称为"传统的项目管理"阶段，把 80 年代以后称为"新的项目管理"阶段。

进入 20 世纪 90 年代，又跨越了世纪之交，项目管理有了新的进展。为了在变化迅猛、竞争激烈的市场中迎接经济全球化、一体化的挑战，项目管理更加注重人的因素，注重顾客，注重柔性管理，力求在变革中生存和发展。在这个阶段，项目管理的应用领域进一步扩大，尤其在新兴产业中得到了迅速的发展，比如通信、软件、信息、金融、医药等现代项目管理的任务已不仅仅是执行任务，还要开发项目、经营项目，以及为经营项目完成后形成的设施、产品和其他成果提供必要的条件。在这一时期，随着信息时代的来临，高新技术产业得到飞速发展并成为支柱产业，项目的特点也发生了巨大变化，管理人员发现许多在制造业经济下形成的管理方法，到了信息经济时代已经不再适用。在制造业经济环境下，强调的是预测能力和重复性活动，管理的重点很大程度上在于制造过程的合理性和标准化。而在信息经济环境下，事物的独特性取代了重复性过程，信息本身也是动态的、不断变化的。自此，灵活性成了新秩序的代名词。

管理者们很快发现实行项目管理恰恰是实现灵活性的关键手段，他们还发现项目管理在运作方式上最大限度地利用了内外资源，从根本上提高了中层管理人员的工作效率，于是纷纷采用这一管理模式，并将其作为企业重要的管理手段。经过长期探索实践，在发达国家中现代项目管理逐步发展成为独立的学科体系和行业，成为现代管理学的重要分支。

2）国际化的项目管理阶段

近几年来，随着国际、国内形势的发展，人们对项目管理的呼声越来越强烈，专业界的活动也日益频繁。国际项目管理发展的现状和特点是什么？我国应该如何发展项目管理？以上问题已成为政府部门和各行各业共同关注的问题。项目管理的组织形式已经为企业组织的发展提供了一种新的扩展形式,21世纪企业的生产与运作将更多采用以项目为主的发展模式。

当今国际项目管理的发展呈现出三大特点:

①项目管理的全球化发展。知识经济时代的一个重要特点是知识与经济的全球化。竞争的需要和信息技术的支撑促进了项目管理的全球化发展,具体体现为:各国之间的项目合作日益增多,国际合作与交流往往都是通过具体项目实现的。通过这些项目,各国的项目管理方法、文化、观念也得到了交流与沟通,国际化的专业活动日益频繁。现在每年都有许多项目管理专业学术会议在世界各地举行,参加者少则几百人,多则上千人,吸引了各行各业的专业人士参加。由于网络的发展,许多国际组织已在国际互联网上建起了自己的站点,各种项目管理专业信息可以在网上很快查到。

②项目管理的多元化发展。由于人类社会的大部分活动都可以按项目来运作,因此当代的项目管理已深入各行各业,以不同的类型、不同的规模出现。项目类型呈现多样化的趋势,有的项目属于大类,如城市建设项目、技术改造项目,有的项目则是指一件小的任务,如筹办一次运动会,举办一个培训班等。项目的范围有大有小,时间有长有短,涉及的行业、专业、人员也差别很大,难度也有大有小,因此出现了各种各样的项目管理方法。

③项目管理的专业化学科发展。项目管理的专业化学科发展主要体现在这几个方面:项目管理知识体系(PMBOK®)在不断发展和完善之中;学历教育从学士、硕士到博士,非学历教育从基层项目管理人员到高层项目经理,形成了层次化的教育培训体系;对项目与项目管理的学科探索正在积极进行之中。

总体来说,项目管理在发展过程中主要经历了三个阶段,如图1-5所示。

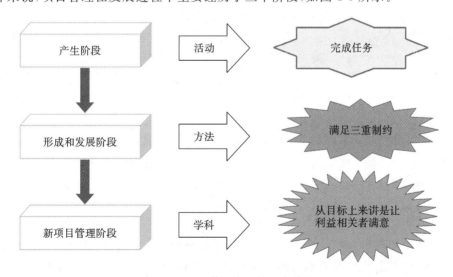

图1-5 项目管理发展的三个阶段

产生阶段,即古代项目管理阶段。在这个阶段项目实施的目标是完成任务,还没有形成科学有效的方法和计划,没有合理的管理手段和明确的操作技术规范。

形成和发展阶段,即近代项目管理阶段。在这个阶段主要强调项目的管理技术,实现项目的时间、成本、质量三大目标。

新项目管理阶段,即现代项目管理阶段。项目管理除了实现时间、成本、质量三大目标之外,管理的范围不断扩大,应用领域进一步增加,与其他学科的交叉渗透和相互促进不断增强,也呈现出面向国际化的特点,向全方位的项目管理方向发展,追求利益相关者的满意。

1.3 项目管理

从古至今,人类实施了大量项目并从中积累了大量经验。他们是如何让项目走向成功的呢?事实上,任何项目想要取得预期成果和成功都需要进行必要的管理。那么,如何对项目进行管理?项目管理是什么?它包含哪些内容,有哪些特性?项目管理与日常运营管理存在什么区别?

1.3.1 项目管理的概念

项目管理,从字面意思上理解就是对项目进行管理,这一方面说明项目管理属于管理的大范畴,另一方面说明项目管理的对象是项目。要科学、正确地理解项目管理,首先要弄清楚什么是管理。管理的定义有很多,国内外不同学者从不同的角度对其提出了不同的见解,比较经典的见解如下所示。

科学管理之父泰勒认为:管理就是确切地知道你要别人干什么,并使他用最好的方法去干。

著名管理学家亨利·法约尔认为:管理的基本职能是计划、组织、指挥、协调、控制,管理是由这五项要素组成的。

诺贝尔经济学奖获得者赫伯特·西蒙认为:管理就是决策。

综合以上观点,管理就是在一定条件下,组织中的管理者通过实施计划、组织、领导、协调、控制等职能来协调他人的活动,使别人同自己一起实现既定目标的活动过程。

项目管理既具有一般管理的内涵,又具有项目自身的特点。美国项目管理协会(PMI)在第六版的《PMBOK®指南》中对项目管理进行了定义:"项目管理就是把各种知识、技能、工具与技术应用于项目活动之中,以满足项目的要求。"

综上所述,项目管理就是以项目为对象的系统管理方法,通过一个临时性的柔性组织,在项目活动中运用专门的知识、技能、工具和方法,使项目能够在有限资源限定条件下,实现或超过设定的需求和期望的过程。

1.3.2 项目管理的特性

(1) 普遍性。项目作为一种一次性和独特性的社会活动而普遍存在于我们人类社会的各项活动之中,甚至可以说,人类现有的各种物质文化成果最初都是通过项目的方式实现的,因为现有各种运营所依靠的设施与条件最初都是靠项目活动建设或开发的。

(2) 目的性。项目管理的目的性是指要通过开展项目管理活动去保证满足或超越项目有关各方面明确提出的项目目标或指标,以及满足项目相关方未明确规定的潜在需求和追求。

(3) 独特性。项目管理的独特性是指项目管理不同于一般的企业生产运营管理,也不同于常规的政府和独特的管理内容,是一种完全不同的管理活动。

(4) 集成性。项目管理的集成性是指项目在管理中必须根据具体项目各要素或各专业之间的配置关系做好集成性的管理,而不能孤立地开展项目各个专业或专业的独立管理。

(5) 创新性。项目管理的创新性包括两层含义:其一是指项目管理是对创新(项目所包含的创新之处)的管理,其二是指任何一个项目的管理都没有一成不变的模式和方法,都需要通过管理创新去实现对具体项目的有效管理。

(6) 临时性。项目是一种临时性的任务,它要在有限的期限内完成,当项目的基本目标达到时就意味着项目已经完成了,尽管项目的建设成果也许刚刚开始发挥作用。

1.3.3 项目管理与运营管理

1) 项目与运营

工作和生活中的事务错综复杂,大致可以分为两种类型:项目(project)和运营(operation)。

运营是通过开展持续的活动来生产同样的产品或提供重复的服务的一种组织职能,比如公交司机开车,麦当劳员工做汉堡等。而项目是为创造独特的产品、服务或成果而进行的临时性工作,每次做的工作都有独特性,且持续时间有限,达到目的之后便宣告结束,只做一次,不再重复,比如学校组织一场运动会,中央电视台组织一次春节晚会等。

不难看出,项目与运营具有不同特征,这些特征使两者之间很容易区分开来。项目与运营的主要区别见表1-2。

表1-2 项目与运营的异同点

	比较内容	项 目	运 营
不同点	负责人	项目经理	职能经理
	实施组织	临时性的项目组织	稳定的职能部门
	组织模式	项目团队	层级管理
	管理方法	变更管理	保持连贯
	是否存在时间限制	有限时间	无限时间
	是否持续	一次性、非重复性	重复性
	是否常规	独特	常规
	实施目的	特殊目的	一般目的
	工作文件	运用预先制订的计划	运用标准化的作业指导书
	考核标准	以目标为导向,追求效果	效率性
	是否有风险	不确定性	经验性
相同点	实施主体	由人来做	
	资源约束	受到资源的限制	
	管理过程	计划、组织、实施和控制	

项目与运营会在产品生命周期的不同时点交叉,例如,在新产品开发、产品升级或提高质量时,在改进运营或产品开发流程时,在产品生命周期结束阶段,在每个收尾阶段,如图1-6所示。

在每个交叉点,可交付成果及知识在项目与运营之间转移,项目趋于结束,项目资源被转移到运营中,项目开始时,运营资源被转移到项目中。

运营能够维持企业在一定水平上持续运行,属于持续发展模式;项目实现组织运营水平的提升,属于跳跃式发展,是企业发展的推动力,如图1-7所示。

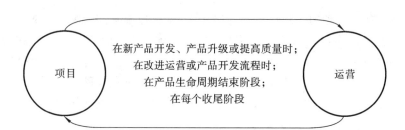

图 1-6　项目与运营在产品生命周期的不同时点交叉

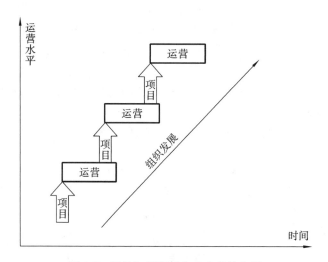

图 1-7　项目与运营对企业成长的作用

2）项目管理与运营管理的区别

运营管理关注产品的持续生产和（或）服务的持续运作，它使用最优资源满足客户要求，以保证业务运作的持续高效。运营管理是对运营过程的计划、组织、实施和控制，是与产品生产和服务创造密切相关的各项管理工作的总称。它重点管理那些把各种输入（如材料、零件、能源和劳力）转变为输出（如产品、商品和服务）的过程。

项目管理和运营管理的管理过程都包括计划、组织、实施和控制。但项目管理过程中充满了不确定因素，跨越了部门的界限，并且有严格的时间限制；而运营管理一般更注重对效率和质量的考核，注重将当前的执行情况与前期进行比较。所以，运营管理与项目管理的主要区别体现在以下几个方面：

①管理的对象不同。项目管理的对象是具有一次性、独特性的项目，管理的是有关项目的评估、决策、实施和控制过程；日常运营管理的对象则是企业生产和运营的决策、实施和控制。

② 管理的方法不同。项目管理的方法中有许多针对具体任务的管理技术和方法，运营管理更多地涉及部门协调、指挥命令等针对日常运营的管理方法和工具。

③ 管理的周期不同。项目管理的周期是一个项目的生命周期，而运营管理的周期相对长远。

第1章
走进项目：夯实基础，科学管理

> **小链接 1-2**
>
> ## T 公司推行项目化管理
>
> T 公司采购部负责整个公司的物料采购工作，每天加班加点、提高效率，仅用 10 个人就完成了 2000 个类别物料的采购工作，这不得不归功于采购部经理小赵的管理能力。
>
> T 公司推行项目化管理之后，小赵的工作有了麻烦，本来工作时间就很紧张，现在紧急采购单又比以前多了近一成。这些紧急采购单多为项目实施过程中的需求，需要专门分出两个人负责，结果日常生产需要的个别物料出现了延迟，差点影响了生产计划，小赵为此受到了领导的批评。为了配合公司的项目化管理，结果反倒挨批评，小赵感到很委屈。她想紧跟领导，却跟出了问题，"五个手指按不住六个跳蚤"，以后还是先保生产、后保项目吧。
>
> 请问：为什么会出现这种问题？项目管理和运营管理有何不同？如何解决两者之间的冲突？
>
> （资料来源：张喜征，彭楚钧，陈芝，文杏梓，《项目管理》，清华大学出版社，2018）

1.4 项目管理知识体系

1.4.1 项目管理知识体系概述

项目管理综合了管理学科的基本方法，因此其内容是非常丰富、实用和全面的。当前项目管理领域有三个流行的知识体系：

(1) 美国 PMI 的 PMBOK®。PMBOK® 指的是项目管理知识体系，是美国项目管理协会(PMI)对项目管理所需的知识、技能和工具进行的概括性描述。PMI 于 1987 年推出了 PMBOK®，它的第一版是由 PMI 组织了 200 多名世界各国的项目管理专家，历经四年才完成的，可谓集项目管理界精英之大成，避免了一家之言的片面性。PMBOK® 的每一次更新都会增加一些项目管理实战发展的新知识，2017 年 PMI 发布了第六版《PMBOK® 指南》。由于从提出知识体系到具体实施资格认证有一整套的科学手段，因而 PMI 推出的 PMBOK® 充满了活力，并得到了广泛的认可。PMBOK® 还是一个项目管理职业和实践中共同的术语汇编，为讨论和解决项目管理的问题提供了诸多便利。

(2) 英国 OGC 的 PRINCE2。PRINCE 是 project in controlled environment(受控环境下的项目管理)的简称，是英国商务部(OGC)于 1996 年开始推广的世界三大项目管理体系之一。PRINCE2 描述了如何以一种逻辑性的、有组织的方法，按照明确的步骤对项目进行管理。它不是一种工具也不是一种技巧，而是结构化的项目管理流程。PRINCE2 界定了项目过程中需要进行的管理活动，同时描述了这些活动包含的一些组成内容。PRINCE2 是一个公共标准，是被英国政府普遍使用的标准，同时被国际上许多企业所广泛接受和使用。

(3) 中国 PMRC 的 C-PMBOK。中国项目管理知识体系是由中国优选法统筹法与经济数学研究会项目管理研究委员会(简称中国(双法)项目管理研究委员会,英文名称为 Project Management Research Committee,China,缩写为 PMRC)发起并组织实施的,于 1993 年开始研究,并在 2001 年 7 月推出了第 1 版,在 2006 年 10 月推出了第 2 版。C-PMBOK 的突出特点是以生命周期为主线,以模块化的形式来描述项目管理所涉及的工作及其知识领域。C-PMBOK 充分体现了中国项目管理者对项目管理的认识,加强了对项目投资前期阶段知识内容的扩展,同时加入了项目后期评价的问题。中国项目管理知识体系推动了中国项目管理向专业化、职业化方向发展。

1.4.2 《PMBOK®指南》的结构

《PMBOK®指南》主要由三大部分构成:

(1) 项目管理框架。该部分包括引论(定义了关键的术语,并对指南的其余部分做简要介绍)和项目生命周期与组织(说明了项目所处的环境)两个章节。

(2) 项目管理标准。该部分规定了项目团队管理项目所使用的所有项目管理过程,说明了任何一个项目所必需的 5 个项目管理过程组,以及它们的项目管理子过程。

(3) 项目管理知识领域。该部分将项目管理要素归纳为 10 个知识领域。

《PMBOK®指南》的知识框架是掌握项目管理沟通的"通用语言",它将项目管理系统总结与提升为五大过程组和十大知识领域(在第六版的《PMBOK®指南》中,项目管理知识体系由以前的九大知识领域变更为十大知识领域,新增加了"项目相关方管理",而项目管理过程组由以前的 47 个过程组变成了 49 个过程组)。项目管理的主要内容可以概括为多个主体、两个层次、四个阶段、五个过程组、十大知识领域、49 个子过程。表 1-3 反映了项目管理十大知识领域和五大过程组的关系。

表 1-3 项目管理十大知识领域和五大过程组的关系

知识领域	启动过程组	规划过程组	执行过程组	监控过程组	收尾过程组
1 项目整体管理	1.1 制定项目章程	1.2 制订项目管理计划	1.3 指导和管理项目工作	1.4 监控项目工作 1.5 实施整体变更控制	1.6 结束项目或阶段
2 项目范围管理		2.1 规划范围管理 2.2 收集需求 2.3 定义范围 2.4 创建 WBS		2.5 确认范围 2.6 控制范围	

续表

知识领域	启动过程组	规划过程组	执行过程组	监控过程组	收尾过程组
3 项目进度管理		3.1 规划进度管理 3.2 定义活动 3.3 排列活动顺序 3.4 估算活动持续时间 3.5 制订进度计划		3.6 控制进度	
4 项目成本管理		4.1 规划成本管理 4.2 估算成本 4.3 制定预算		4.4 控制成本	
5 项目质量管理		5.1 规划质量管理	5.2 实施质量保证	5.3 实施质量控制	
6 项目资源管理		6.1 规划资源管理 6.2 估算活动资源	6.3 组建项目团队 6.4 建设项目团队 6.5 管理项目团队	6.6 控制资源	
7 项目沟通管理		7.1 规划沟通管理	7.2 管理沟通	7.3 监督沟通	
8 项目风险管理		8.1 规划风险管理 8.2 识别风险 8.3 实施风险定性分析 8.4 实施风险定量分析 8.5 规划风险应对	8.6 实施风险应对	8.7 控制风险	

续表

知识领域	启动过程组	规划过程组	执行过程组	监控过程组	收尾过程组
9 项目采购管理		9.1 规划采购管理	9.2 实施采购	9.3 控制采购	9.4 结束采购
10 项目相关方管理	10.1 识别相关方	10.2 规划相关方管理	10.3 管理相关方参与	10.4 监督相关方参与	

1.4.3 项目管理知识体系的核心内容

项目管理知识体系的核心内容可以概况为多个主体、两个层次、四个阶段、五个过程组、十大知识领域。

1) 多个主体

①业主,即客户或项目委托人。它可能是一个自然人、一个组织、一个团体,或者是这几种形式的组合。客户是项目交付成果的需求者和最终使用者,因此也是项目的管理者。

②承约商,即承接项目并且满足客户需求的项目承建方,又称被委托人。在项目启动到结束的整个项目管理过程当中,承约商始终起着主导作用。对于大型项目,承约商可以将其中的一些子项目转包给不同的分包商。

③监理,即受业主委托的负责监督和管理项目实施的机构,对项目实施的质量和进度负有管理责任。

④项目管理团队,即直接负责项目运行的群体,是对项目规划、组织、实施及结果负有最重要和最直接责任的一群人,其负责人是项目经理。

2) 两个层次

①企业层次的项目管理。

在新的商业环境下,企业为了生存和发展,应对快速变化所带来的挑战,越来越多地引入项目管理的思想和方法,将企业中的各种任务按项目进行管理,不但对传统的项目型任务实行项目管理,还将一些运作型的业务当作项目对待,实行项目管理。随着企业中"项目化"的工作越来越多,企业每天面对的不仅仅是几个项目,而是成百上千个不断发生变化的项目。在多项目并存、快速变化和资源有限的情况下,企业就需要从战略层面出发,站在企业高层管理者的角度来考虑如何有效地对企业中的各项任务实行项目管理,如何从企业层面创造和保持一种对企业各项任务都能有效实施项目管理的企业组织环境和业务平台。因此,企业层次的项目管理,即企业项目管理的主导思想是按项目进行管理。

企业层次的项目管理关心的是企业所有项目目标的实现。一个企业在同一时间内可能会有很多项目需要完成,如何经济、高效地管理好众多项目是企业项目管理的核心问题。出于经济方面的原因和为了有效地使用资源,企业层次的项目管理常常采用多项目管理的方法,即一个项目经理同时管理多个项目。

企业项目管理的重点是企业项目管理体系的建立,主要涉及企业项目管理组织架构、企业项目管理制度体系、项目经理的职业化发展等,其成果是企业项目管理执行指南,这是企业项目管理的纲领性文件。

②项目层次的项目管理。

项目层次的项目管理属于一般项目管理的范畴。随着项目管理的快速发展,与传统的项目管理相比,现代项目管理的内容越来越丰富,表现在现代项目管理的应用范围已不再局限于传统的建筑、国防和工程等领域,而是扩展到了各种领域、各种项目都可使用的范围。现代项目管理理论认为,所有具有一次性、独特性和不确定性的任务都属于项目的范畴,都需要进行现代项目管理。此外,现代项目管理已经形成系统的知识体系,不仅很多国家推出了本国的项目管理知识体系,同时随着项目管理国际化的发展,全球范围内互认的具有普遍意义的项目管理知识体系也已经形成。

因此,项目层次的项目管理关注的重点是单个项目的成功,即如何通过计划、安排与控制等管理活动实现项目的目标,使项目利益相关者满意。

项目层次的项目管理的重点是建立项目管理操作手册,其主要涉及项目操作流程体系设计、项目管理标准模板的建立以及项目管理方法的应用。项目管理操作手册是项目经理和项目管理人员实施项目的业务操作指南,反映项目执行过程的各个方面,通过各种流程与表格予以体现,强调的是标准化、流程化的管理,以提升管理效率和项目成果的交付率。

3)四个阶段

项目生命周期指项目从开始到完成所经历的一系列阶段。项目阶段是一组具有逻辑关系的项目活动的集合,通常以一个或多个可交付成果的完成为结束。这些阶段之间可能是顺序、迭代或交叠的关系。项目生命周期主要由四个阶段构成:启动(概念)阶段、计划阶段、执行(实施或开发)阶段和结束阶段,如图1-8所示。阶段数量取决于项目复杂程度和所处行业。

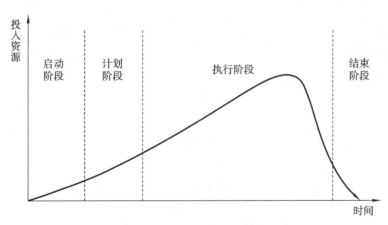

图1-8 项目生命周期示意图

①启动阶段:项目启动阶段是一个项目的开始,包括确定项目范围、制定项目章程、可行性研究、任命项目经理与确定约束条件和假设条件。

②计划阶段:项目计划阶段是为所有项目相关方提供项目的全景图,能够正确指导大家开展工作,包括项目的明确范围、工作结构分解(WBS)和资源分析。

③执行阶段:项目执行阶段需要项目相关方按时、高效地执行所分配到的任务。项目经理需要做好项目的前期工作以及范围变更、记录项目信息、激励组员和强调项目范围及目标等工作。

④结束阶段:项目经理对结果进行评估检验,还需要督促财务部门回收项目剩余账款,并组

织项目相关方一起开会,盘点整个项目过程中的收获与感悟。

项目生命周期的阶段划分及其主要内容如表 1-4 所示。

表 1-4　项目生命周期的阶段划分及其主要内容

启 动 阶 段	计 划 阶 段	执 行 阶 段	结 束 阶 段
机会研究 方案策划 可行性研究 项目评估 项目决策 项目申请书编写 制定项目章程 明确合作关系 确定风险等级 提出项目建议书 召开项目启动会议 获准进入下一阶段	确定项目组织 确定项目成员 项目范围界定 目标确定 范围规划 工作分解 进度安排 资源规划 费用预算 质量规划 风险评估 确认项目有效性 获准进入下一阶段	采购规划及实施 合同管理 实施计划,进度、费用、质量、安全、变更控制 生产要素管理 现场管理与环境保护 信息的收集、处理与评价 项目沟通	范围确认 质量验收 资源清理 解散项目组 费用决算与审计 资料验收 项目交接与清算 项目审计 项目经验总结 项目后评价

4)五大过程组

项目管理过程用于实现项目目标,可归纳为五大过程组——启动过程组、规划过程组、执行过程组、监控过程组以及收尾过程组,如图 1-9 所示。一个过程的输出通常成为另一个过程的输入,或者成为项目或项目阶段的可交付成果。

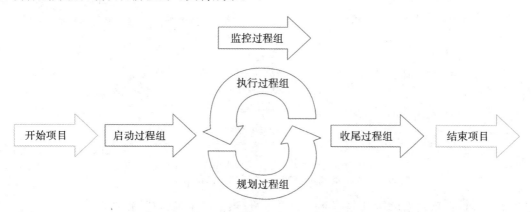

图 1-9　项目管理五大过程组示意图

①启动过程组(initiating processes):定义一个新项目或现有项目的一个新阶段,授权开始该项目或阶段的一组过程,包括制定项目章程、识别项目相关方、授权该项目启动等。

②规划过程组(planning processes):明确项目范围,优化目标,为实现目标制定行动方案的一组过程,包括明确制订项目管理计划、收集需求、定义项目范围、创建 WBS、制定行动方案、排列行动顺序、估算活动持续时间、制订进度计划、估算成本、规划风险管理等。

③执行过程组(executing processes):完成项目管理计划中确定的工作,以满足项目要求的

一组过程,包括指导与管理项目工作、管理项目知识、管理质量、获取资源、管理沟通、实施风险应对、实施采购、管理相关方参与等项目管理计划中工作的具体执行。

④监控过程组(controlling processes):跟踪、审查和调整项目进展与绩效,识别必要的计划变更并启动相应变更的一组过程,包括监控项目工作、实施整体变更控制、确认范围、控制范围、控制进度、控制成本、控制质量、控制资源、控制沟通、控制风险、控制采购等。

⑤收尾过程组(closing processes):正式完成或结束项目、阶段或合同所执行的过程,包括验收、交接、清算、评价等终结项目、阶段或合同的所有过程。

5)十大知识领域

项目管理知识体系(PMBOK®)是对项目管理所需的知识、技能和工具进行的概括性描述。现代项目管理知识体系被划分为以下十大知识领域。

①项目整体管理(project integration management,IM),包括对隶属于项目管理过程组的各种过程和项目管理活动进行识别、定义、组合、统一和协调的各个过程。在项目管理中,整合兼具统一、合并、沟通和建立联系的性质,这些行动应该贯穿项目始终。项目整体管理过程包括制定项目章程、制订项目管理计划、指导与管理项目工作、管理项目知识、监控项目工作、实施整体变更控制、结束项目或阶段等。

②项目范围管理(project scope management,SM),包括确保项目做且只做所需的全部工作,以成功完成项目的各个过程。管理项目范围主要在于定义和控制哪些工作应该包括在项目内,哪些工作不应该包括在项目内。项目范围管理过程包括规划范围管理、收集需求、创建WBS、确认范围、控制范围等。

③项目进度管理(project schedule management,SCM),包括为确保项目按时完成所需的各个过程。项目进度管理过程包括规划进度管理、定义活动、排列活动顺序、估算活动持续时间、制订进度计划、控制进度等。

④项目成本管理(project cost management,CM),包括为使项目在批准的预算内完成而对成本进行规划、估算、预算、融资、筹资、管理和控制的各个过程,从而确保项目在批准的预算内完工。项目成本管理过程包括规划成本管理、估算成本、制定预算、控制成本等。

⑤项目质量管理(project quality management,QM),包括把组织的质量政策应用于规划、管理、控制项目和产品质量要求,以满足相关方目标的各个过程。此外,项目质量管理以执行组织的名义支持过程的持续改进活动。项目质量管理过程包括规划质量管理、管理质量、控制质量等。

⑥项目资源管理(project resource management,REM),包括识别、获取和管理所需资源以成功完成项目的各个过程,这些过程有助于确保项目经理和项目团队在正确的时间和地点使用正确的资源。项目资源管理过程包括规划资源管理、估算活动资源、获取资源、建设团队、管理团队、控制资源等。

⑦项目沟通管理(project communication management,COM),包括通过开发工件以及执行用于有效交换信息的各种活动,来确保项目及其相关方的信息需求得以满足的各个过程。项目沟通管理由两个部分组成:第一部分是制定策略,确保沟通对相关方行之有效;第二部分是执行必要活动,以落实沟通策略。项目沟通管理过程包括规划沟通管理、管理沟通、监督沟通等。

⑧项目风险管理(project risk management,RM)。项目风险管理的目标在于提高正面风险的概率和(或)影响,降低负面风险的概率和(或)影响,从而提高项目成功的可能性。项目风险

管理过程包括规划风险管理、识别风险、实施定性风险分析、实施定量风险分析、规划风险应对、实施风险应对、控制风险等。

⑨项目采购管理(project procurement management，PRM)，包括从项目团队外部采购或获取所需产品、服务或成果的各个过程。项目采购管理包括编制和管理协议所需的管理和控制过程，例如合同、订购单、协议备忘录(MOA)或服务水平协议(SLA)。被授权采购项目所需货物和(或)服务的人员可以是项目团队、管理层或组织采购部(如果有)的成员。项目采购管理过程包括规划采购管理、实施采购、控制采购等。

⑩项目相关方管理(project related party management，RPM)，包括用于开展下列工作的各个过程：识别能够影响项目或会受项目影响的人员、团体或组织，分析相关方对项目的期望和影响，制定合适的管理策略来有效调动相关方参与项目决策和执行的积极性。用这些过程分析相关方，评估他们对项目的期望或受项目影响的程度，以及制定策略来有效引导相关方支持项目决策、规划和执行。这些过程能够支持项目团队的工作。项目相关方管理过程包括识别相关方、规划相关方参与、管理相关方参与、监督相关方参与等。

十大知识领域之间的逻辑关系(见图1-10)可以简单概括为：项目整体管理是指导思想；项目范围、进度、成本和质量管理是为了满足项目本身的要求(在规定的范围、时间、成本和质量之下完成项目任务)，是实现项目目标的核心保证；资源管理、采购管理和沟通管理是保证项目达到要求的手段；风险管理则是对所有工作的支撑，相当于项目管理的保障；相关方管理与每一个知识领域互有交叉，因为在做前九大知识领域的管理时，都要与项目相关方打交道，与项目相关方进行沟通。

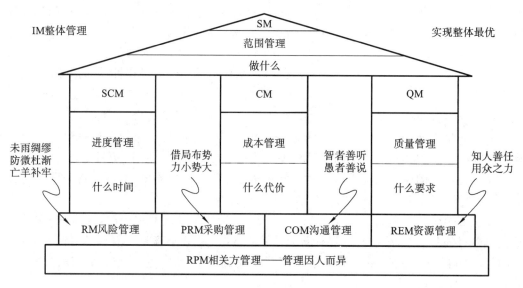

图1-10 十大知识领域之间的逻辑关系

项目管理资格认证

项目管理资格认证是伴随着PMBOK®的发展和应用而产生的。目前国际上主要有两大项

第1章
走进项目：夯实基础，科学管理

目管理认证体系，第一个是由 PMI 在 1984 年提出的项目管理专业人士资格认证(PMP)，第二个是国际项目管理协会(International Project Management Association，IPMA)在全球推行的四级项目管理专业资质认证体系(IPMP)。

PMP 是由美国项目管理协会(Project Management Institute，简称 PMI)发起的，严格评估项目管理人员知识技能是否具有高品质的资格认证考试。其目的是给项目管理人员提供统一的行业标准。PMI 认证体系具体内容如表 1-5 所示。(PMI 官网地址：http://www.pmi.org)

表 1-5　PMI 认证体系具体内容

类　别	内　容	申请对象
项目集管理专业人士(PgMP)	项目集经理站在推进组织战略目标的前沿，是高级项目管理从业者。其通过协调管理多个相关的项目，获得对单个项目分别管理所无法实现的利益。项目集管理专业人士(PgMP)认证表明持证人士具备项目管理的高级经验和技能，为就业和晋升带来明显优势	具备管理多个相关项目的能力，可处理跨职能、跨组织、跨区域或跨文化的复杂活动，并使结果与组织目标保持一致
项目组合管理专业人士(PfMP)	规范的项目组合管理是实施战略计划最有效的方法，可有效弥合战略制定和实施之间的差距。项目组合管理专业人士(PfMP)认证表明持证人士具备协同管理一个或多个项目组合下的项目、项目集，进而实现组织级目标的高级技能	高级管理人员或高级项目管理从业者，负责项目集、项目组合管理，以实现组织战略，并专注于"做正确的事"
助理项目管理专业人士(CAPM)	项目管理行业正在快速发展，对项目管理人才的需求也在不断提升。CAPM 认证表明持证人士具备项目管理行业中全球领先的行业标准知识，为相关人员在求职和未来职业生涯中提供竞争优势	希望未来能管理更大的项目，承担更多的职责，或在目前工作角色的基础上，希望学习更多项目管理技能
PMI 敏捷管理专业人士(PMI-ACP)	熟练运用敏捷技能、善于协作、积极应对复杂的环境、快速响应，都是现今商业环境亟需的技能。PMI 敏捷管理专业人士(PMI-ACP)认证表明持证人士掌握敏捷原则、知识、技能和方法。如果相关人员具备敏捷技能，通过 PMI-ACP 认证将使自己的能力进一步被雇主、相关方、同事所认可	在敏捷团队中工作，或者所在组织正在采用敏捷实践，可以考虑申请 PMI-ACP 认证
PMI 商业分析专业人士(PMI-PBA)	商业分析已成为项目管理中一项至关重要的能力。成为通过认证的商业分析专家可以使职业生涯朝着新的方向发展，同时商业分析专业人士面临的机会也在不断增加	与项目团队共事，负责需求管理或产品开发，或担任项目或项目集经理，同时负责商业分析
PMI 风险管理专业人士(PMI-RMP)	具备风险管理高级技能的专业人士，在履行风险管理这一专业化的职能中，不断适应日益全球化、虚拟化和复杂化的项目环境。PMI 风险管理专业人士(PMI-RMP)认证表明持证人士具有识别和评估项目风险、减轻风险和利用机会的能力	具有风险管理方面的高级知识和经验，或专注于项目风险管理(包括大型项目和/或复杂环境)的项目经理

续表

类 别	内 容	申请对象
PMI 进度管理专业人士（PMI-SP）	当今的项目和团队逐渐走向全球化和虚拟化，项目进度是管理活动、资源、依赖关系以及最终项目成果的关键。PMI 进度管理专业人士（PMI-SP）认证表明持证人士具备推动改进项目进度管理的知识和技能	具有开发、管理和维护项目进度的高级知识和经验

IPMP 是对项目管理人员知识、经验和能力水平的综合评估证明，根据 IPMP 认证等级划分获得 IPMP 各级项目管理认证的人员，分别具有负责大型国际项目、大型复杂项目、一般复杂项目或具有从事项目管理专业工作的能力。IPMP 全球认证 4 级证书体系如表 1-6 所示。（IPMP 官网地址：http://www.ipmp.net.cn/main）

表 1-6 IPMP 全球认证 4 级证书体系

头 衔	能 力	认 证 程 序			有 效 期
		阶段 1	阶段 2	阶段 3	
认证的国际特级项目经理（level A）	知识＋经验＋素质	申请履历自我评估证明材料项目清单	可选择：案例研讨或研讨会，案例研讨或报告	项目报告	5 年
认证的国际高级项目经理（level B）				面试	
认证的国际项目经理（level C）			考试		
认证的国际助理项目经理（level D）	知识	申请履历自我评估	考试		无时间限制

PMP 和 IPMP 都属于项目管理资格认证，但两者还存在一定的区别。

（1）证书颁发单位不同：PMP 认证的证书颁发单位是美国项目管理协会，简称 PMI；IPMP 的证书颁发单位是国际项目管理协会，简称 IPMA，总部位于瑞典。

（2）证书的体系不同：PMP 证书体系中只有一个证书，就是 PMP 证书；IPMP 证书体系中有四种证书，按照 A、B、C、D 四个等级做的区分，等级依次为特级、高级、中级、初级，A 级等级最高。

（3）认证费用不同：PMP 认证由于证书体系内只有一种证书，所以只有一项费用；在 IPMP 认证体系中有四种证书，不同级别的证书对应的费用不同。

（4）国内管理单位不同：PMP 认证的国内管理单位是国家外国专家局培训中心；IPMP 的国内管理单位是国际项目管理专业资质认证中国认证委员会与认证培训机构。

（5）认证的方式不同：PMP 认证是直接进行考试；IPMP 认证根据不同的等级有不同的考

核方法,有项目报告、面试、笔试、案例讨论等。

习 题

一、单选题

1. (   )是为了创造一个唯一的产品或提供一个唯一的服务而进行的临时性的工作。
   A. 过程   B. 项目   C. 项目群   D. 组合
2. 项目一次性的含义是指(   )。
   A. 项目持续的时间很短   B. 项目可以在任何时间取消
   C. 项目有明确的起始时间和终止时间   D. 项目将在一个不确定的时间终止
3. 以下哪个不属于项目的特点?(   )
   A. 目的性   B. 临时性   C. 重复性   D. 独特性
4. 项目是一项有待完成的(   ),有特定的环境和要求。
   A. 任务   B. 功能   C. 质量   D. 技术
5. 以下关于项目的说法都是正确的,除了(   )。
   A. 项目经常作为实现组织战略计划的一种手段
   B. 项目可以在组织中的所有层次上进行
   C. 独特性、临时性就是项目的全部特点
   D. 那些在组织日常运营范围内无法有效开展的活动可以用项目化的方式运作
6. 下列选项中不是项目特征的是(   )。
   A. 项目具有明确的目标   B. 项目具有限定的周期
   C. 项目可以重复进行   D. 项目对资源成本具有约束性
7. 以下哪项不属于项目的组成要素?(   )
   A. 项目范围   B. 项目风险   C. 项目质量   D. 项目成本
8. 我国项目管理的发展最早起源于20世纪60年代华罗庚推广的(   )。
   A. 关键路径法   B. 统筹法   C. 计划评审技术   D. 甘特图技术
9. 在项目管理的产生阶段,项目实施的目标是(   )。
   A. 完成任务
   B. 强调项目的管理技术
   C. 实现项目的时间、成本、质量三大目标
   D. 向全方位的项目管理方向发展,追求利益相关者的满意
10. 下面哪项属于日常运营?(   )
    A. 上课   B. 举办一次婚礼   C. 组织一场运动会 D. 神舟飞船计划
11. 下列选项中不属于项目与日常运营的区别的是(   )。
    A. 项目是以目标为导向的,日常运营是通过效率和有效性体现的
    B. 项目是通过项目经理及其团队工作完成的,而日常运营是职能式的线性管理
    C. 项目需要有专业知识的人来完成,而日常运营的完成无需特定专业知识
    D. 项目是一次性的,日常运营是重复进行的

12. 1987年由(　　)组织推出了全球第一个项目管理知识体系。
    A. IPMA　　　　B. CCTA　　　　C. PMI　　　　D. PMRC
13. 项目管理的两个层次是指(　　)。
    A. 企业层次和个人层次　　　　　B. 企业层次和项目层次
    C. 项目层次和个人层次　　　　　D. 组织层次和企业层次
14. 随着项目生命周期的发展,资源的投入(　　)。
    A. 逐渐变大　　B. 逐渐变小　　C. 先变大后边小　　D. 先变小后变大
15. 以下哪项不属于项目启动阶段的工作内容?(　　)
    A. 制定项目章程　B. 可行性研究　C. 确定项目范围　D. 工作结构分解
16. 项目生命周期的第二个阶段是(　　)。
    A. 启动阶段　　B. 执行阶段　　C. 计划阶段　　D. 结束阶段
17. 下面哪个不属于项目管理的核心知识领域?(　　)
    A. 范围管理　　B. 质量管理　　C. 风险管理　　D. 进度管理
18. 确定项目是否可行是在哪个工作阶段完成的?(　　)
    A. 项目启动　　B. 项目规划　　C. 项目执行　　D. 项目收尾
19. 下列不属于项目规划过程组的是(　　)。
    A. 定义活动　　B. 识别风险　　C. 估算成本　　D. 组建项目团队
20. 在项目管理知识体系中,下面哪项管理是总体指导思想?(　　)
    A. 项目范围管理　B. 项目整体管理　C. 项目风险管理　D. 项目质量管理

二、多选题
1. 项目包含以下哪些特征?(　　)
    A. 临时性　　　B. 独特性　　　C. 渐进明确性
    D. 制约性　　　E. 不确定性
2. 以下属于项目的实例是(　　)。
    A. 举办一次婚礼　　　　　　B. 开发一款新的计算机软件
    C. 管理一个公司　　　　　　D. 日常卫生保洁
3. 项目由以下哪几个要素组成?(　　)
    A. 项目范围　　B. 项目组织　　C. 项目质量
    D. 项目成本　　E. 项目进度
4. 项目管理的特性包括(　　)。
    A. 普遍性　　　B. 目的性　　　C. 独特性　　　D. 集成性
    E. 创新性　　　F. 临时性
5. 按照项目的性质划分,项目可以分为(　　)。
    A. 新建项目　　B. 扩建项目　　C. 改建项目
    D. 迁建项目　　E. 恢复项目
6. 项目与运营的相同点有(　　)。
    A. 都由人来实施　　　　　　B. 都有资源的限制
    C. 都需要计划、执行和控制　　D. 都有特殊的目的

7. 项目管理的主体有（　　）。
A. 业主　　　　　　B. 承约商　　　　　C. 监理　　　　　　D. 项目管理团队
8. 项目的生命周期包含以下哪几个过程？（　　）
A. 启动阶段　　　　B. 计划阶段　　　　C. 执行阶段　　　　D. 结束阶段
9. 以下哪些属于项目规划过程组的内容？（　　）
A. 制订项目管理计划　　　　　　　　B. 定义项目范围
C. 制定项目章程　　　　　　　　　　D. 制定行动方案
E. 制订进度计划
10. 以下属于项目管理的过程组的有（　　）。
A. 启动过程组　　B. 规划过程组　　C. 执行过程组
D. 监控过程组　　E. 收尾过程组

三、判断题
1. 日常运营总是在很短的时间内完成，而项目必须跨越很长时间才能完成。（　　）
2. 项目管理追求效率，日常运营追求效果。（　　）
3. 项目是独一无二的，日常运营是重复进行的。（　　）
4. 近代的科学项目管理阶段管理的目标是强调实现项目的时间、成本和质量三大目标。（　　）
5. 项目的生命周期可以划分为四个阶段，这种划分是固定不变的。（　　）
6. 在项目的启动和收尾两个阶段，人力资源的投入一般比较少。（　　）
7. 项目管理的两个层次是指企业层次的项目管理和项目层次的项目管理。（　　）
8. 项目管理知识体系（PMBOK®）的概念是由美国项目管理协会首先提出来的，是指项目管理专业领域中知识的总和。（　　）
9. 项目管理的四个阶段和五个过程其实是一样的。（　　）
10. 制订项目管理计划属于规划过程组的内容。（　　）

四、简答题
1. 简述项目管理的发展历程。
2. 简述项目的概念以及项目的特点。
3. 简述项目与运营、项目管理与运营管理的异同点。
4. 简述项目管理的五大过程组。
5. 简述项目管理的十大知识领域以及十大知识领域之间的关系。

五、案例分析
张三考上了武汉纺织大学，父母希望他上大学后多向老师和高年级同学请教大学学习和生活的经验，好好规划四年的大学生活，出色完成大学学业，为自己将来的发展打下良好的基础，毕业后找到一份满意的工作。
思考：
（1）张三的学习是一个项目吗？
（2）如果是项目，怎样才算完成？如何进行管理？

第2章
项目启动：充分授权，师出有名

项目不是在结束时失败,而是在开始时失败。

——项目管理谚语

The project does not fail at the end, but at the beginning.

——project management proverbs

 学习要求

☆ **了解**：项目选择与组织战略规划之间的关系。
☆ **掌握**：掌握项目的需求分析，撰写项目需求建议书；掌握项目章程的主要内容，撰写项目章程。
☆ **熟悉**：项目选择模型，利用合适的模型对项目进行选择的方法，项目启动一般流程。
☆ **核心概念**：需求建议书、项目选择、项目启动、项目章程。

从名著《西游记》看西游项目的启动

《西游记》这部小说(图2-1)可谓家喻户晓,讲述的是唐僧带领孙悟空、猪八戒、沙僧和白龙马西行取经的故事。师徒四人一路历经艰险,降妖除魔,经历了九九八十一难,到达西天见到如来佛祖,最终五圣成真。西游项目的成功很大程度得益于好的启动。那么,西游项目究竟是怎样启动的呢？

《西游记》第八回"我佛造经传极乐,观音奉旨上长安"的故事情节:观音奉旨去长安,寻个西天取经人;流沙河内遇卷帘,取名悟净官复原;福灵山上遇天蓬,赐名悟能奔前程;半路救得白龙马,赐予西天去取经;顺便看看齐天圣,命他坐等取经人。

如来讲罢,对众言曰:"我观四大部洲,众生善恶,各方不一:东胜神洲者,敬天礼地,心爽气平;北巨芦洲者,虽好杀生,只因糊口,性拙情疏,无多作践;我西牛贺洲者,不贪不杀,养气潜灵,虽无上真,人人固寿;但那南赡部洲者,贪淫乐祸,多杀多争,正所谓口舌凶场,是非恶海。我今有三藏真经,可以劝人为善。"诸菩萨闻言,合掌皈依,向佛前问曰:"如来有那三藏真经?"如来

第2章

项目启动：充分授权，师出有名

图2-1 《西游记》

曰："我有《法》一藏，谈天；《论》一藏，说地；《经》一藏，度鬼。三藏共计三十五部，该一万五千一百四十四卷，乃是修真之经，正善之门。我待要送上东土，叵耐那方众生愚蠢，毁谤真言，不识我法门之旨要，怠慢了瑜迦之正宗。怎么得一个有法力的，去东土寻一个善信，教他苦历千山，询经万水，到我处求取真经，永传东土，劝化众生，却乃是个山大的福缘，海深的善庆。谁肯去走一遭来？"当有观音菩萨，行近莲台，礼佛三匝道："弟子不才，愿上东土寻一个取经人来也。"

《西游记》第十一回，唐太宗李世民被灵山一派设计，无端到地府周游一遭。判官道："陛下到阳间，千万做个水陆大会，超度那无主的冤魂，切勿忘了。"太宗聚集多官，出榜招僧，修建"水陆大会"，超度冥府孤魂。榜行天下，着各处官员推选有道的高僧，上长安做会。如果太宗没有魂游地府，也就不会有后来征召高僧、修建水陆道场、超度亡魂的事。于是才有了后来的"聚众僧，在那三川坛里，逐一从头查选。内中选得一名有德行的高僧"。而唐僧受唐太宗之托，跋山涉水，历尽千辛万苦，最终从西天取回真经。

次早，太宗设朝，聚集文武，写了取经文牒，用了通行宝印。有钦天监奏曰："今日是人专吉星，堪宜出行远路。"唐王大喜。又见黄门官奏道："御弟法师朝门外候旨。"随即宣上宝殿道："御弟，今日是出行吉日。这是通关文牒。朕又有一个紫金钵盂，送你途中化斋而用。再选两个长行的从者，又银骢的马一匹，送为远行脚力。你可就此行程。"玄奘大喜，即便谢了恩，领了物事，更无留滞之意。唐王排驾，与多官同送至关外，只见那洪福寺僧与诸徒将玄奘的冬夏衣服，俱送在关外相等。唐王见了，先教收拾行囊、马匹，然后着官人执壶酌酒。太宗举爵，又问曰："御弟雅号甚称？"玄奘道："贫僧出家人，未敢称号。"太宗道："当时菩萨说，西天有经三藏。御弟可指经取号，号作'三藏'何如？"玄奘又谢恩，接了御酒道："陛下，酒乃僧家头一戒，贫僧自为人，不会饮酒。"太宗道："今日之行，比他事不同。此乃素酒，只饮此一杯，以尽朕奉饯之意。"三藏不敢不受。接了酒，方待要饮，只见太宗低头，将御指拾一撮尘土，弹入酒中。三藏不解其意。太宗笑道："御弟呵，这一去，到西天，几时可回？"三藏道："只在三年，径回上国。"太宗道："日久年深，山遥路远，御弟可进此酒：宁恋本乡一捻土，莫爱他乡万两金。"三藏方悟捻土之意，复谢恩饮尽，辞谢出关而去。唐王驾回。

思考：西游是项目吗？如果是项目，是怎样启动的？

项目启动是定义一个新项目并授权开始该项目的一系列过程，是项目管理的第一个阶段，包括项目的选择,项目目标的明确,识别项目相关方的需求,任命项目经理和组建项目团队,签发项目章程和召开项目启动会等。项目启动阶段奠定了项目的基调和走向,为项目后续工作提供了保障。

2.1 基于战略规划的项目选择

2.1.1 项目需求分析

项目绝非无源之水、无本之木,而是来源于社会和经济活动的各种需求。这种需求一般与各种组织战略规划有密切的关系。战略是组织开展项目的基本依据,开展项目是实现组织战略目标的基本手段。因此,首先需要分析组织战略规划与项目之间的关系,识别项目的来源。战略规划与项目组合关系图如图 2-2 所示。

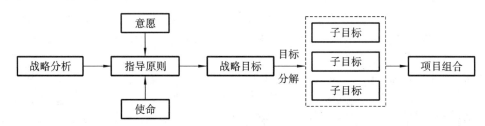

图 2-2 战略规划与项目组合关系图

1) 战略分析

战略规划是指通过分析组织的优势与劣势、面临的机会与威胁,识别未来的发展趋势,展望新的产品与服务需求,从而确定长远的目标规划。战略规划的形成是关于一个组织未来发展方向的决策过程,这个过程对每一个组织的生存来说都是非常重要的。

制定战略规划的方法很多,这里主要介绍常用的 SWOT 分析方法。SWOT 分析就是通过分析组织的内外部环境,来确定这些环境因素将如何提升或限制组织的执行能力。内部分析(项目团队可控的要素)需要了解组织本身有哪些优势和劣势,外部分析(项目团队难以控制和不可控的要素)需要识别外部环境所带来的机遇与威胁,包括竞争者、供应商、客户、监管机构、技术等。SWOT 分析法的具体内容如下:

- S(strength)——优势,是组织机构的内部因素,具体包括有利的竞争态势、充足的财政(资金)来源、良好的组织形象、技术力量、规模经济、产品质量、市场份额、成本优势等。
- W(weakness)——劣势,也是组织机构的内部因素,具体包括设备老化、管理混乱、缺少关键技术、研究开发落后、资金短缺、经营不善、产品积压、竞争力差等。
- O(opportunity)——机会,是组织机构的外部因素,具体包括新产品、新市场、新需求、外部市场壁垒解除、竞争对手失误等。
- T(threat)——威胁,也是组织机构的外部因素,具体包括新的竞争对手、替代产品增多、市场紧缩、行业政策变化、经济衰退、客户偏好改变、突发事件等。

通常在进行 SWOT 分析时,可能会出现不一致的观点或意见,此时组织的领导者应当保持一种谦逊的态度,以开放的心态对待。正确地进行战略分析不仅具有重要的启发意义,而且能为组织指明方向,便于组织制定指导原则。

2) 指导原则

一旦 SWOT 分析完成,组织的领导者就可以根据 SWOT 分析的结果制定相应的指导原则,如组织的愿景和使命等,如图 2-3 所示。

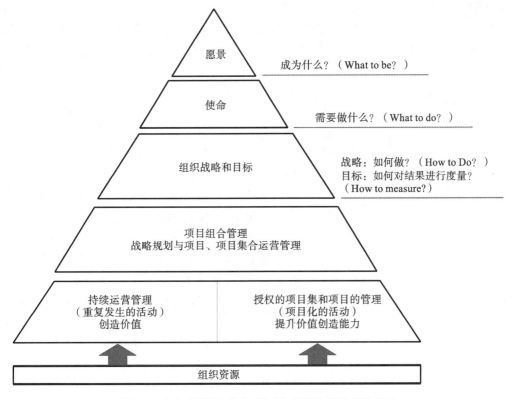

图 2-3 组织的愿景、使命、战略与组织资源之间的关系

愿景处于组织商业系统的最顶层,回答"成为什么"的问题;支撑组织愿景的是组织的使命,回答"需要做什么"的问题;明确了使命之后,就需要定义组织战略和目标,也就是回答"如何做"以及"如何对结果进行度量"的问题。

实施组织战略和目标的手段主要依靠两类工作:一类是持续的、可重复的工作(即运营管理);另一类是独特的、临时的工作(即项目、项目集)。项目和运营都是实现组织战略的手段。

3) 项目价值和需求

在战略规划和指导原则的基础上对潜在的项目需求进行识别,通常可以通过项目的价值看项目值不值得做。价值是判断一个项目能否发起的核心标准,可通过商业价值和用户价值来评估。

① 商业价值通常是老板或客户所关注的,因为老板或客户把项目看作一种投资行为,所以更看重其投入产出比。

② 用户价值是用户所关注的,这是因为用户更看重获得超出期望的产品或服务质量。

项目价值决定了项目需求。所谓需求,就是能够通过某种产品或服务来满足的需要,以及能够解决商业、个人或一群人的需要。将需求分成不同的类别,有利于对需求进行进一步完善和细化。项目需求一般可以分为业务需求、相关方需求、解决方案需求、过渡需求和质量需求。

①业务需求:整个组织的最高层次需要,例如,解决商业问题或抓住商业机会,以及实施项目的原因。

②相关方需求:相关方或相关群体的需要。

③解决方案需求:描述产品特性、服务功能或成果特征的需求,其中产品、服务或成果要能满足商业需求及相关方需求。

④过渡需求:从"当前状态"过渡到"未来状态"所需的临时能力,如数据转换和培训需求。

⑤质量需求:用于确认项目可交付成果的成功完成或其他项目需求实现的技术标准和相应的指标。

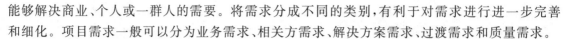
小链接 2-1

从名著《西游记》看项目价值和需求

老板视角价值:如来佛祖的期望超然物外,那就是佛法东传,普度众生。

客户视角价值:唐太宗李世民的期望就较为世俗,想要唐朝成为世界性帝国,自然需要文化昌盛,而大乘佛法的引入无疑可以引进先进的思想,教化万民,强化统治。

用户视角价值:从老百姓的角度看,大乘佛法可以度亡脱苦,寿身无坏;能解百冤之结,能消无妄之灾。也就是说,老百姓只要坐等佛法到来,就可以无病无灾,这样的好事哪里找?

项目价值决定项目需求。西游项目的"业务需求"很明显是降妖除魔、整顿世间。

谈到"相关方需求"时,不得不提到李世民。《西游记》第十一回,李世民被灵山一派设计,无端到地府周游一遭。回魂之时,顿感罪孽深重,于是有大兴佛事之念,如文中所述:"聚集多官,出榜招僧,修建'水陆大会',超度冥府孤魂。榜行天下,着各处官员推选有道的高僧,上长安做会。"如来的西游项目在李世民看来存在对等利益,此次西行的需求呼声高涨。

西行取经的"解决方案需求"要求西行团队具备坚毅的信念及化险为夷的智慧。团队需要历经"九九八十一难"方可获得经书,这一路暂且不说妖魔鬼怪的奸诈恶毒,道路的坎坷和气候的多变就足以给这个团队带来不确定的风险。由此可见,取经之路任重道远,成本高昂,风险巨大。

成功取到经书并不意味着项目的结束,从获得经书到实现项目目标需要经历过渡阶段。这个阶段的"过渡需求"便是翻译经书,并使之普及世间,让万物获得佛学的洗礼,从而实现三界祥和。

(资料来源:于兆鹏,《看四大名著学项目管理》,中国电力出版社,2020)

4)项目需求建议书

在战略规划和指导原则的基础上对潜在的项目价值和需求进行识别后,组织需要对这些项目进行定义,以便比较和选择,项目需求建议书就是这一过程的重要文档。

项目需求建议书(request for proposal,RFP)是客户向承包商或项目团队发出的书面文件,用来说明满足需求所要进行的全部工作,它是项目评估和选择的基础。

从客户的角度来看,客户在项目需求建议书中要提供项目的全面信息,使得承包商或项目团队能完全了解客户对项目产品或服务的需求。项目需求建议书也可以称为招标建议书。

从承包商角度来看,承包商按照招标建议书编制的项目建议书一般称为投标书。编制投标书时一般会思考如下几个问题:

①应该竞投哪个项目?
②应该如何为项目需求建议书的编制工作配备人员?
③投标建议书的编制工作应该花费多少?
④投标价格应定位为多少?
⑤投标策略是什么?

项目需求建议书通常是正式的,但有时也可以是非正式的。与提交给客户或相关机构的外部项目需求建议书相比,由个人直接向公司高层管理人员提交的内部项目需求建议书不需要详尽的内容,形式是否正规也无关紧要。表2-1是一个项目管理软件开发项目需求建议书的样板。

表 2-1 项目需求建议书样板

项目的工作陈述	开发商将执行以下任务:开发项目管理软件。项目管理软件的主要功能包括项目及工作信息的录入、项目网络计划图的绘制、项目时间计划的安排、甘特图计划的制定、项目执行信息的录入与分析及各种计划报表的输出等
项目要求	开发商应根据国家有关标准,提供开发计划和实施方案
交付物	符合甲方要求的项目管理软件
甲方提供的条款	甲方将帮助开发商熟悉项目管理流程
合同类型	合同必须以一个商定的价格,给提供满足需求建议书要求工作的开发商付款
到期日	开发商必须在2022年11月30日以前提交5份申请书备份
项目的进度计划	甲方希望在2022年12月25日前选中一家开发商。这个项目需要的完成时限是20~25周,从2023年1月1日开始实施项目,要求软件正式验收前试运行4周以上的时间,并根据试运行情况进行适当修改
付款方式	当项目完成1/3时付总额的1/3;当项目完成2/3时再付总额的1/3;当甲方已经满意于项目100%的完成,并且开发商已经履行了全部契约义务时再付总额的1/3
申请书内容	(1) 方法。开发商能清晰地理解需求建议书,理解什么是被期望达到的要求。而且要详细描述开发商领导项目的方法,要求对每个任务进行详细描述,并详细描述如何完成任务。 (2) 交付物。开发商要提供交付物的详细描述。 (3) 进度计划。列出甘特图或网络图表,列出每月要执行的详细任务的时间表,以便在要求的时间内能够完成项目。 (4) 经验。叙述开发商最近已经执行的项目,包括客户姓名、地址和电话号码。 (5) 人事安排。列出将被指定为项目主要负责人的姓名和详细简历,以及他们在类似项目中的成绩。 (6) 成本。必须说明总成本并提供一份项目的预算清单

申请书评价标准	(1) 方案(30%)。开发商提出建设方案。 (2) 经验(30%)。被指定执行此项目的开发商和主要负责人执行类似项目的经验。 (3) 成本(30%)。开发商申请书中所列的固定成本。 (4) 进度计划(10%)。为了在合同规定的日期或在此日期之前完成项目,开发商应提供详细的施工计划

2.1.2 项目选择模型及方法

组织会遇到各种各样的机会,但是,由于有限的组织资源和外部激烈的竞争,任何组织都很难把握每次机会。因此,组织需要做出抉择,对各种项目的机会和成本进行比较和分析,将有限的资源以最低的代价投入收益最高的项目中,以确保组织长远发展。

选择项目有很多不同的模型,主要分为财务模型和非财务模型。其中常见的财务分析方法有投资回收期(payback period,PP)法、净现值(net present value,NPV)法、效益成本比率(benefit cost ratio,BCR)法、内部收益率(internal rate of return,IRR)法等。非财务模型有检查表模型(checklist model)、评分模型(scoring model)、层次分析法(analytical hierarchy process,AHP)等。

通常从管理者的角度而言,项目是一种投资性活动,需要使用财务模型。选择合适的模型和方法,能够为项目的成功提供有力的保证,常见方法有三种:①在选择项目时以财务分析为主,非财务因素为辅;②将财务模型用于项目的初筛,然后使用评分模型进行最后敲定;③将财务分析作为多因素评分模型要素之一进行项目的筛选。

Sounder指出,项目管理者在选择评估模型时需要考虑以下五个要素:①实用性,模型应反映管理者做决策的现实情况,包括公司及其管理者的多重目标。如果没有一个通用的测量系统,不同项目之间的比较是不可能的。②功能性,模型的完善程度应适合多个时期,不仅能够模拟项目内部和外部的各种条件,还能够使决策最优化。③灵活性,模型应根据组织可能遇到的各种情况给出正确的结果。同时,模型应具有易于调整或自我调节的能力,以适应组织环境的变化(如税法变动、技术进步等因素)。④易用性,模型应易于使用和理解,数据易于获得,而不需要花费过多的时间和精力。⑤成本性,收集数据和建立模型的成本要低于相应的项目成本,而且要低于项目的潜在收益。

2.2 基于SMART法则的项目目标

当选择好项目后,就需要明确项目目标。正如谚语所说的"如果你不知道要到哪里去,给你一张地图也没有用",如果没有定义明确的项目目标,就很难对项目进行有效管理。现代管理学之父彼得·德鲁克(Peter F. Drucker)提出的目标管理,提醒人们不能只顾低头拉车而不抬头工作,最终忘了自己的目标。目标管理可以作为项目管理的有效手段,将被动工作转变为主动工作。此外,为了避免每个人对目标的理解不一致,西方有学者总结出SMART法则,帮助人们定义明确的项目目标。

2.2.1 SMART 法则

SMART 法则(S=specific、M=measurable、A=attainable、R=relevant、T=time-bound)是使管理者对项目目标管理由被动变为主动的一个很好的管理手段,实施目标管理不仅有利于员工更加明确、高效地工作,更可以为管理者将来对员工实施绩效考核提供考核目标和考核标准,使考核更加科学化、规范化,更能保证考核的公正、公开与公平。

"本月要完成人事审批模块的开发"是典型的不符合 SMART 法则的目标,既没说明工作究竟是什么,也没说清楚工作量有多少,工作目标怎么测量、如何实现、何时完成。常见的不符合 SMART 法则的目标有客户满意(怎样算满意)、快速响应(多长时间算快速)、稳定运行(稳定包含哪些指标)、有效控制(如何算有效)等。

SMART 法则具体含义如下:

① 明确的(specific):就是要用具体的语言清楚地说明要达成的标准。拥有明确的目标几乎是所有成功项目的共同特点。

② 可测量的(measurable):项目目标应该是可测量的,而不是模糊的,应该有一组明确的数据作为测量项目是否达成目标的依据。对于目标的可测量性,应该从数量、质量、成本、时间、客户的满意程度 5 个方面来进行表述。

③ 可实现的(attainable):相关人员应参与到项目目标的设置过程中,以确保拟定的项目目标能在组织及团队之间达成一致。目标既要使项目工作内容饱满,也要具有可实现性。

④ 相关的(relevant):项目目标要与组织目标达成一致,更要考虑达成目标所需要的条件。这些条件包括人力资源、硬件条件、技术条件、环境因素等。制定目标要兼顾成本和效益。

⑤ 有时限的(time-bound):项目目标是有时间限制的,没有时间限制的目标没有办法考核,或考核容易出现偏差。

为更好地完成工作,"本月要完成人事审批模块的开发"可以改为"本月 30 日前,在公司已有开发框架的基础上,依据客户确认的人事审批模块需求,完成模块设计文档撰写、代码编写、联调自测并通过评审。时间以上传配置服务器的时间为依据,质量以测试报告和评审报告为依据。如因客户需求确认延迟、需求变更等因素造成交付延迟,以评审通过的变更为准"。

2.2.2 定义项目目标

项目是一个复杂的系统过程,项目目标可从需求、进度、成本、质量等互相关联的维度进行定义。项目目标的定义需要遵循 SMART 法则,避免目标定得过高或者过低。如果目标定得过高,不切实际,会使得项目团队成员难以实现目标而消极怠工,使得客户对项目团队的交付能力丧失信心,最后使得项目破产。如果目标定得过低,则不能很好地激发团队的潜能,缺乏挑战性。正如美国马里兰大学的心理学教授埃德温·洛克提出的"洛克定律"所说:"当目标既是未来指向的,又是富有挑战性的时候,它是最有效的。"目标要定得恰当,"跳一跳,够得着"才是最好的目标,有利于激发团队的积极性和潜能,达到最好的效果。

小链接 2-2

从"卧薪尝胆"看古人的 SMART 目标实现

春秋吴越争霸的时候,吴王阖闾乘越国丧乱之际发兵攻打越国,没想到吃了败仗,自己也中箭死去。临死时,他对儿子夫差说:"不要忘记替我报仇啊!"为记住仇恨,夫差叫人经常提醒他。每当夫差经过宫门,他的手下都扯着嗓子喊:"夫差!你忘了杀父之仇吗?"夫差总是流着泪说:"不,不敢忘记。"他发誓要消灭越国,为父报仇。三年后,夫差亲率大军攻越,并打败越国,一雪前耻。

当越国大败于吴国后,勾践派人求和,并最终获得夫差的大赦。勾践降吴后,他为吴国先王阖闾看守坟墓,并为夫差养马。夫差出游,勾践便拿着马鞭,恭恭敬敬地跟着。夫差有病,勾践亲尝大便,以判断夫差病愈的日期。夫差认为勾践已诚心归服,便放他回国。

勾践回国后,也立志报仇雪恨,这就有了我们耳熟能详的勾践"卧薪尝胆"的故事(图2-4)。如果勾践把复仇当作一个项目,那么他的项目目标是很明确的。我们来看看他是如何一步步实现他的项目目标的。

图 2-4 卧薪尝胆

第一步,赠送夫差大量财物,既让吴国信任越国,疏于防范,又让夫差习惯奢侈的生活方式,丧失锐气。

第二步,赠送夫差美女,让他迷恋美色,不理政事。夫差宠爱的西施和郑旦就是越国赠送的。

第三步,先向吴国借粮,却用蒸过的谷物归还。夫差见越国送来的稻谷种子粗大,就发给农民当谷种,结果第二年根本长不出稻谷,导致吴国发生大饥荒。

第四步,向吴国输送能工巧匠、巨石大木,引诱夫差大起宫室高台,空耗国家人力、物力和财力。

第五步,贿赂夫差身边的奸臣伯嚭,败坏吴国朝政。

第六步,离间夫差和忠臣的关系,并促使夫差杀掉忠臣伍子胥。

第七步,鼓励生养,培养所谓的"英勇的母亲",这样就不愁兵员了。

第八步,积蓄粮草,充实国力。

第九步,铸造武器,训练士卒。

第十步,寻找机遇攻伐吴国,并最终消灭吴国。

终于,勾践等到吴王夫差带兵北上去争夺中原盟主的时候,趁着吴国国内空虚,一举攻克吴国的首都姑苏城。夫差也因此羞愤自杀了。

(资料来源:刘通,梁敏,刘闽,马旋,《PMP项目管理方法论与案例模板详解》,哈尔滨工业大学出版社,2015)

2.3 识别项目相关方

想要做好一个项目并获得人们的认可,就需要知道与项目有关的人有哪些。通常,项目涉及的内外部人员非常繁多、复杂,包括客户、团队成员、高层次管理者、供应商、合作伙伴、竞争对手、政府、社区等(见图2-5)。项目管理者必须识别并管理好这些相关方,才能更好地管理项目,提高项目成功的可能性。

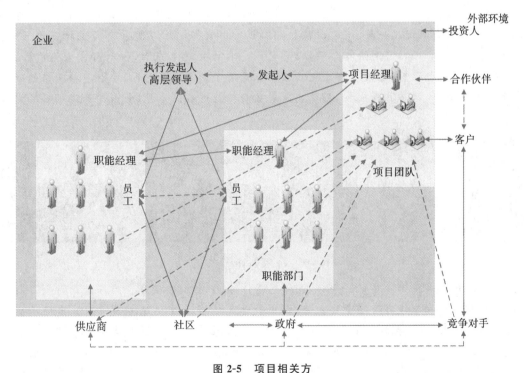

图2-5 项目相关方

2.3.1 项目的相关方

项目相关方是指能影响项目、项目集或项目组合的决策、活动或结果的个人、小组或组织,以及会受或自认为会受决策、活动或结果影响的个人、小组或组织。项目管理工作组必须识别哪些个体和组织是项目的相关方,确定其需求和期望,然后设法满足和影响这些需求、期望,以确保项目成功。项目相关方主要由以下几类角色组成。

(1) 执行发起人(高层领导):机构、组织或公司内对经授权的项目集活动的成功负有责任的高级管理人员。

(2) 发起人:为项目、项目集或项目组合提供资源和支持,并负责为项目成功创造条件的个人或团体。

(3) 客户:用金钱或某种有价值的物品来换取财产、服务、产品或某种创意的自然人或组织。客户是商业服务或产品的采购者,他们可能是最终的消费者、代理人或供应链内的中间人。

(4) 项目经理:由执行组织委派,领导团队实现项目目标的个人。

(5) 项目团队:支持项目经理执行项目工作,以实现项目目标的一组人员。

(6) 职能部门:把员工按专业领域分组的一种组织架构。

小链接 2-3

从名著《西游记》识别相关方

西游项目的相关方如图2-6所示。

如来(执行发起人):作为西游项目的领军人物,如来扮演执行发起人的角色。如来曾经说过这么一段话:"我有《法》一藏,谈天;《论》一藏,说地;《经》一藏,度鬼。三藏共计三十五部,该一万五千一百四十四卷,乃是修真之经,正善之门。我待要送上东土,叵耐那方众生愚蠢,毁谤真言,不识我法门之要旨,怠慢了瑜迦之正宗。"正是有了如来这番意愿,才会有接下来的观音自告奋勇接受任务、争取客户唐太宗、搭建团队等项目执行过程。可见,如来对西游项目的发起起到至关重要的作用。

图2-6 西游项目的相关方

观音(发起人):在如来发布任务后,观音毛遂自荐,如来欣然授命。为保证西游项目顺利开展并达到如来的目的,作为西游项目发起人,观音开始缜密地策划西游项目。从市场调研到争取客户、打造取经团队,再到策划九九八十一难,都是观音在为西游项目整合资源、创造条件。

唐太宗(客户):此次西游项目的成品(佛经)对唐太宗来说无疑意义重大,大乘佛法的引入可以引进先进的思想,教化万民,强化统治。如此巨大的利益,唐太宗当然愿意,于是派遣御弟唐僧前往西天取经,从而达到佛法东传的目的。可见,唐太宗是项目的客户。

唐僧(项目经理):唐僧在接受取经任务后,成为项目经理,并开始组建团队,即召集孙悟空、猪八戒、沙和尚及白龙马,之后又开始了团队建设(主要采取说教和培训的形式)。唐僧作为项目经理,有很坚韧的品性和极高的原则性,不达目的不罢休,很得上司支持和赏识。

师徒四人加一马(项目团队):此次西游项目的团队由唐僧、孙悟空、猪八戒、沙和尚及白龙马组成,其中,唐僧是项目经理,孙悟空是技术核心,猪八戒和沙和尚是普通团员,白龙马是项目经理座驾。

玉皇大帝(职能部门领导):掌管天界的玉皇大帝是天界的职能组织的领导者,要维护天界秩序,需要给各路神仙安排角色,分配任务。

(资料来源:于兆鹏,《看四大名著学项目管理》,中国电力出版社,2020)

2.3.2 分析和管理项目相关方

由于项目相关方对项目的期望存在差异,因此对相关方的管理存在很大难度。在分析和管理项目相关方时,巧用工具可以做到事半功倍,其中权力-利益方格分析法是一种常见的方法。如图 2-7 所示,权力-利益方格图是根据相关方权力的大小以及利益的高低对其进行分类,这个方格图指明了项目需要建立的与各相关方之间的关系的种类。

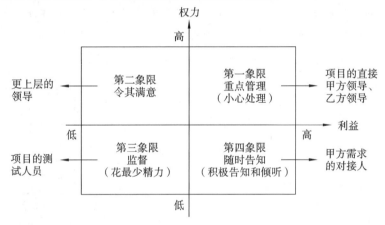

图 2-7 权力-利益方格图

如图 2-7 所示,该方格图共有四个象限。

(1)重点管理(第一象限):此象限的相关方对项目有很高的权力,也很关注项目的结果,项目经理应该重点管理,及时报告,应采取有力的行动让第一象限的相关方满意。项目的客户和项目经理的主管领导,就是这样的相关方。

(2)令其满意(第二象限):此象限的相关方具有"权力大、对项目结果关注度低"的特点,因此争取第二象限相关方的支持,对项目的成功至关重要,项目经理对第二象限的相关方的管理策略应该是"令其满意"。

(3)监督(第三象限):要正确地对待第三象限的相关方的需要。这一象限的相关方的特点是"权力低、对项目结果的关注度低",因此项目经理"花最少的精力来监督他们"即可。但有些相关方可以影响更有权力的相关方,他们对项目发挥的是间接作用,因此对他们的态度应该"要好一些",以争取他们的支持,降低他们的敌意。

(4)随时告知(第四象限):尽管第四象限的相关方的权力低,但他们仍然关注项目的结果,因此项目经理要"随时告知"其项目状况,以维持相关方的满意程度。如果低估了第四象限相关方的利益,可能产生危险的后果,比如引起相关方的反对。大多数情况下,要全面考虑第四象限相关方对项目可能的、长期的以及特定事件的反应。

> 小链接 2-4

结合权力-利益方格图分析和管理《西游记》重要相关方

首先是如来佛祖和唐太宗李世民。毋庸置疑,如来佛祖的权力很大,是佛界之主;而唐太宗的权力也很大,是大唐帝国的最高统治者。而且,以上两个相关方与项目的利益相关度也很高,因此位于象限的右上角,我们应对其"重点管理",要时时关注这类相关方的利益诉求和问题。

其次是观音。观音的权力不大,但是与西游项目的利益相关度很高,因为项目是观音一手发起的。所以观音位于右下角,应对其"随时告知","有问题,找观音"就成了西游项目的常态。

接下来看看玉皇大帝。玉皇大帝的权力很大,统领三界。但是他与项目的利益相关度不大,项目与玉皇大帝并没有直接的利益关联。因此,玉皇大帝位于左上角,应"令其满意",不能得罪玉皇大帝,因为有问题的时候可以直接找玉皇大帝求助。

最后是一些神仙和妖怪。这些人权力不大,和项目的利益相关度也不大,所以他们位于左下角,对其只需要"监督",花最小的精力去进行管理即可。

西游项目的相关方权力-利益方格图如图2-8所示。

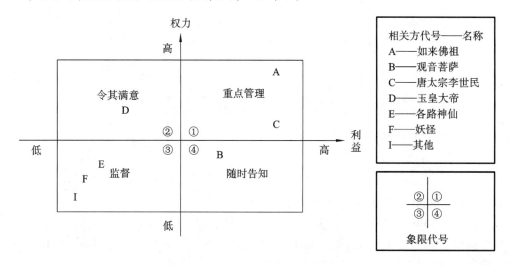

图2-8 西游项目的相关方权力-利益方格图

在西游项目的前期,团队并不会利用相关方的资源。一般都是三个徒弟自己上阵,傻傻地与妖怪苦苦争斗,既不知道分析妖怪的来历,也不知道向其他相关方求救,结果出了不少力,却得不偿失,比如三打白骨精就是一个很好的例子。但到了后来,你会发现这个团队非常聪明,他们先试探性地与妖怪打一下,如果打起来比较吃力,马上就去天宫找各路神仙求助;如果神仙还打不过,就去调查妖怪的来历,然后找可以收服妖怪的人,轻松将妖怪解决掉。

下面以孙悟空搬救兵为例,来看看西游项目是如何争取相关方的。

你会发现,每次唐僧被厉害的妖怪抓走,孙悟空去天宫找各路神仙求救的时候,都会向别人说三个理由:①帮我是为了伟大的取经事业,你有功德;②帮我打败妖怪,你可以在三界内有更好的声誉;③这次你帮我,将来你有事,我老孙一定帮忙。这就用到了利导的技巧。

同时,你会发现越到后面孙悟空越聪明,他不是自己去搭救唐僧,而是请众多相关方参与到搭救的过程中,让他们成为搭救过程的一员,并且让相关方成为英雄。例如,在与黄眉大王争斗的时候,就是先搬了天宫的救兵,再去查这个妖怪的来历,请了弥勒佛,让弥勒佛成为解决黄眉大王的一线英雄。

从总体来看,整个西游项目在相关方的管理上做得最好的就是"争取"到了各个层级相关方的"参与",发起人争取到了客户的参与,发起组织的执行方争取到了主要思想流派和实力派的参与,项目执行团队争取到了各执行方的参与。参与度决定满意度,也决定了项目得到支持的程度。

(资料来源:于兆鹏,《看四大名著学项目管理》,中国电力出版社,2020)

2.4 组建项目团队

项目团队是项目实施主体,而项目经理又是项目团队的灵魂。

2.4.1 任命经理

项目经理在领导项目团队达成项目目标方面发挥着至关重要的作用。在整个项目期间,这个角色的作用非常明显。很多项目经理从项目启动时参与进来,直到项目结束。不过,在某些组织内,项目经理可能会在项目启动之前就参与评估和分析活动。这些活动可能包括咨询管理层和业务部门领导者的想法,以推进战略目标的实现,提高组织绩效或满足客户需求。某些组织可能还要求项目经理管理或协助项目的商业分析、商业论证的制定以及项目组合管理事宜。项目经理还可能参与后续跟进活动,以实现项目的商业效益。不同组织对项目经理这个角色有不同的定义,但它们本质上的裁剪方式都一样——项目管理角色需要符合组织需求,如同项目管理过程需要符合项目需求一般。

1)项目经理扮演的角色

项目经理作为项目的管理者,具有管理者的角色特点,也具有相应的职责和权力,在此可以将项目经理的职责和权力归纳为五个角色,分别是整合者、沟通者、协调者、团队领导者以及监督者,见图2-9。

①整合者。项目经理对项目管理负责,管理是核心任务。执行项目整合时,项目经理扮演重要角色,与项目发起人携手合作,既要了解战略目标并确保项目目标和成果与项目组合,又要负责指导团队关注真正重要的事务并协同工作。为此,项目经理需要整合过程、知识和人员。

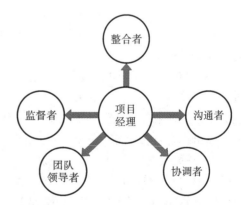

图2-9 项目经理角色扮演图

②沟通者。项目经理领导项目团队实现项目目标和相关方的期望,利用可用资源,以平衡相互竞争的制约因素,还充当项目发起人、团队成员与其他相关方之间的沟通者,使用软技能来平衡项目相关方之间相互冲突的目标,以达成共识。

③协调者。项目经理需要对整个项目进行把控,通过甘特图等工具将项目分解为容易完成的任务,估算任务时间,确定项目要完成的所有工作任务的合理完成顺序、项目的完成时间以及项目的执行者等。

④团队领导者。确定每位团队成员所扮演的角色,并与他们沟通这些角色的定位及其对项目成功的重要作用,寻找方法激励团队成员,提升团队成员技能,并就他们的个人表现及时给予建设性的反馈意见。

⑤监督者。项目经理一方面采取项目后续跟进措施,确认项目相关承诺已经兑现,问题已获得解决,各项任务已经完成;另一方面根据项目计划持续评估项目进展情况,制定必要的整改措施,并审查项目过程和项目提交物的质量。

2)项目经理具备的能力

职业发展对个人能力提出了要求,通常掌握一种技能或特质是无法达到职业目标要求的,还需要一定的技能组合。由此,PMI提出了人才三角,强调项目管理中最为重视的三大技能。PMI人才三角随时间、环境、能力、方向在不断演变,从《PMBOK®指南第六版》中的技术项目管理、领导力、战略和商务管理三个关键技能组合变为以下三个关键技能组合——工作方式、商业敏锐度和影响力技能,《PMBOK®指南第七版》中的PMI人才三角图如图2-10所示。

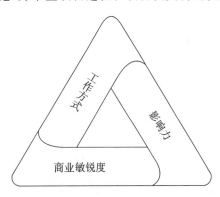

图2-10　PMI人才三角图

①工作方式(ways of working)取代了技术项目管理。可以把工作方式看作以掌握多样性、创造性的方法来完成任何工作,这样我们就可以在新挑战出现时迅速改变工作方式,同时,这使我们能及时在正确的时间应用正确的解决方案。技术项目管理技能讲的是范围、进度、成本、质量、资源、沟通、采购、相关方等十二大知识和技能,通过一个个具体的知识和流程教你如何开展工作,是流程和方法论层面的内容。而工作方式不限定具体的流程和方法,PMI鼓励每个人理解和采用多种工作方式,包括预测、敏捷、设计思维或其他有待开发的新实践。

②商业敏锐度(business acumen)取代了战略和商务管理。随着互联网和数字化时代的到来,技术的创新和商业模式的变化,让项目执行的成本结构和利润发生了颠覆性改变。而商业敏锐度是指在理解影响组织或行业的许多因素的同时,做出良好判断和快速决策的能力。项目经理必须学习商业知识、通识,提高商业洞察力,将学到的知识应用在业务实践中,再通过复盘总结提炼出适合自己业务的方法论,以便更深入地了解项目如何与更广泛的组织战略和全球趋势相结合,从而实现高效和有效的决策。

③影响力(power skills)取代了领导力。除了传统的自上而下的领导力技能,影响力技能(曾称为"软技能")也是不同级别专业人士的关键人际交往技能,其更强调在不同领域、不同范围、不同层级间能施加影响、激发改变、建立关系。影响力技能包括协作领导能力、沟通能力、创新思维、目标导向和移情能力。掌握这些影响力技能可以让专业人士在组织的不同级别中成为强大、有影响力的相关方,推动变革并使想法成为现实。

3)项目经理任命方式

在项目实践中,项目经理应尽早被确定和任命,以下是几种常见的任命方式:

①由组织的高层领导委派。这种方式的一般程序是由组织高层领导提出人选或由组织职能部门推荐人选,经组织的人力资源部门听取各方面的意见,进行资质考察,考察合格则由总经理委派。这种方式要求公司总经理本身必须是负责任的主体,并且能知人善任。这种方式的优点是能坚持一定的客观标准和组织程序,听取各方面的评价,有利于选出合格的人选。组织的内部项目一般采取这种任命方式。

②由组织和用户协商选择。这种方式的一般程序是分别由组织内部及用户提出项目经理的人选,然后双方在协商的基础上加以确定。这种方式的优点是能集中各方面的意见,形成一定的约束机制。由于用户参与协商,一般对项目经理人选的资质要求较高。组织的外部项目,如为用户安装调试设备、为客户提供咨询服务等,一般采取这种方式。对于组织的外部项目,还存在一种特别的形式,即组织有一个项目小组,而顾客方同时也有一个项目小组,每个项目小组各有项目经理负责。这种形式要求两方的项目经理能充分沟通,以保证项目要求及项目最终完成情况的一致性。

③竞争上岗的方式。竞争上岗主要局限于组织的内部项目,具体方式不拘一格。其主要程序是由上级部门(有可能是一个项目管理委员会)提出项目的要求,广泛征集项目经理人选,候选人需提交项目的有关目标文件,由项目管理委员会进行考核与选拔。这种方式的优点是可以充分挖掘各方面的潜力,也有利于人才的选拔,有利于发现人才,同时有利于提升项目经理的责任心和进取心。竞争上岗需要一定的程序和客观的考核标准。

2.4.2 组建团队

项目团队包括被指派为项目可交付成果和项目目标而工作的全职或兼职人员,他们负责以下工作:理解完成的工作;如果需要,对被指派的活动进行更详细的计划;在预算、时间限制和质量标准范围内完成被指派的工作;让项目经理知悉问题、范围变更和有关风险和质量的担心;主动交流项目状态,主动管理预期事件。项目团队可以由一个或多个职能部门或组织组成。

一个高效的项目团队的形成并非偶然,需要做大量细致的准备工作。在大多数情况下,由于受环境的制约和资源的限制,项目经理在组建项目团队时并没有太多的选择,常常是利用可用的资源为项目服务,有时无法挑选到理想的成员来组建项目团队。但是,无论何种情况,组建项目团队必须要遵循一定的流程,在不同的环境里,流程是有差别的,但其中的一些内容是组建项目团队时无法省略的关键步骤。以下是组建项目团队的几个关键流程:

(1) 识别项目所需要的技能。组建项目团队的第一步就是要对拟参与项目的团队成员的技能类型做出真实的评价,这是基于项目所需岗位来确定的。通常情况下,在项目的人力资源管理计划中会有相关的信息,例如角色与职责、项目组织图和人力配备管理计划等。这些技能的作用主要体现在两方面:一是作为团队成员之间的能力互补;二是尽可能有效地完成成员自身的职责。例如,对于一个比较复杂的技术项目,必须要确定那些能够为项目开发带来增值活动的技能和具备这些技能的人员。

(2) 选择具有必要技能的人员。在确定了项目所需的技能之后,就要开始评定符合技能要求的人员。常见的情况是先在组织内部挑选,在没有合适人选的情况下,一般有两种选择:一是为该项目聘请专业对口的人员,这种形式比较常见,即在项目的生命周期里,将维护团队的任务外包给第三方。二是培训现有人员,让他们能够熟练掌握项目所需的技能,顺利完成项目任务。而在完成任务的过程中,选择何种方式在很大程度上取决于对成本和利润的考量——什么人能完成这项工作；外聘、外包或培训的成本是否过高；外聘和训练成功后，受聘受训人员所具备的技能是否能为公司带来持续利益。

(3) 与潜在项目成员进行沟通。组建项目团队的第三步就是要与可能成为团队成员的候选人交流，了解他们对该项目的兴趣程度。有时候，相关人员会得到授权，让他们有更多的时间参与到项目中。但是，在大多数情况下，特别是在职能组织结构中，技术专家一般处于部门主管或职能经理的领导之下。虽然部门主管或职能经理不反对在项目中使用技术专家部门内的人员，但他们更关注本部门是否能够顺利运转。他们一般会认为抽调该部门的职能人员或技术专家会影响该部门的正常运转。因此，项目经理如果要获得项目所必需的人才，就不得不与部门主管或职能经理进行长久、复杂的谈判或协商。

2.4.3 明确成员责任

责任分配矩阵(responsibility assignment matrix, RAM)显示了分配给每个工作包的项目资源，用于说明工作包或活动与项目团队成员之间的关系，也可以说是一种将项目所需完成的工作落实到项目有关部门或个人，并明确表示出他们在组织中的关系、责任和地位的一种工具。它将人员配备工作与项目工作分解结构相联系，明确表示出工作分解结构中的每个工作单元由谁负责、有谁参与，并表明了每个人或部门在项目中的地位，确保任何一项任务都只有一个人负责，从而避免最终负责人或工作职权不清。

责任分配矩阵由工作分解机构(WBS)和组织分解结构(OBS)两个维度交叉生成矩阵，在两者的交叉点定义任务职责，以明确谁应该对项目中的具体任务负责以及具体的责任类型，如主持、支持、批准、审核和协调等。通常责任分配矩阵中横向为工作单元，纵向为组织成员或部门名称，纵向和横向交叉处表示项目组织成员或部门在某个工作单元中的职责。图 2-11 所示为典型的责任分配矩阵，表示了所有工作包与项目组织成员之间的联系。在责任分配矩阵中，可以直接用文字表示分配给成员的职责，但为了表达方便，常采用符号或英文字母表示"责任"。常见的表示"责任"的英文名词/动词的首字母如下：

(1) R＝responsible(负责)，表示负责执行任务的角色，负责完成任务、解决问题。

(2) A＝accountable/approve(负有责任的/批准)，表示对任务负全责的角色(负责任务的核准、批准)。只有经他/她同意或签署之后，任务才能得以进行；只有经他/她认可之后，任务才算完成(签字认可任务完成结果)。

(3) S＝support(支持)，表示在任务中提供支持的角色，在任务负责人的领导下，共同完成所分配的任务。

(4) C＝consulted(咨询)，表示提供咨询的角色，拥有完成项目所需的信息或能力的人员。

(5) O＝coordinate(协调)，协调各项任务之间的关系。

(6) I＝informed(告知)，即拥有特权、应及时被通知结果的人员，却不必向他/她咨询、征求意见。

(7) R＝review(审查)，表示审查任务是否符合要求。

RAM 常用管理工具是 RACI，R、A、C、I 分别是 responsible(执行)、accountable(负责)、consulted(咨询)、informed(知情)4 个英文单词的首字母。表 2-2 所示为采用 RACI 责任矩阵来确定项目参与方的责任和利益关系。

第2章
项目启动：充分授权，师出有名

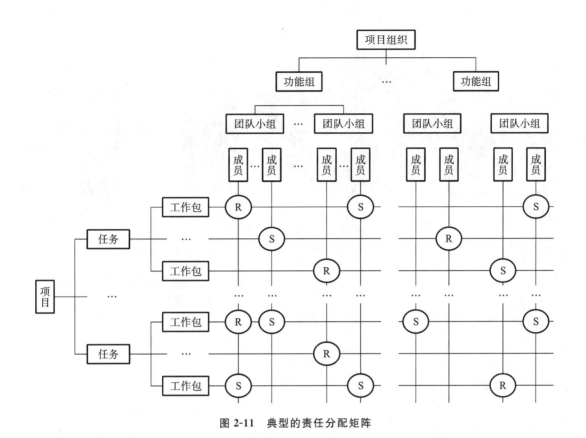

图 2-11 典型的责任分配矩阵

表 2-2 责任分配矩阵 RACI 示例

任　　务	人　员				
	Ann	Ben	Calos	Dean	Andy
创建章程	A	R	I	I	I
收集需求	I	A	R	C	C
提交变更需求	I	A	R	R	C
制订测试计划	A	C	I	I	R

注：R——执行，A——负责，C——咨询，I——知情。

▶▶ 小链接 2-5

从《西游记》看团队组建

《西游记》中的团队是一个能力互补的前往西天取经的组织，该团队具有两大主角和三大配角（图2-12）。团队领导者为唐僧，这是一位具有坚定佛教信仰的师傅。大徒弟为孙悟空，是第二位主角成员。三位配角分别是二徒弟猪八戒、三徒弟沙和尚、四徒弟白龙马。他们的性格特点如下。

图 2-12 《西游记》中的团队

唐僧:完美型的性格。追求至善至美,着眼于未来的长远目标,能从更高层面看问题。

孙悟空:力量型性格。永远充满活力,永远处于极限状态,眼中紧盯目标,追求成功。

猪八戒:活泼型性格。懂得在团队中寻找乐趣,但是缺乏责任心,团队意识淡泊,动不动就想回高老庄。

沙和尚:和平型性格。情绪内敛,处事低调,充满耐心,任劳任怨。

白龙马:忠心护主,出身名门,有一定社会背景。

西游团队成员谁都不可或缺。虽然没有完美的性格,但可以在团队中互补。团队成员为了实现目标,必须群策群力,唯有合作才能共赢。

唐僧在团队中扮演了领导者、制度维护者和团队信念主导者,从责任动力学角度来看,唐僧的责任核心在于原因责任"团队与思想理念"的引领和角色责任"团队与制度规则"的坚守。因为唐僧的责任动力来自对取经信念的忠实捍卫。唐僧是一个循规蹈矩、有时不通人情的人,能力水平也一般。那唐僧为什么能够领导团队?奥秘就是唐僧在这个团队中发挥了两种关键的领导责任:第一,原因责任方面是"团队与思想理念"的信念者;第二,角色责任方面是"团队与制度规则"的以身作则者。唐僧的原因责任是对组织信念的忠诚,角色责任是对规则的敬畏。有了这两种团队领导责任,让团队在西天取经的路上有了愿景、方向、目标和使命。至于其他的工作,可以交给团队其他成员。

孙悟空在团队中扮演了有能力克服困难的业务骨干角色,从责任动力学角度分析,孙悟空的责任核心就在于能力责任方面的"团队与目标结果"。正是因为孙悟空无所不能,又承担了关键的任务目标,是团队目标完成过程中不可或缺的角色,所以其经常不服从制度规则,且爱搞个人英雄主义。在团队建立初期,由于他与领导在理念上的不同,产生了大量的矛盾和分歧,甚至发生过撂挑子走人的事件。为了管理孙悟空,唐僧不得不使用紧箍咒。孙悟空在团队中的重要性体现在能力责任上,其缺点体现在角色责任上,他总是在关键时刻搞个人英雄主义,不服从指挥,经常惹祸。在义务责任方面,孙悟空受情绪变化影响较大,情绪好的时候能够和团队成员团结协作,情绪不好的时候,与团队成员或外部客户时有矛盾发生。

猪八戒在团队中扮演了团队关系协调人的角色,发挥了这个角色的义务责任"建立团队协作关系"。猪八戒的能力与业务水平有限,在团队中承担了探路、寻找食物的任务。猪八戒的缺点首先体现在角色责任方面,他好吃懒做,多吃多占,常破坏佛门戒律;其次,在原因责任方面,他的信念感不强,忠诚度不够,当团队碰到问题的时候,就有散伙分行李的想法。但猪八戒在唐僧的团队中也是一个不可或缺的成员,在能力责任方面,他的业务水平在团队中排第二;在义务责任方面,能够在关键时刻充当和事佬的角色,协调老大与老二之间的矛盾,提高团队的稳定性。

沙和尚和白龙马则扮演了典型的基层干部和一线员工的角色,承担了团队中的大量角色责任"人与制度规则"的工作。他们平时就兢兢业业、任劳任怨、埋头苦干,从不违反组织的制度规则。在危险时刻始终能够做到不离不弃,虽然能力不够,但关键时刻能够舍身营救领导。

2.5 签发项目章程

项目章程是项目启动标志性的成果。项目章程的签发,标志着项目的正式启动。

2.5.1 项目章程的概念及作用

项目章程是证明项目存在的正式书面说明和证明文件。项目章程由高级管理层签署,规定项目范围,如质量、时间、成本和可交付成果的约束条件,授权项目经理分派组织资源用于项目工作,通常是项目开始后第一份正式文件。项目章程主要包括两方面内容——项目满足的商业需求和产品描述,通常也包括对项目经理、项目工作人员、项目发起人和高层管理人员在项目中承担主要责任和任务的描述。

无论繁简,项目章程都要起到以下几个方面的作用:

(1) 正式确认项目的存在,给项目一个合法的地位。没有项目章程,就没有项目。任何一个项目,都必须有项目章程。

(2) 叙述启动项目的理由,例如,把项目与公司的日常经营及战略目标联系起来。

(3) 规定项目的总体目标,包括范围、进度、成本和质量等。

(4) 任命项目经理并规定其权责。因为项目经理的岗位通常不在公司正常的权力阶梯结构之内,所以需要在项目章程中专门确立项目经理的权力和责任。

项目章程通常由项目发起人委托项目经理起草。但是,项目经理不是项目章程的签发者。从立法与执法的角度来说,项目发起人签发项目章程,是项目章程的立法者;项目经理负责按项目章程的要求完成项目任务,是项目章程的执法者。如果项目是由几个组织联合发起的,那么这些组织的高级管理者通常联合签发项目章程。这种情况下,项目经理在管理项目时就会面临更大的挑战,因为这些组织对项目的要求通常有所不同,甚至存在一定的矛盾。

如果项目发起组织(项目资金提供者)与项目执行组织是相分离的,那么通常由发起组织与执行组织签署合作协议,再由执行组织的高管人员根据合作协议来签发项目章程。例如,美国的某慈善机构出资在中国做慈善援助项目,并委托中国的某个机构负责执行项目,就属于这种情况。

项目章程所规定的都是一些较大的原则性事项,所以通常不会因项目变更而对项目章程做出修改。万一要对项目章程进行修改(如项目目标的修改),只有发起人或高级管理层才有权审批这种修改,即谁签发的项目章程,谁才有权批准修改项目章程。项目章程的修改不在项目经理的权责范围之内。

2.5.2 项目章程的内容

从某种意义上说,项目章程实际上就是有关项目的要求和项目实施者的责、权、利的规定。因此,在项目章程中应该包括以下几个方面的内容:

(1) 项目或项目利益相关者的要求和期望。这是确定项目质量、计划与指标的根本依据,是对项目各种价值的要求和界定。

(2) 项目产出物的要求说明和规定。这是根据项目客观情况和项目相关利益主体的要求提出的项目最终成果的要求和规定。

(3) 开展项目的目的或理由。这是对项目要求和项目产出物的进一步说明,是对相关依据和目的的进一步解释。

(4) 项目其他方面的规定和要求,包括项目里程碑和进度的大致要求、大致的项目预算规定、相关利益主体的要求和影响、项目经理及其权限、项目实施组织、项目组织环境和外部条件的约束情况和假设情况、项目的投资分析结果说明等。

上述基本内容既可以直接列在项目章程中,也可以援引其他相关的项目文件。同时,随着项目工作逐步展开,这些内容也会在必要时进行更新。

2.5.3 项目章程的编制

项目章程的编制始于收集项目发起人和其他相关方关于项目成果的信息。由于项目发起人通常没有时间参与项目章程的整个编制过程,在这种情况下,将由团队成员起草项目章程的大部分内容。表 2-3 给出了项目章程的示例,项目章程的制定必须简洁明了,便于项目工作人员和发起人能够仔细检查并核对每一个细节。

表 2-3 项目章程示例

项目名称	某中学春季运动会
运动会的重要性	可全面检阅学校田径运动开展情况,检查教学和训练成果,推动学校群众性体育活动的开展,促进运动技术水平的提高;同时,可以培养学生奋发向上、遵守纪律的品质和集体荣誉感,并能振奋师生精神,活跃学校生活
运动会的目标	总目标:贯彻落实党的教育方针,全面推行素质教育,推动学校体育工作的开展,以竞赛促进训练,提高全校学生运动技术水平,增强学生体质,培养学生顽强拼搏的精神。 分目标:丰富学生的课余活动和校园文化生活;提高学生对体育活动的兴趣,培养学生团结奋进、顽强拼搏、积极进取等优良品质;加强学生之间的交流和竞争;增进师生之间的情谊和凝聚力;通过活动促进学生养成积极主动参与锻炼的习惯,以达到全面提高身体素质、增进健康的目的

续表

项目名称	某中学春季运动会
比赛项目	1. 高中组(共13个单项):篮球运球上篮、1分钟投篮、原地三级跳远、跳高、跳远、三级跳远、立定跳远、引体向上、仰卧起坐、铅球、50米往返跑、4米左右摸线、跳绳。 2. 初中组(共11个单项):篮球运球上篮、1分钟投篮、原地三级跳远、跳高、立定跳远、引体向上、仰卧起坐、50米跑、1分钟跳绳、1分钟垫排球。 3. 集体项目(共3个):20人×50米迎面接力赛、20人运球上篮接力赛、12人1分钟跳长绳
大会组委员和执行主席	主席:王××; 副主席:陈××、夏××、杨××; 委员:张××、蒋××、李××、成××、李××、高××、邓××、谢××、杨××、肖××
工作人员	1. 场地组:团委会委员、青年志愿者队(负责器材、会场布置); 2. 安全组:教务处、保卫处; 3. 后勤组:总务处、后勤部; 4. 宣传组:团委会; 5. 裁判组:体育协会; 6. 纪律考勤组:大会主席轮流执行
时间以及地点	2022年4月16日至2022年4月18日在××中学田径场举行

2.6 召开项目启动会

项目启动是项目运行的第一阶段,是项目计划和实施的基础。

2.6.1 项目启动的标志

项目启动的标志有两个:一是任命项目经理,组建项目团队;二是生成项目章程,即下达项目许可证书,赋予项目经理和项目团队使用资源完成项目的权力。

项目经理的选择与任命、项目团队的组建是项目启动的关键环节,强有力的项目经理是优秀项目管理的重要组成部分,因此应尽快将项目经理委派到项目中去。紧接着,项目经理应当领导项目成员,处理好与关键项目相关方的关系,理解项目的商业需求,准备可行的项目计划。

2.6.2 项目启动的主要任务

项目启动过程是由项目团队和项目相关方共同参与的一个过程,其主要任务包括:
①制定项目的目标,完成项目总体描述;
②项目的合理性说明,具体解释"开展本项目是解决问题的最佳方案";
③项目范围的初步说明;

④确定项目的可交付成果,即项目应该获得哪些主要成果;
⑤预计项目的持续时间及所需要的资源;
⑥确定高层管理者在项目中的角色和义务。

通过签署项目章程,项目团队做出承诺,项目发起人进行授权,完成上述六个方面的内容后,项目启动阶段的任务才算完成。

2.6.3 项目启动会议

为了确保项目顺利开展,在项目正式启动时,将所有的项目相关方召集到一起举行一次启动会议是十分必要的。通过项目启动会议可以阐明项目有关概念的内涵,以确保大家在理解上取得一致,加深大家对项目的理解,还可以公开落实项目相关方的角色和责任,提高他们对项目承诺的兑现程度。此外,项目启动会议也是大家相互认识和交流的社交场合,而良好的人际关系对项目也非常重要。项目启动会议的议程主要包括表2-4所示的内容。

表2-4 项目启动会议议程及内容

议 程	主 要 内 容
1. 欢迎和介绍	确保关键项目相关方能够到场并且面对面地介绍项目组主要人员
2. 介绍会议目的	通过会议确保项目客户、供应商等对项目管理方法、角色和责任、变更管理办法等形成认可,安排人员记录会议内容并分发会议纪要
3. 介绍项目背景	说明为什么发起这个项目,尽量用数字说明问题
4. 说明项目范围	简单、完整地说明项目包含什么、不包含什么,并说明主要项目产品及重要里程碑
5. 说明项目相关方的角色和责任	利用责任矩阵说明各项目相关方的角色和相应的责任
6. 介绍项目经理将采取的管理方式	项目的管理方式必须得到所在组织及项目相关方的认同,而且必须包含项目沟通方式
7. 说明项目变更控制方式	明确变更管理的责任人,说明何时需要客户参与,说明谁有签字权等
8. 说明项目行动要点	简单介绍项目采取的工作方式,例如一些主要的度量和控制办法等
9. 说明客户对项目成果的接收标准	说明项目将提供给客户什么样的产品,质量判断标准是什么,客户将如何验收该产品等
10. 说明下次会议的议题和时间	介绍下次举行项目会议的议题和时间
11. 人员的问题	告诉项目相关方能够随时联系的方式,以便有问题可以及时咨询
12. 对会议进行总结	总结本次会议取得的成果和结论,感谢大家的参加,说明会议纪要发放的方式和时间等
13. 结束会议	努力使其他项目相关方对项目组(特别是项目经理)留下最佳印象

(资料来源:张喜征,彭楚钧,陈芝,文杏梓,《项目管理》,清华大学出版社,2018)

良好的开端是成功的一半,有效地召开项目启动会,能够给项目带来一个良好的开端。

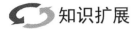

常见的项目选择模型

1) 财务模型

常见的财务分析方法有投资回收期(PP)法、净现值(NPV)法、效益成本比率(BCR)法、内部收益率(IRR)法等。

方法一:投资回收期法。

投资回收期(payback period,PP)是不考虑资金的时间价值因素,表示投资项目投产后获得的收益总额达到该投资项目投入的投资总额所需要的时间(年限),在一定程度上反映出项目方案的资金回收能力。计算出的投资回收期如果小于行业规定的投资回收期或平均回收期,则认为该项目是可以接受的。投资回收期计算公式如下:

$$\sum_{t=1}^{P_t}(CI-CO)_t = 0$$

其中,P_t 为投资回收期;CI 为现金流入量;CO 为现金流出量;$(CI-CO)_t$ 为第 t 年的净现金流量。

例 2-1:某项目的现金流量表如表 2-5 所示。若基准投资期为 6 年,试用投资回收期法评估该项目方案的可行性。

表 2-5 某项目的现金流量表

年份	0	1	2	3	4	5	6
投资/万元	1500						
净收益/万元		300	400	300	500	400	350

解:$\sum_{t=1}^{P_t}(CI-CO)_t = \sum_{t=1}^{4}(CI-CO)_t = (-1500+300+400+300+500)$ 万元 $= 0$,$P_t = 4 < 6$,该方案可行。

方法二:净现值法。

净现值(net present value,NPV)法是利用净现金效益量的总现值与净现金投资量算出净现值,然后根据净现值的大小来评价投资方案。净现值是考察项目在计算期内盈利能力的动态指标。净现值为正值,投资方案是可以接受的;净现值是负值,投资方案就是不可接受的。净现值越大,投资方案越好。净现值法是一种比较科学也比较简便的投资方案评价方法,其表达式如下:

$$NPV = \sum_{t=0}^{n}\frac{(CI-CO)_t}{(1+i_c)^t}$$

其中,NPV 表示净现值;$(CI-CO)_t$ 表示第 t 年的净现金流量;i_c 为折现率;n 是项目预计使用年限。

例 2-2:某公司拟投资一个项目,该项目各年的现金流量表如表 2-6 所示,若折现率为 10%,试用净现值法判断该项目在经济上是否可行。

表 2-6 项目现金流量表

年份	投资额/万元	收入/万元	支出/万元	净现金流量/万元	因　　数	现值/万元
0	−400	0	0	−400	1.0000	−400
1	0	200	150	50	0.9091	45.5
2	0	200	150	50	0.8264	41.3
3	0	200	150	50	0.7513	37.6
4	0	200	150	50	0.6830	34.1
5	0	200	150	50	0.6209	31
NPV 值						−210

解：由上表计算结果可知，NPV≈−210，因为 NPV＜0，所以该项目不可行。

方法三：效益成本比率法。

效益成本率(benefit cost ratio，BCR)是某项目的效益现值总额与成本现值总额之比，用以评价投资项目效益的大小。若该指标大于1，说明项目投资效益大于预计的贴现率，是可行的；若指标小于1，则说明项目投资效益低于预计贴现率，项目不可行。其计算公式为：

$$BCR = \frac{\sum_{t=0}^{n} CI_t}{\sum_{t=0}^{n} CO_t}$$

其中，CI 表示现金流入量；CO 表示现金流出量。

例 2-3：某公司有 A、B、C 三个项目可供选择，经济分析期均为 20 年，且三个方案均可当年建成并受益，各项目的经济数据见表 2-7，试用效益成本比率法选择最优方案。

表 2-7 各项目的经济数据　　　　　　　　　　　　　　　　　　　　　　　　单元：万元

项目方案	A	B	C
投资现值	1030	1542	1327
运行费现值	95	162	142
效益现值	2106	2965	2688

解：由表 2-7 可得各项目的效益成本率分别为：

$$BCR_A = \frac{2106}{1030+95} = 1.87$$

$$BCR_B = \frac{2965}{1542+162} = 1.74$$

$$BCR_C = \frac{2688}{1327+142} = 1.83$$

由于项目 A 的 BCR 最高，故选择项目 A。

方法四：内部收益率法。

内部收益率(international rate of return，IRR)是项目实际渴望达到的报酬率，就是资金流入现值总额与资金流出现值总额相等、净现值等于零时的折现率，该指标越大越好。一般情况下，内部收益率大于等于基准收益率时，项目是可行的。投资项目各年现金流量的折现值之和

为项目的净现值,净现值为零时的折现率就是项目的内部收益率。内部收益率满足以下等式:

$$\sum_{t=1}^{n}(CI-CO)_t \times (1+IRR)^{-t} = 0$$

其中,CI 表示现金流入量,CO 表示现金流出量,$(CI-CO)_t$ 表示第 t 年度的净现金流量,n 表示计算期。

内部收益率的计算步骤:

① 假定折现率 i_1,i_2 且 $i_1 < i_2 (i_1-i_2 \leqslant 5\%)$,对应的 $NPV_1 > 0$,$NPV_2 < 0$;② 用线性插值法计算:$IRR = i_1 + \dfrac{NPV_1}{|NPV_1|+|NPV_2|}(i_2-i_1)$。

例 2-4:某项目现金流量如表 2-8 所示,基准折现率为 10%,试用内部收益率法判断该项目是否可行。

表 2-8 某项目现金流量

年份	0	1	2	3	4	5
净现金流量/万元	-100	30	30	40	20	20

解:当 $i_1 = 10\%$ 时,

$$NPV_1 = [-100+30\times(1+10\%)^{-1}+30\times(1+10\%)^{-2}+40\times(1+10\%)^{-3}$$
$$+20\times(1+10\%)^{-4}+20\times(1+10\%)^{-5}]万元 = 8.2 万元 > 0$$

当 $i_2 = 15\%$ 时,

$$NPV_2 = [-100+30\times(1+15\%)^{-1}+30\times(1+15\%)^{-2}+40\times(1+15\%)^{-3}$$
$$+20\times(1+15\%)^{-4}+20\times(1+15\%)^{-5}]万元 = -3.55 万元 < 0$$

此时用插值法计算:

$$IRR = 10\% + \frac{8.2}{|8.2|+|-3.55|} \times (15\%-10\%) = 13.5\% > 10\%$$

因此,该项目可行。

上述几种方法的比较如表 2-9 所示。

表 2-9 项目选择的财务分析方法

财务分析方法	投资回收期法	净现值法	效益成本比率法	内部收益率法
计算方法	$\sum_{t=1}^{P_t}(CI-CO)_t = 0$	$NPV = \sum_{t=0}^{n}\dfrac{(CI-CO)_t}{(1+i_c)^t}$	$BCR = \dfrac{\sum_{t=0}^{n}CI_t}{\sum_{t=0}^{n}CO_t}$	$\sum_{t=0}^{n}\dfrac{(CI-CO)_t}{(1+IRR)^t} = 0$
盈亏标准	PP=预定投资期	NPV=0	BCR=1	IRR=标准折现率
选择标准	PP<预期值	NPV>预期值	BCR>预期值	IRR>预期值
项目比较	PP越短越好	NPV越高越好	BCR越高越好	IRR越高越好

2) 非财务模型

常见的非财务模型有检查表模型、评分模型、层次分析法。其中检查表模型和评分模型运用比较广泛,下面着重介绍这两种模型。

方法一:检查表模型。

检查表模型建立一个检查表或指标列表,并将每个指标划分出若干个等级,对每个项目的各个指标分别选择等级,最后统计每个项目获得的等级情况并进行比较,从而选出最好的项目。值得注意的是,在对新产品开发项目进行选择的时候,组织应该对多个因素进行权衡,包括开发成本、投资的潜在回报、尝试新技术的风险性、开发过程的稳定性、政府或相关方的冲突、产品耐用性和未来的市场潜力等。表2-10为一个检查表模型实例。

表2-10 项目检查表模型实例

项目	指标	高	中	低
项目A	项目开发成本	√		
	投资潜在回报		√	
	项目风险			√
	未来市场潜力	√		
项目B	项目开发成本		√	
	投资潜在回报			√
	项目风险	√		
	未来市场潜力		√	
项目C	项目开发成本	√		
	投资潜在回报	√		
	项目风险	√		
	未来市场潜力		√	
项目D	项目开发成本			√
	投资潜在回报			√
	项目风险	√		
	未来市场潜力	√		

检查表法是一种相当简单的项目评价方法,可以对大量项目进行筛选,对意见进行记录,同时能促进项目管理人之间的讨论。同时,检查表法作为一种发起对话、促进讨论以及交流观点的方法,有利于促进组织内部达成一致的意见。其缺点是评判的标准太过主观,并且各个指标之间没有权重,无法体现项目目标的优先级。

方法二:评分模型。

评分模型是在检查表模型的基础上,对每个评价指标进行量化打分,并且在多个项目之间横向比较得分结果,选择出最优的项目。可以根据组织战略导向的实际情况对指标赋予不同的权重,使项目目标与组织战略目标达成一致。表2-11为一个评分模型实例。采用评分模型的操作步骤如下:

(1)为每个指标确定权重,总权重为1.0。

(2)根据不同的等级为每个指标进行打分,采取十分制。

(3)将每个指标得分与相应权重相乘,得到加权得分。

第2章 项目启动：充分授权，师出有名

（4）对所有指标的加权得分求和，得到项目的总得分并进行排序。

表 2-11 项目评分模型实例

项目	指标	权重	得分	加权得分	总得分
项目 A	项目开发成本	0.3	8	2.4	6.6
	投资潜在回报	0.2	5	1	
	项目风险	0.3	8	2.4	
	未来市场潜力	0.2	4	0.8	
项目 B	项目开发成本	0.3	7	2.1	5.2
	投资潜在回报	0.2	6	1.2	
	项目风险	0.3	3	0.9	
	未来市场潜力	0.2	5	1	
项目 C	项目开发成本	0.3	9	2.7	5.8
	投资潜在回报	0.2	5	1	
	项目风险	0.3	3	0.9	
	未来市场潜力	0.2	6	1.2	
项目 D	项目开发成本	0.3	8	2.4	6.5
	投资潜在回报	0.2	7	1.4	
	项目风险	0.3	5	1.5	
	未来市场潜力	0.2	6	1.2	

如表 2-11 所示，可以计算出得分最高的是项目 A。

习 题

一、单选题

1. 项目目标的确定需要和组织的（　　）保持一致。
   A. 策略　　　　　　B. 政策　　　　　　C. 战略　　　　　　D. 战术

2. （　　）是客户向承包商或项目团队发出的书面文件，用来说明满足需求所要进行的全部工作，是项目评估和选择的基础。
   A. 责任分配矩阵　　B. 项目需求建议书　C. 项目章程　　　　D. 项目可行性分析

3. 在进行项目模型选择时，下面哪项是非财务模型？（　　）
   A. 内部收益率模型　　　　　　　　　B. 净现值模型
   C. 效益成本模型　　　　　　　　　　D. 检查表模型

4. 确定项目的目标时，经常使用的方法是（　　）。
   A. 工作分解结构　　B. 可行性研究　　　C. 甘特图　　　　　D. SMART 法则

5. 以下阶段中，（　　）阶段是批准或建立新项目的阶段。
   A. 启动　　　　　　B. 计划　　　　　　C. 控制　　　　　　D. 收尾

6. 项目启动阶段不可以做的是( )。
   A. 立项申请   B. 组建项目团队
   C. 编制项目章程   D. 召开项目启动会议
7. 你和你的团队为了更好地制订项目计划,你们应该特别注意以下哪方的要求和期望?( )
   A. 项目发起人   B. 项目高级管理层   C. 项目相关方   D. 项目客户
8. 用权力-利益方格图对相关方进行分析时,对于高权力、低利益一方,需要采取怎样的管理方式?( )
   A. 重点管理   B. 随时告知   C. 令其满意   D. 监督
9. 以下哪个因素最有可能导致项目相关方管理的困难?( )
   A. 相关方数量多   B. 相关方对项目有不同的期望
   C. 相关方对项目的参与程度不同   D. 相关方对项目的影响力不同
10. 保证项目按计划执行是( )的职责。
    A. 项目赞助人   B. 项目经理   C. 项目核心成员   D. 项目发起人
11. 要挑选合适的项目经理,应尽量采取的任命方式是( )。
    A. 招募式   B. 委派式   C. 竞争式   D. 推荐式
12. 下面哪一项不是PMI指出的优秀项目经理需要具备的技能?( )
    A. 影响力   B. 工作方式   C. 商业敏锐度   D. 沟通协调技能
13. 项目经理应该充当什么角色?( )
    A. 综合协调者   B. 职能经理   C. 直线经理   D. 项目承约商
14. 为了更好地完成工作任务,通常用责任分配矩阵为每一项工作制定( )。
    A. 唯一的责任人
    B. 两个责任人,以便相互帮助
    C. 三个责任人,以便集体领导
    D. 一个或以上的责任人,视具体情况而定
15. 以下哪种形式可以记录团队成员的角色与职责?( )
    A. 组织结构图   B. 项目章程   C. 工作分解结构   D. 责任分配矩阵
16. 应对项目可交付成果负主要责任的是( )。
    A. 质量经理   B. 项目经理
    C. 高级管理层   D. 项目团队成员中的某个人
17. 项目章程通常由( )委托( )起草。
    A. 项目发起人 项目团队   B. 项目经理   项目成员
    C. 项目发起人 项目经理   D. 项目经理   项目相关方
18. 下面哪一项不是项目章程的内容?( )
    A. 项目或项目利益相关者的要求和期望 B. 项目产出物的要求说明和规定
    C. 项目的成本和风险控制   D. 开展项目的目的或理由
19. 项目章程主要由谁完成?( )
    A. 项目经理   B. 项目相关方   C. 团队成员   D. 项目管理层
20. 下面哪一项不是项目启动的主要任务?( )

A. 项目范围的初步说明
B. 进行任务分解
C. 确定项目的可交付成果
D. 预计项目的持续时间及所需要的资源

二、多选题

1. 项目需求一般包含以下哪几个方面？（　　）
   A. 业务需求　　　B. 相关方需求　　　C. 解决方案需求
   D. 过渡需求　　　E. 质量需求

2. 进行SWOT分析时，要对以下哪几个因素进行分析？（　　）
   A. 优势　　　B. 机会　　　C. 劣势　　　D. 威胁

3. 进行项目选择时，可以选择以下哪些财务模型？（　　）
   A. 投资回收期模型　　　　B. 内部收益率模型
   C. 成本效益模型　　　　　D. 评分表模型
   E. 层次分析模型

4. 在选择项目评估模型时，应考虑以下哪几个因素？（　　）
   A. 实用性　　　B. 功能性　　　C. 易用性
   D. 成本性　　　E. 灵活性

5. SMART法则有以下哪些具体含义？（　　）
   A. 明确的　　　B. 可测量的　　　C. 可实现的
   D. 相关的　　　E. 有时限的

6. 项目经理可以担任以下哪些角色？（　　）
   A. 整合者　　　B. 沟通者　　　C. 监督者
   D. 团队领导者　　　E. 协调者

7. 项目的相关方包括（　　）。
   A. 项目经理　　　B. 客户　　　C. 供应商　　　D. 项目发起人

8. 项目章程具有（　　）的作用。
   A. 正式确认项目的存在　　　　B. 叙述启动项目的理由
   C. 规定项目的总体目标　　　　D. 任命项目经理并规定其权责

9. 项目章程的内容包括哪些？（　　）
   A. 项目或项目利益相关者的要求和期望　　B. 项目产出物的要求说明和规定
   C. 开展项目的目的或理由　　　　　　　　D. 项目其他方面的规定和要求

10. 项目启动的主要内容包括哪些？（　　）
    A. 制定项目的目标以及项目的合理性说明
    B. 项目范围的初步说明
    C. 确定项目的可交付成果
    D. 预计项目的持续时间及所需要的资源
    E. 确定高层管理者在项目中的角色和义务

三、判断题

1. SWOT分析法仅通过分析组织内部环境，就可以确定这些环境因素将如何提升或限制

组织的执行能力。（　　）

2. 一般来说，对于那些权力低、对项目结果的关注度低的相关方，可以不需要关注。（　　）

3. 检查表模型可以简单、直观地对大量项目进行筛选。（　　）

4. 项目经理兼任多种角色，分别是整合者、沟通者、协调者、团队领导者以及监督者。（　　）

5. 责任分配矩阵是一种可以有效明确成员责任的方法。（　　）

6. 在进行项目相关方分析和管理时，权力-利益方格图可以将项目相关方分为四类。（　　）

7. 项目相关方包括与项目有关的成员、用户、项目投资人、项目组成员以及项目经理等人员。（　　）

8. 项目启动的标志就是建立项目章程。（　　）

9. 为了确保项目顺利开展，在项目正式启动时，将所有项目相关方召集到一起开展项目启动会议是十分必要的。（　　）

10. 项目经理的选择与任命、项目团队的组建是项目启动的关键环节。（　　）

四、简答题

1. 在进行项目选择时要考虑到哪些因素？
2. 简述 SMART 法则的内容。
3. 如何组建项目团队？
4. 项目章程包含哪些工作内容？
5. 项目章程的作用有哪些？

五、案例分析

M 公司是一家信息技术公司，与甲公司签订了大型系统开发合同，合同金额 850 万元，工期 12 个月。该项目主要为甲公司开发一套综合管理系统，并要求新系统与现有生产管理系统、财务管理系统连通，以帮助甲公司落实两化（信息化和工业化）深度融合的战略部署，提升甲公司的核心竞争力。甲公司指派信息技术中心的赵主任负责该项目。

项目启动时，M 公司领导安排小李担任此项目的项目经理，小李自己按照公司项目章程模板撰写项目章程，新撰写的项目章程内容包括质量控制人员、项目组织结构、项目基本需求、项目完工日期。

同时为了保证项目质量，小李亲自撰写了初步的项目范围说明书。小李依照公司以前的经验撰写的初步的项目范围说明书内容包括项目概述、产品要求、项目完工日期、项目约定条件、初始风险。初步的项目范围说明书撰写完成后，小李通知项目组成员按照初步的项目范围说明书开始工作。项目组成员中有人认为初步范围说明书内容太过简单，跟以往的项目范围说明书差别太大，但担心项目经理不高兴，便没有直接说出来。

由于项目双方老总是非常熟的朋友，因此尽管项目非常重要，但项目启动会还是处理得特别简单。赵主任直接把小李引见给甲公司老总，甲公司老总在自己公司为小李安排了一处办公地点，也没有邀请其他相关人员参与，之后甲公司老总向小李简单了解了一下项目相关情况，鼓励小李好好干，项目就算正式启动了。

小李受到领导的重视与鼓励，加倍努力工作，有事就会及时找甲公司老总进行沟通。但是，甲公司老总特别忙，人也经常不在公司。小李只能去找其他部门负责人，可那些负责人有的推

第2章 项目启动：充分授权，师出有名

托说做不了主，有的说此事与他无关，更有甚者直接说根本不知道这件事。很多问题无法及时解决，很多手续也没人签字。除此之外，项目组内部也有很多问题。部分成员多次越过小李直接向老总请示问题，关于项目的每笔支出，财务部都要求小李找老总签字，小李只能频繁地给老总打电话，而大家还在背后指责小李总是拿老总压人。结果，小李与项目组其他人员以及公司财务部门等都产生了不少摩擦，老总也开始怀疑他的工作能力，小李心中特别憋屈。

问题：
(1) 该项目的相关方有哪些？
(2) 该项目在启动过程中存在哪些问题？

第3章 项目计划：工作分解，明确范围

有好篱笆才有好邻居。

——罗伯特·弗罗斯特

Good fences make good neighbors.

——Robert Frost

学习要求

☆ **了解**：项目范围的作用、项目范围管理的主要内容。
☆ **掌握**：项目范围的概念、项目范围管理的概念、工作分解结构的方法和步骤。
☆ **熟悉**：范围说明书的撰写、WBS分解衡量原则及作用。
☆ **核心概念**：项目范围、项目范围管理、WBS、项目范围说明书。

案例导入

赵明是一家设备安装公司的项目经理，他刚刚完成了一个1800KVA变电所设备的安装，在项目即将验收之际，客户却突然提出来需要加铺一条电缆到一个废旧的仓库中。赵明了解到，由于客户要求将仓库改造成设备维修中心，而该中心有几个负荷较大的设备需要运转，原来的线路不能满足这一要求，因此才提出要加铺一条电缆。如果加铺这条电缆，则项目不能按时验收，如果你是赵明，你该怎么办？

两种选择：

（1）拒绝客户的要求，坚持按期试车和验收，但可能遭到客户的反对，甚至得不到付款；

（2）接受客户的要求，但向客户提出推迟验收，并且追加费用，看客户是否同意。

思考：为什么会出现这种情况？

第3章　项目计划：工作分解，明确范围

3.1　项目范围管理概述

项目范围就是做什么，不做什么，而项目范围管理就是决定哪些事情要做，哪些事情不用做，其核心是工作内容的设定和取舍。项目范围管理是项目其他各方面管理的基础，如果没有这个基础，其他各类管理就无从谈起。只有制订好范围计划，项目进度计划才有基准，项目成本预算才有依据，质量体系才有主体，权责分配才能分明。因此，需要制订明确的范围管理计划，并在项目实施过程中对范围变更进行有效控制。

3.1.1　项目范围

项目范围是为了交付具有规定特征与功能的产品、服务或成果而必须完成的工作。项目范围的确定为成功实现项目目标定义了恰当的范畴，即规定或控制了具体的项目。恰当的范围界定对于项目的成功实施是十分重要的。在项目环境中，"范围"这一术语有两种含义——产品范围和项目范围。

(1) 产品范围，即一个产品和一项服务应该包含哪些特征和功能，是对产品要求的度量。通常用产品说明书或者项目工作说明书提供的产品、服务和成果需求和各项技术、功能指标来确定、计划、监控和验收产品范围。验收产品依照需求和功能。

(2) 项目范围，即为了交付具有规定特征和功能的产品所必须要做的工作。项目范围的定义要以其组成的所有产品的范围定义为基础。通常用项目范围说明书、项目工作分解结构、项目工作分解结构词典等形成的项目范围基准计划来确定、监控和验收项目范围。项目范围有时也包括产品范围。验收项目依据计划和成果。

例如我们要买房子，首先我们有一个对房子的要求，包括房子的面积、楼层以及房子在什么位置、周围的环境等，这就是产品范围。然后，为了买到我们想要的房子，我们可能会去找中介，进行看房、比价、付钱、交房等一系列活动，这就属于项目范围。

3.1.2　项目范围管理

项目范围管理包括确保项目做且只做所需的全部工作，以成功完成项目的各个过程。它实质上是一种功能管理，是对项目所要完成的工作范围进行管理和控制的过程和活动。项目范围管理也是一个对项目包括什么与不包括什么进行定义与控制的过程。这个过程用于确保项目组和项目管理人对作为项目结果的项目产品以及这些产品的生产过程有一个共同的理解。项目范围与项目其他约束条件相互影响。

项目范围管理的主要内容包含五个方面，其管理流程如图 3-1 所示。

(1) 规划范围管理——为记录如何定义、确认和控制项目范围及产品范围，而创建范围管理计划的过程。

(2) 定义范围——制定项目和产品详细描述的过程。

(3) 创建工作分解结构(WBS)——将项目可交付成果和项目分解为较小的、更易于管理的组件的过程。

(4) 范围审核——正式验收已完成的项目可交付成果的过程。

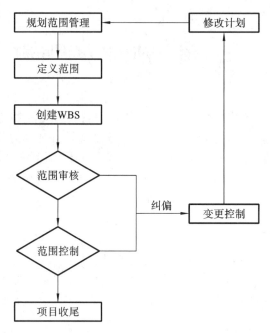

图 3-1　项目范围管理流程

（5）范围控制——监督项目和产品的范围状态，管理范围基准变更的过程。

3.1.3　项目范围管理的作用

为了以较小的代价实现项目的目标，项目管理中必须首先明确项目需要做哪些活动，哪些活动是无法完成或者没有意义的，确保项目做且只做项目所需的全部工作，这对项目最终能否按时完成并在规定的预算范围内完成具有重要作用。

项目范围管理的作用主要如下：

（1）提高项目费用、时间和资源估算的准确性。当项目的工作边界被清楚定义、具体工作内容得到明确时，就为准确估算项目所需的费用、时间、资源打下了基础。如果项目的具体工作内容不明确，项目所需的费用、时间和资源就不明确，项目完成的不确定因素大大增加，项目就面临极大的风险。

（2）提供项目进度衡量和控制的基准。项目计划是项目组织根据项目目标的规定，对项目实施工作进行的各项活动的具体安排。要做好计划，就要明确有哪些具体的工作，应达到什么要求，也就是要确定项目范围。可以说，项目范围是项目计划的基础，项目范围的确定为衡量和控制项目进度提供了基准。

（3）有助于清楚地分配责任。项目任务的分派需要明确项目包括哪些具体的内容，具体有哪些要求，完成的产品应达到什么水准等，也就是要明确项目范围。确定项目范围即确定了项目的具体工作任务，这为清楚地分派任务提供了必要的条件。

（4）有助于项目利益相关方之间的沟通和协调。项目范围管理为利益相关方之间的沟通提供了渠道和方法，而利益相关方之间的沟通也是项目范围管理的内容。利益相关方之间的联系得到加强，各方也会在项目范围上达成共识，这样来自沟通的压力减小了，项目运作的流程也更加顺畅了。

第3章
项目计划：工作分解，明确范围

3.2 项目范围管理计划编制

  项目范围管理的第一步是规划范围管理，它是指制订项目范围管理计划以及说明在整个项目生命周期内如何管理项目范围。范围管理的规划过程是为记录如何定义、确认和控制项目范围及产品范围，而创建范围管理计划的过程，在整个项目期间对如何管理范围提供指南和方向。

  规划范围管理的常用工具和方法有专家判断、数据分析，还可以召开项目管理会议，通过"头脑风暴""思维导图""集思广益"等办法来制订范围管理计划。

  范围管理计划是制订项目管理计划的基础。对项目范围进行计划时，特别要求遵循渐进明细的原则，从项目发起人对项目最初的想法，到项目章程（其中有对项目范围的初步描述），再到制定详细的项目范围说明书，最后创建工作分解结构，由工作分解结构汇编工作分解结构词典。

  项目范围管理计划的编制包括制定详细的项目范围说明书，根据详细的项目范围说明书创建工作分解结构，确定如何审批和维护范围基准，正式验收已完成的项目可交付成果等。华为项目范围管理计划模板如图3-2所示。

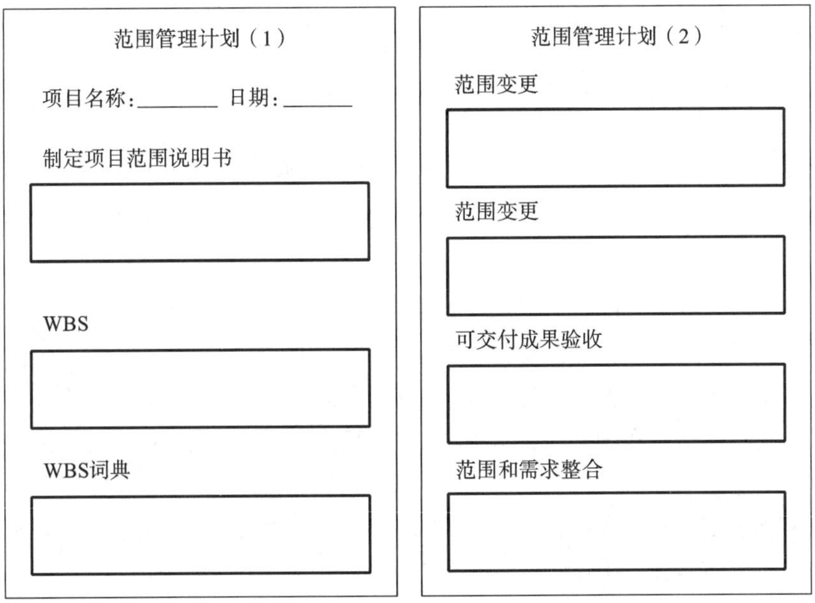

图3-2　范围管理计划模板

  项目范围管理计划是项目管理计划的组成部分，它可以是正式的或非正式的、极为详细的或相对概括的，视项目的具体需求而定。

3.3 项目范围说明书

项目范围说明书包括对项目范围、主要可交付成果、假设条件和制约因素的描述。它记录了整个范围,包括项目和产品范围;详细描述了项目的可交付成果;还代表项目相关方之间就项目范围所达成的共识,见图3-3。

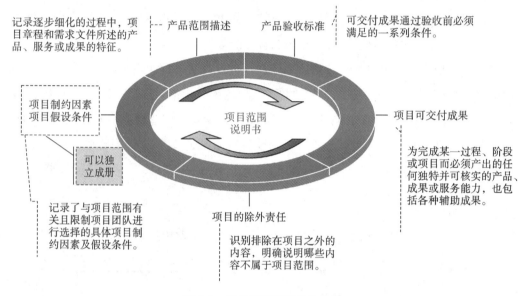

图3-3 项目范围说明书的内容

项目范围说明书描述要做和不要做的工作的详细程度,决定着项目管理团队控制整个项目范围的有效程度。详细的范围说明书包括以下内容:

①产品范围描述:逐步细化在项目章程和需求文件中所述的产品、服务或成果的特征。

②产品验收标准:可交付成果通过验收前必须满足的一系列条件。

③项目可交付成果:为完成某一过程、阶段或项目而必须产出的任何独特并可核实的产品、成果或服务能力,也包括各种辅助成果,如项目管理报告和文件。对可交付成果的描述可略可详。

④项目的除外责任:识别排除在项目之外的内容,明确说明哪些内容不属于项目范围,有助于管理相关方的期望及减少范围蔓延。

⑤项目制约因素:对项目的计划和执行过程有影响的限制性因素,包括客户或者执行组织事先确定的计划、强制性日期、进度里程碑、组织结构、合同条款等。

⑥项目假设条件:在制订计划时,不需要验证即可视为正确、真实或者确定的因素。其特点为:以当时所能得到的最准确信息为基础,渐进明细,具有时限;往往涉及一定的风险;应当记录在案,并经常检查回顾。

第3章 项目计划：工作分解，明确范围

▶ 小链接 3-1

华为校园招聘项目范围说明书模板

华为在从事项目管理近30年的实践中，总结出了许多通用模板。典型的企业项目范围说明书包含的具体内容要素如表3-1所示。

表3-1 华为校园招聘项目范围说明书模板

项目名称	华为从校园招聘人才	项目起止时间	2023年3月23日至4月3日
项目发起人	李三	项目成本预算	×万元
项目客户代表	武汉纺织大学	项目验收标准	品格良好、成绩优异、乐观上进、专业技能熟练
项目经理	何四	项目假设条件	与武汉纺织大学的毕业生推荐约定不变
项目团队分工	李三指导,何四、李五等执行	项目制约因素	同时保证应聘人员的质量和数量
项目支持部门	人力资源部、招聘员工的职能部门	项目成功激励	对项目团队成员每人奖励1000元
项目立项结论	用人部门总经理批准项目计划完成校园招聘	项目失败负面激励	对项目团队成员每人扣除500元
项目总体目标	招聘360名合格人才补充人才梯队需求	风险预案	网络联系36名有意应聘者作为人才库的备选人才
项目成果描述	新员工品格良好、成绩优异、乐观上进、专业技能熟练	相关方签字	李三、何四、李五

项目范围说明书以正式的组织文件方式确定了项目范围的基本框架。为了便于管理相关方的期望，项目范围说明书还应明确指出哪些工作不属于本项目范围。一般来说，项目范围说明书要由项目经理组织项目团队骨干人员编制初稿，在定稿前征求管理层、客户代表和项目团队成员的意见和建议。项目范围说明书可以作为项目经理、项目班子和任务委托者之间签订协议的基础。

(资料来源：金井露,《华为项目管理图解》,广东经济出版社,2017)

编写范围说明书，绝不是项目经理自己在办公室就可以完成的。项目团队成员必须走访主要项目相关方，充分进行沟通，了解和分析相关方的需求，才能确定项目的范围。

3.4 工作分解结构（WBS）

任何复杂的工作或任务，都可以从一个个部分做起，对总任务进行细分，使活动更精细，更

容易操作和管理,有利于总目标的实现。

工作分解结构(work breakdown structure,WBS)是以项目的可交付结果为导向而对项目任务进行的分组,它把项目整体任务分解成较小的、易于管理和控制的工作单元。工作分解结构的每一个细分层次表示对项目可交付结果更细致的定义和描述。WBS 其实是为实现特定目标或成果的所有工作定义的层次化结果,是对项目团队为实现项目目标、创建所需可交付成果而需要实施的全部工作范围的层级分解。WBS 组织并定义了项目的总范围,代表着经批准的当前项目范围说明书中所规定的工作。

为什么需要进行 WBS 分解呢? WBS 主要有以下作用:

(1) WBS 能促使人们在尽可能早的时间就周全地考虑项目范围,防止遗漏或多列某些内容。

(2) WBS 作为基础性文件,可促进项目相关方之间的沟通,使他们对项目范围达成一致认识。

(3) WBS 是编制项目进度计划、成本计划、质量计划、风险计划等的基础。项目的进度成本和质量都应该层层落实到工作分解结构的每个要素上,也应该针对每个要素来识别项目风险。

(4) WBS 是进行项目组织设计的依据之一。应该把工作分解结构每个要素的责任落实到项目团队中的某个人或小组。

(5) WBS 是进行项目执行和监控的重要依据。应该依据工作分解结构以及在此基础上所形成的项目计划来执行项目并监控项目执行情况。

(6) WBS 是考核项目是否完工的依据。应该依据工作分解结构来考核团队是否已经完成所要求的全部可交付成果,从而判断项目是否已经完成。

> 小链接 3-2

西游记途中的 WBS

图 3-4 孙悟空画圈

《西游记》中有一个情节,孙悟空画了一个圈让唐僧几人进去,千叮咛万嘱咐不可出圈,说圈可以保护他们(图 3-4)。原著中孙悟空说道:"老孙画的这圈,强似那铜墙铁壁,凭他什么虎豹狼虫,妖魔鬼怪,俱莫敢近。但不许你们走出圈外,只在中间稳坐,保你无虞;但若出了圈儿,定遭毒手。千万千万!至嘱至嘱!"

WBS 其实就像孙悟空手中的金箍棒,在地上一圈,就界定了妖怪无法进入的范围,可以保护唐僧不受到妖怪的侵害。

3.4.1 WBS 分解层次和工作包

1) 分解层次

在整个项目周期内,WBS 为所有可交付成果提供框架。WBS 的不同细分层次便于增进项目相关方之间的交流,同时有利于进一步明确、细化责任,实现项目的有效管理和控制。WBS 的较高层次一般代表项目的主要可交付工作内容或项目生命期的主要阶段。这些层次为评估团队或个人绩效、报告项目完成情况、衡量具体可交付成果及整个项目的成本和进度完成情况提供合理的基准点。较低层次的 WBS 为项目管理过程,如范围确定、进度计划、成本估算、资源分配及风险评估等提供基础依据。比如具体的财务支出需要明确的对应账目,要支付的材料采购费用是哪个工作项目的,要聘请的专家是用来解决什么问题等,都通过较低层次也是较明确、细化的子项目建立依据。

WBS 的分解层次需要根据实际情况而定,并不是分解得越细越好,它与工作责任人的能力密切相关。如果工作容易被理解,需要生成单个可交付物,衡量可交付物的质量和完成情况的标准比较明确,并且指定负责人的工作能力已经在过去的实践中得到证实,那么工作分解结构的层次就不需要制定得过于详细。反之,如果可交付物及其衡量标准难以理解,并且不能确定负责人是否可以胜任,就应该制定较为详细的层次描述。根据项目本身的复杂程度以及规模大小,可以形成 WBS 的不同层次,一般分解为 3～4 层,不超过 20 层,如表 3-2 所示。

表 3-2 WBS 分解层次

层 次	层次的分解	描 述	基 本 要 求
1	项目	项目成果名称	产品或服务包含的工作总和
2	可交付的成果	主要可交付成果	里程碑标志、具有阶段性意义的事件或成果
3	可交付的子成果	可交付的子成果	项目的主要具体任务,或项目生命周期各阶段的具体任务
4	工作包	可识别的工作活动	动词描述的项目最小可控制单元,能够具体落实相关的责任、时间、费用

2) 工作包

工作包是工作分解结构最底层的工作,针对这些工作来估算并管理成本和持续时间。一般的工作包是最小的"可交付成果",很容易识别出完成这些可交付成果的活动、成本和组织以及资源信息。工作包对相关活动进行归类,以便对工作安排进度、进行估算、开展监督与控制。在"工作分解结构"这个词语中,"工作"是指作为活动结果的工作产品或可交付成果,而不是活动本身。在图 3-5 中,1.2.1 目录就属于 WBS 组件,是工作包;而 1.2.6 附录就不是工作包,因为它不是所在分支的底层的组件,它还包含两个下层组件 1.2.6.1 和 1.2.6.2。通常工作包需要详细到一定程度,便于编制进度计划时识别活动(或任务)和里程碑。

　　工作包是所有后续计划和监控活动的基础,可以针对工作包安排项目进度、成本、资源等,并实施监控。工作包有以下特点:①任何一个工作包必须与上一层分解的可交付成果直接关联;②某一工作包与其他工作包在责任人、进度、预算、可交付成果和验收等方面具有明确的独立性,所以工作包可以外包出去,由承包者完成,也可以分配给另外一位项目经理进行计划和实施;③工作包可以通过子项目的方式进一步分解为子项目的 WBS;④任何一个工作包都有一个责任人,责任人具有积极性、组织能力和执行能力,能够保质保量地按时提交工作包对应的可交付成果;⑤工作包可以在制订项目进度计划时进一步分解为活动。

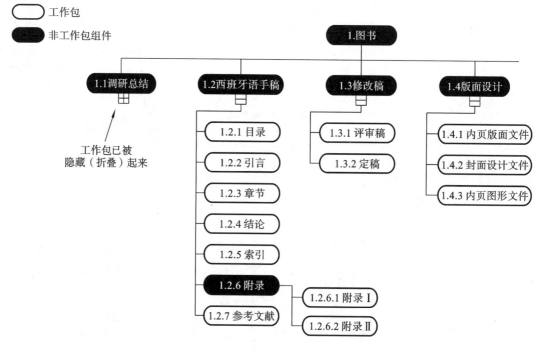

图 3-5　WBS 中的工作包

　　尽管在工作分解结构中不再对工作包进行细分,但是可以由负责具体工作包的人把它进一步分解为具体的活动(在 WBS 外进行)。活动与工作包的主要区别:①活动由工作包分解而来,是实现工作包所需的具体工作。②工作包是 WBS 底层的可交付成果,是 WBS 的一部分,活动不是 WBS 的一部分。③工作包不表示时间,也不表示顺序,只表示项目范围;活动可表示时间、顺序,是资源估算、时间估算、成本估算的重要依据。表 3-3 是工作包描述模板,可以反映工作包和活动之间的区别。

表 3-3 工作包描述模板

工作包名称：							WBS 编号：			
工作描述：										
里程碑： 1. 2. 3.							到期日：			
编号	活动	资源	人工			物资			总成本	
			小时	单价	合计	数量	成本	合计		
质量需求：										
验收标准：										
技术信息：										
合同信息：										

3.4.2 WBS 分解步骤

WBS 分解步骤如图 3-6 所示,主要有以下步骤:

(1) 识别和分析可交付成果及相关工作。

(2) 选择合适的 WBS 分解方式。常见的 WBS 分解方式有按主要可交付成果(功能用途)进行分解、按项目阶段(项目生命周期)进行分解和按产品组成进行分解。

(3) 确定 WBS 编制方法,对 WBS 进行逐层分解并逐步细化。可以采用 WBS 编制软件、类比法、自上而下法或自下而上法等工具或方法进行 WBS 编制,选择合适的编制方法对可交付成果进行分解时,需要确定每个可交付成果的详细程度是否已经达到了足以进行时间和成本估算的水平。如果可交付成果已经足够详细，则进一步将其确定为工作包，否则在上层分解的基础上继续进行更细致的分解，直到确定所有的工作包。

（4）选择合适的 WBS 展示形式对项目进行展示并进行编码。常见的 WBS 展示形式有分级的树形结构和缩进的列表结构，编码方式主要有数位法和图书目录法。

（5）利用 WBS 分解原则来核实可交付成果的分解程度是否恰当。

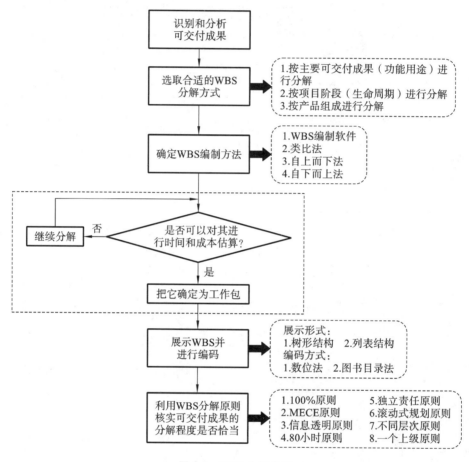

图 3-6　WBS 分解步骤

3.4.3　WBS 分解原则

怎样判断 WBS 分解得好不好？通常一个良好的 WBS 必须是有用、完整且易于理解的，它必须有利于开展实际项目工作。我们可以通过以下原则来判断 WBS 的可用性。

（1）100％原则。100％原则适用于所有 WBS 层级，该原则是编制 WBS 的基础，由美国的格雷戈里·豪根博士提出。100％原则是指 WBS 中的任何一个父节点必须与其相应的子节点所包含的工作 100％相等，因为如果父节点的工作大于子节点所包含的工作，就意味着分解的工作没能涵盖所有需求；父节点的工作小于子节点所包含的工作，则意味着工作分解过程中加入了一些客户需求以外的不必要的工作。如图 3-7 所示，所有部件之和就是 100％的轿车范围。

（2）MECE 原则。MECE(mutually exclusive collectively exhaustive)的中文意思就是"相互独立，完全穷尽"。"相互独立"意味着问题的细分是在同一维度上并有明确区分、不可重叠

第3章
项目计划：工作分解，明确范围

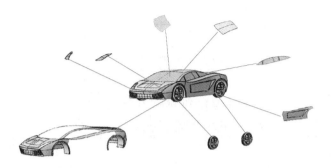

图 3-7　所有部件之和就是 100% 的轿车范围

的，"完全穷尽"则意味着全面、周密。例如，一个工作包在一个分支出现了，那么它就不能再出现在其他的分支当中。运用 MECE 法则可以有效检验任务分解后是否能够 100% 达成项目交付。

（3）信息透明原则。WBS 的最底层工作包应分解到信息透明的层次，主要包括以下三个方面：一是完成工作包所需的时间，二是成本，三是验收标准。

（4）80 小时原则。分解的最小工作包要在一人 80 小时能完成的范围内，即以任务分配的第十个工作日为期限。如果大于这个范围，就需要继续分解，因为过大的工作包会有风险藏在其中。

（5）独立责任原则。单个工作包应该只分配给一个责任人，以避免推卸责任和扯皮。人人负责等于没人负责。

（6）滚动式规划原则。近细远粗，近多远少。很多信息是需要随着时间的推移而逐步确认的，在有些信息不明确的情况下做出详细分解会造成管理时间的无效浪费，没有任何意义。项目管理团队要等到信息足够明确后，再制定出 WBS 中的对应细节。

（7）不同层次原则。不同的可交付成果可以分解到不同的层次。某些可交付成果只需要分解一层，另一些则需要分解为更多的层次。工作分解得越细，对工作的规划、管理和控制就越有力。但是，过细的分解会造成管理的无效与浪费、资源使用效率低下以及工作效率降低。

（8）一个上级原则。每一个下一级组件有且仅有一个上级组件。

按照 WBS 分解原则设计检查表来核查 WBS 分解是否恰当，表 3-4 所示为 WBS 检查表。

表 3-4　WBS 检查表

序　号	内　　容	是 否 满 足
1	以可交付成果为导向	
2	包含所有可交付成果	
3	涵盖了 100% 的项目工作	
4	每个下层组件都包含上层组件 100% 的工作	
5	每个工作包的名字都用名词、形容词+名词或名词+动词的形式来命名	
6	以合适的展示方式（层次机构图或缩进图）展示给相关人员	
7	负责具体工作的执行者参与 WBS 创建	
8	征询了相关专家的意见	

续表

序号	内容	是否满足
9	得到了相关人员认可或批准	
10	建立了 WBS 词典	
11	随着工作的渐进明细而更新	
12	随着工作的变更而更新	

3.4.4　WBS 分解方式

同一项目可以采用多种分解方式来创建 WBS,其中第一层都是项目名称,而无论第二层如何分解,较低层次的分解分式总是一样的,具体采用何种方式可以由项目管理者自己决定。值得注意的是,无论选择哪种分解方式,都必须考虑 WBS 的用途和表达方式。WBS 分解方式有按主要可交付成果分解、按项目阶段分解、按产品组成分解、按照责任部门等。不同分解方式可以混合使用。下面介绍按主要可交付成果进行分解、按项目阶段进行分解和按产品组成进行分解。

(1) 按主要可交付成果(功能用途)进行分解。这种分解方式的第二层一般以可交付成果为导向,下层一般为可交付成果的工作内容,图 3-8 所示为某自行车的 WBS,按照自行车项目的功能用途可以分为电气系统、机械系统和制动系统。

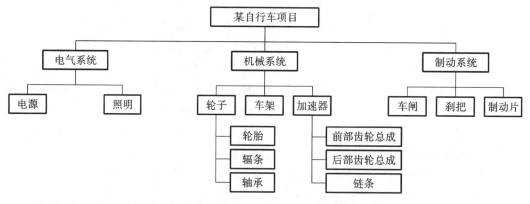

图 3-8　按功能用途分解的某自行车项目的 WBS

(2) 按项目阶段(项目生命周期)进行分解。这种分解方式的第二层按照项目阶段进行分解,下层是基于工作流程进行划分的,图 3-9 所示为按项目阶段分解的某自行车项目的 WBS,按照项目阶段可以分为需求收集、系统设计、系统集成和系统验收。

(3) 按产品组成进行分解。图 3-10 所示为按产品组成分解的某自行车项目的 WBS,自行车项目按组成分为轮子、加速器和车架。

3.4.5　WBS 编制方法

创建 WBS 有很多工具和方法,譬如 WBS 编制软件、类比法、自上而下法和自下而上法、头脑风暴、行业或公司的 WBS 模板等,使用这些工具和方法,不仅可以重复使用 WBS 的局部,减少编制工作量,还可以提高 WBS 的规范性。下面介绍常用的 WBS 编制方法。

第3章
项目计划：工作分解，明确范围

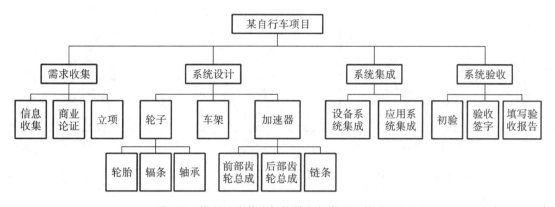

图 3-9　按项目阶段分解的某自行车项目的 WBS

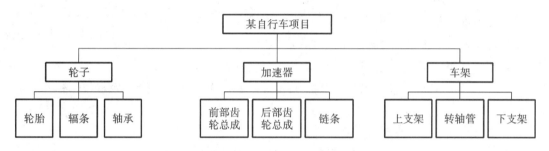

图 3-10　按组成分解的某自行车项目的 WBS

1）类比法

类比法就是以一个类似项目的 WBS 为基础，制定本项目的工作分解结构。例如，ABC 飞机制造公司曾设计制造多种类型的大型客机，当他们计划设计和生产某种新型战斗机时，就可以使用以往为制造大型客机而设计的子系统。以从前的子系统为基础，开始新项目的 WBS 的编制。比如，该 WBS 的第一层中有飞机机身项，该项又包括了飞机前身、飞机中部、飞机后身和机翼等第二层的多个子项。这种一般性的产品导向的 WBS 就成为新飞机项目的范围定义和新型战斗机成本估算等工作的起点，即参考类似项目的 WBS 创建新项目的 WBS。

2）自上而下法

自上而下法常常被视为构建 WBS 的常规方法。自上而下法是指从 WBS 的顶部开始分解可交付成果，换句话说，从大局开始，持续地分解工作，如图 3-11 所示。这个过程就是要不断增加级数，细化工作任务。这种方法对项目经理而言，可以说是最佳方法，因为项目经理具备广泛的技术知识和对项目的整体视角。自上而下法步骤如下：

①确认项目将要交付的最终产品、服务或成果。它们是第一层级的组件。

②定义为完成每个第一层级组件所需要的主要可交付成果。

③把每一个主要可交付成果分解至恰当的详细程度（遵从 WBS 分解原则）。

④评估和核实 WBS，直到被批准。

3）自下而上法

自下而上法是指从底层的工作包开始，向 WBS 顶层汇总项目工作，如图 3-12 所示。自下而上法一般都很费时，但这种方法对于 WBS 的创建来说，效果特别好。项目经理经常采用这种

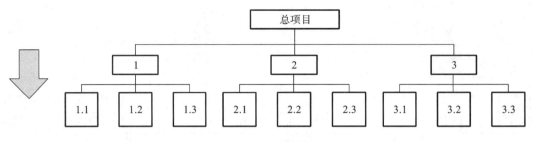

图 3-11　自上而下法

方法创建那些使用全新系统或方法的项目的 WBS,或者用该方法来促进全员参与或项目团队的协作。自下而上法步骤如下:

①确认 WBS 中的全部工作包。

②有逻辑地把相关工作包归并到一起。

③把可交付成果汇集到更高一个层级,也就是母层。

④重新分析工作,确保所在分支的所有工作都包含在 WBS 中。

⑤重复开展汇集和分析工作,直到把所有组件都汇集到第一层级,并且 WBS 中包含了 100%的工作。

⑥评估和核实 WBS,直到被批准。

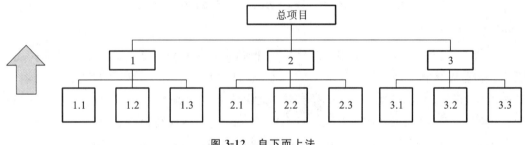

图 3-12　自下而上法

3.4.6　WBS 展示形式及编码方法

1) WBS 展示形式

WBS 常见的展示形式有两种:分级的树形结构和缩进的列表结构。在实际应用中,树形结构更适用于向高层管理者汇报工作,而列表结构更适合项目团队成员自己使用,因为可以在表格右侧添加更多的备注,这有利于团队协作,但看起来更复杂。

①分级的树形结构。

树形结构的优点是层次清晰,非常直观,结构性很强,但是不容易修改,对于大的、复杂的项目也很难表示出项目的全景,如图 3-13 所示。

②缩进的列表结构。

缩进的列表结构的优点是能够反映出项目所有的工作要素,但与树形结构相比,其直观性较差。表 3-5 所示为以缩进列表结构表示的 WBS。

第3章
项目计划：工作分解，明确范围

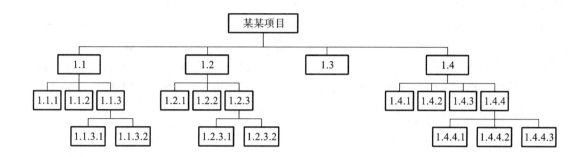

图 3-13　以树形结构表示的 WBS

表 3-5　以缩进列表结构表示的 WBS

ID	任 务 名 称
1	自行车
1.1	框架部分
1.1.1	车架
1.1.2	把手
1.1.3	前叉
1.1.4	座位
1.2	曲柄部分
1.3	车轮
1.3.1	前轮
1.3.2	后轮
1.4	刹车系统
1.5	传动系统
2	集成
2.1	概念
2.2	设计
2.3	组装
3	测试
3.1	零件测试
3.2	产品测试
3.3	客户端测试
4	项目管理

2）WBS 编码方法

WBS 编码指的是在开发一个 WBS 时，通过给各种元素和级别进行编码或编号，能够显著地改善 WBS 在各种相关应用中的功能。WBS 中的每一项工作都要编上号码,用来确定其在项目工作分解结构中的唯一身份,这些号码全体称为编码系统。编码可以采用任何一种方法,但是保持方法的一致性很重要。大多数组织都有标准的编码,这些编码能够被使用和修改,用一些数字或字母对每一项工作活动给出唯一的识别。由编码产生的识别为计划、预算、跟踪、再计划和分配提供说明,总之,为项目中的沟通提供了说明。WBS 编码方法主要有数位法和图书目录法。图 3-14 是对图 3-10 所示的自行车项目的 WBS 用数位法进行编码。表 3-6 是用图书目录法对自行车项目进行编码。

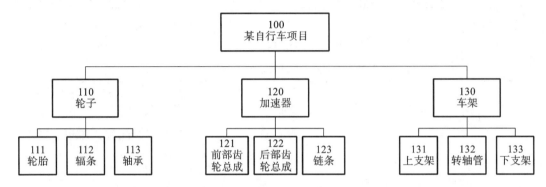

图 3-14 用数位法对某自行车项目的 WBS 进行编码

表 3-6 用图书目录法对自行车项目进行编码

工作分解结构	工作分解结构
1.某自行车项目工作分解结构	1.3 车架
1.1 轮子	1.3.1 上支架
1.1.1 轮胎	1.3.2 转轴管
1.1.2 辐条	1.3.3 下支架
1.1.3 轴承	
1.2 加速器	
1.2.1 前部齿轮总成	
1.2.2 后部齿轮总成	
1.2.3 链条	

案例应用 3-1

华为客户需求调研工作分解结构模板

(1) 用树形图表示华为某产品客户需求调研项目工作分解结构,用数位法进行编码,如图 3-15 所示。

(2) 用列表法表示华为某产品客户需求调研项目工作分解结构,用图书目录法进行编码,如表 3-7 所示。

第3章
项目计划：工作分解，明确范围

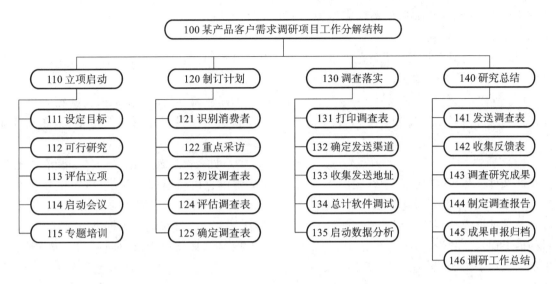

图3-15　华为某产品客户需求调研项目工作分解结构树形图＋数位法编码模板

表3-7　华为某产品客户需求调研项目工作分解结构列表法＋图书目录法编码模板

产品需求调研工作分解结构	产品需求调研工作分解结构
1.某产品客户需求调研项目工作分解结构	1.3　调查落实
1.1　立项启动	1.3.1　打印调查表
1.1.1　设定目标	1.3.2　确定发送渠道
1.1.2　可行性研究	1.3.3　收集发送地址
1.1.3　评估立项	1.3.4　统计软件调试
1.1.4　启动会议	1.3.5　启动数据分析
1.1.5　专题培训	1.4　研究总结
1.2　制订计划	1.4.1　发送调查表
1.2.1　识别消费者	1.4.2　收集反馈表
1.2.2　重点采访	1.4.3　研究调研成果
1.2.3　初设调查表	1.4.4　制定调查报告
1.2.4　评估调查表	1.4.5　成果申报归档
1.2.5　确定调查表	1.4.6　调研工作总结

（资料来源：金井露，《华为项目管理图解》，广东经济出版社，2017）

3.5　范围基准

范围基准是经过批准的项目范围说明书、WBS和相应的WBS词典，能够通过正式的变更控制程序进行变更,并被用作与实际结果进行比较的依据。范围基准主要包括项目范围说明书、WBS 和 WBS 词典。

(1) 项目范围说明书。项目范围说明书包括对项目范围、主要可交付成果、假设条件和制约因素的描述,详见 3.3 章节。

(2) WBS。WBS 是对项目团队为实现项目目标、创建所需可交付成果而需要实施的全部工作范围的层级分解。工作分解结构每向下分解一层,代表对项目工作更详细的定义,详见 3.4 章节。

(3) WBS 词典。WBS 词典是针对 WBS 中的每个组件,详细描述可交付成果、活动和进度信息的文件。WBS 词典对 WBS 提供支持,其中大部分信息由其他过程创建,然后在后期添加到词典中,对各个要素做详细说明。工作分解结构相当于具有一定逻辑关系的名词汇编,工作分解结构词典就相当于详细的名词解释,至于详细到什么程度,没有统一的标准,需要视具体项目的需要而定。WBS 词典至少要对每个工作包做详细说明,如质量要求、时间要求、成本限制、负责人及协调人、与其他工作包或要素的关系等。表 3-8 表示某多媒体教室装修项目 WBS 词典。

表 3-8 某多媒体教室装修项目 WBS 词典

WBS 编号	可交付物	工作描述	负责人	质量要求
	多媒体教室		杨武	
1	教室系统		李明	
1.1	装修好的教室	装修公司对教室进行设计和装修	李明	设计合理、质量达标
1.2	辅助设备	消防、空调、监控等设备的招标与安装调试	李明	设备正常运转、性能良好
2	教学系统		孙力	
2.1	教师系统	教师用机、投影仪、控制台等的购买与安装调试	孙力	达到招标要求
2.2	学生系统	电脑、桌椅等	孙力	达到招标要求
3	软件系统	操作系统、专用软件	马玉	达到招标要求
4	线路系统	强电、弱电设计与布线,网络公司布置网线	王强	达到设计标准,满足设备的供电要求

项目范围说明书旨在确定项目的边界,工作分解结构旨在明确边界内有什么具体内容,工作分解结构词典旨在对工作分解结构的每个要素做详细说明。

知识扩展

容易与 WBS 混淆的几种图形结构

1) 风险分解结构

风险分解结构(risk breakdown structure,RBS)用来表示项目可能涉及的不同风险领域或风险类别。它有助于人们根据所列的每一个风险类别来识别风险。图 3-16 是某新网站建设项目的风险分解结构,其中有三个风险领域,即工期很紧张、政治及技术资源短缺被突出显示,因为它们是项目经理必须重点关注的。

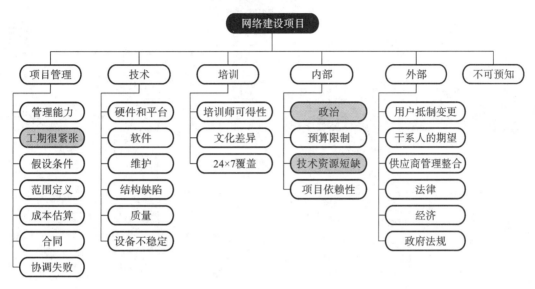

图 3-16 风险分解结构

2) 资源分解结构

资源分解结构(resource breakdown structure,RBS)是对为完成项目所需要的资源的层级分解。图 3-17 展示了一个资源分解结构,其中列出了项目所需的全部资源,代表为完成项目所已经拥有或需要的人力和物料资源。将 RBS 与 WBS 联合使用,有助于把资源分配到工作包。

图 3-17 资源分解结构

3) 组织分解结构

组织分解结构(organization breakdown structure,OBS)是一种组织结构图,用于展示项目组织的层级结构。它列出了项目组织中的各部门及其功能、报告关系和命令链条。在用 WBS 展示可交付成果的层级的同时,可以用组织分解结构展示人员和小组的层级,以及负责 WBS 组件的部门。图 3-18 是一个组织分解结构。

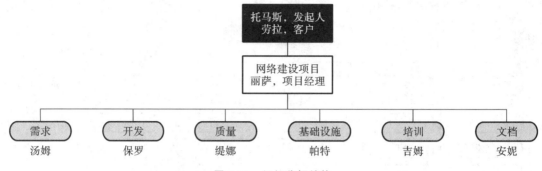

图 3-18 组织分解结构

1. 网络建设项目合同文件
   1.1 网站设计文件
      1.1.1 首页文件——创新公司
      1.1.2 其他页文件——创新公司
   1.2 网站模型——开发公司
   1.3 视频——ABC制作公司
   1.4 新闻通信——马克梅尔有限公司
   1.5 托管——电信公司

图 3-19 合同分解结构

4）合同分解结构

合同分解结构（contract breakdown structure,CBS)是对项目合同和子合同的分解。图 3-19 展示了网络建设项目所需要的合同，其中每一个合同都有一个相应的供应商。

5）成本分解结构

成本分解结构（cost breakdown structure,CBS)是对项目成本的分解，如图 3-20所示。图 3-20 描述了网站建设项目的总成本(RMB 60000)的分解，从中可以看出项目总成本的构成，以及人力资源、技术、营销和其他杂项各自的成本。

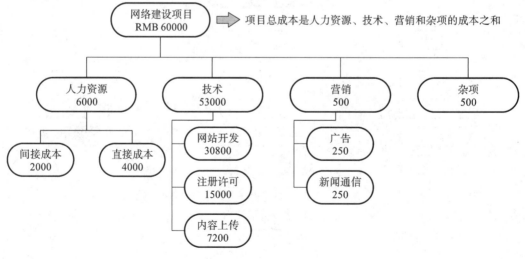

图 3-20 成本分解结构

6）物料清单

物料清单(bill of materials,BOM)是制造终端物品(最终产品)所需的原材料、子零件、中间零件、子组件、组件和部件及其数量的清单。表 3-9 是一份物料清单的例子。

表 3-9　物料清单

产　品	组　件	物　料	数　量	单　位
建筑物：混凝土结构	横梁	水泥	0.34	吨
		粗集料	1.25	吨
		砂	0.7	吨
		钢筋	0.12	吨
	柱子	水泥	0.34	吨
		粗集料	1.25	吨
		砂	0.7	吨
		钢筋	0.12	吨
	基础	水泥	0.34	吨
		粗集料	1.25	吨
		砂	0.7	吨
		钢筋	0.12	吨

习　题

一、单选题

1. WBS 的不同细分层次便于增进(　　)的交流。
A. 项目发起人与项目客户　　　　　B. 项目经理与项目客户
C. 项目团队与项目经理　　　　　　D. 项目相关方之间

2. 创建 WBS 的过程是(　　)。
A. 制定项目和产品详细描述的过程
B. 将项目可交付成果和项目分解为较小的、更易于管理的组件的过程
C. 正式验收已完成的项目可交付成果的过程
D. 监督项目和产品的范围状态,管理范围基准变更的过程

3. 工作分解结构底层的要素是(　　)。
A. 控制账户　　　B. 规划包　　　C. 规划要素　　　D. 工作包

4. 以下哪个不是创建工作分解结构过程的结果?(　　)
A. 项目范围说明书　　　　　　　　B. 范围基准
C. 工作分解结构词典　　　　　　　D. 工作分解结构

5. 定义范围的过程是(　　)。
A. 制定项目和产品详细描述的过程
B. 将项目可交付成果和项目分解为较小的、更易于管理的组件的过程
C. 正式验收已完成的项目可交付成果的过程
D. 监督项目和产品的范围状态,管理范围基准变更的过程

6. ( )包含详细的工作包说明。
   A. WBS 词典   B. 工作范围   C. 预算估算   D. 成本估算
7. 以下哪项原则是编制 WBS 的基础？( )
   A. MECE 原则   B. 100%原则   C. 独立责任原则   D. 不同层次原则
8. 使用工作分解结构的主要原因是( )。
   A. 组织工作   B. 防止工作遗漏
   C. 为项目估算提供依据   D. 以上都是
9. 工作分解层次包含以下哪项？( )
   A. 项目   B. 可交付的成果   C. 工作包   D. 以上都是
10. 以下哪一项最好地描述了工作分解结构？( )
    A. WBS 是对工作成果的层级分解   B. WBS 是对工作本身的层级分解
    C. WBS 是对项目产品的层级分解   D. WBS 是对项目活动的层级分解
11. 用来衡量产品范围完成情况的文件是( )。
    A. 项目管理计划   B. 项目范围说明书
    C. 项目工作分解结构   D. 产品需求文件
12. 项目范围管理的第一步是( )。
    A. 定义范围   B. 规划范围管理   C. 确认范围   D. 规划范围
13. 用于指导项目范围定义、记录、核实、管理和控制的文件是( )。
    A. 项目范围说明书   B. 项目工作说明书
    C. 项目范围管理计划   D. 工作分解结构
14. 确认项目范围的主要工作内容是( )。
    A. 确保项目可交付成果按时完成
    B. 通过确保客户可交付成果的接受，保证项目不偏离轨道显示
    C. 正式验收已完成的项目可交付成果
    D. 提供一个发现不同意见的机会
15. WBS 的编制方法有( )。
    A. 类比法   B. 自上而下法   C. 自下而上法   D. 以上都是
16. 以下不属于项目范围管理的过程的是( )。
    A. 定义范围   B. 创建工作分解结构
    C. 实施工作分解结构   D. 范围审核
17. 在项目的环境当中，"范围"可以指( )。
    A. 产品范围和工作范围   B. 产品范围和项目范围
    C. 项目范围和管理范围   D. 项目范围和需求范围
18. 工作分解结构的基础是( )。
    A. 产品需求   B. 项目需求
    C. 项目可交付成果和项目工作   D. 产品需求和项目需求
19. 常见的 WBS 分解方式为( )。
    A. 按主要可交付成果(功能用途)进行分解 B. 按项目阶段(项目生命周期)进行分解
    C. 按产品组成进行分解   D. 以上都是

20. （　　）是对复杂项目最底层工作块的全面、详细和明确的文字说明。
   A. 责任分配矩阵　　　B. 工作清单　　　C. WBS 词典　　　D. 范围说明书

二、多选题

1. 关于范围管理的说明，正确的是（　　）。
   A. 通过项目范围管理可以把客户的需求和项目的工作联系在一起
   B. 项目范围管理是项目管理最重要的功能要素，也是最难做的一项工作
   C. 项目范围的定义和管理过程将影响到整个项目是否成功
   D. 通过项目范围管理过程，项目组织可以把业主的需求转变成对项目可交付成果的定义

2. 项目范围一般包括（　　）。
   A. 产品范围　　　B. 项目范围　　　C. 职能范围　　　D. 工作范围

3. 以下属于项目范围管理在项目管理中的作用的是（　　）。
   A. 提高项目费用、时间和资源估算的准确性
   B. 提供项目进度衡量和控制的基准
   C. 有助于清楚地分配责任
   D. 有助于项目利益相关方之间的沟通和协调

4. 项目范围规划涉及的工作有（　　）。
   A. 项目范围管理规划编制　　　　B. 范围说明书的制定
   C. 工作分解　　　　　　　　　　D. 范围变更控制

5. 以下属于 WBS 的衡量原则的有（　　）。
   A. MECE 原则　　　B. 信息透明原则　　　C. 80 小时原则
   D. 独立责任原则　　E. 滚动式规划原则

6. 项目范围说明书包含哪些内容？（　　）
   A. 产品范围描述　　　　　　　　B. 产品验收标准
   C. 项目可交付成果　　　　　　　D. 项目的除外责任
   E. 项目的制约因素和假设条件

7. 以下哪些方法是创建 WBS 的常见方法？（　　）
   A. 自上而下法　　B. 自下而上法　　C. 类比法　　D. 综合法

8. 项目范围管理包含以下哪几个方面？（　　）
   A. 规划范围管理　　B. 定义范围　　C. 范围审核　　D. 范围控制

9. WBS 的分解层次有哪些？（　　）
   A. 项目　　　　B. 可交付的成果　　C. 可交付的子成果　　D. 工作包

10. 范围基准主要包括（　　）。
    A. 项目范围说明书　　B. WBS　　　C. WBS 词典　　　D. 工作包

三、判断题

1. 在项目环境中，"范围"一般指产品范围和项目范围。（　　）
2. WBS 的最低层级是工作包。（　　）
3. 在项目管理中，范围的变更是不可避免的。（　　）
4. 对项目范围变更进行控制的方法是工作分解结构。（　　）
5. 项目经理可以使用 WBS 词典来保证项目团队清楚地了解到他们的每一项任务所包含

的工作。（　　）

6. 项目范围从项目概念阶段到收尾阶段都应该加以管理和控制。（　　）
7. 100%原则只适用于WBS中的某些层级。（　　）
8. 项目经理的选择也属于项目范围管理的内容。（　　）
9. 项目范围说明书是对复杂项目最底层工作块的全面、详细和明确的文字说明。（　　）
10. WBS的分解层次越多越好。（　　）

四、简答题

1. 项目范围管理在项目管理中的作用是什么？
2. 简述项目范围说明书的内容。
3. 工作分解结构对项目管理的作用是什么？
4. 工作分解结构的步骤有哪些？
5. 范围基准主要有哪些内容？

五、案例分析

信息技术公司的难题

G集团是某信息技术有限公司多年的客户，该公司已经为G集团开发了多个信息系统。最近，G集团又和该公司签订了新的开发合同，以扩充整个企业的信息化应用范围，李工担任该项目的项目经理。李工组织相关人员对该项目的工作进行了分解，并参考了公司同G集团之前的合作项目，评估得到项目的总工作量为60人月，计划工期六个月。项目刚刚开始不久，李工的高层经理M找到李工。M表示，由于公司运作的问题，需要在4个月内完成项目，考虑到压缩工期的现实，可以为该项目增派两名开发人员。李工认为，整个项目的工作量是经过仔细分解后评估得到的，评估过程中也参考了历史上与G集团合作的项目度量数据，该工作量是客观真实的。目前项目已经开始，增派的人手还需要一定的时间熟悉项目情况，因此即使增派两人也很难在四个月内完成项目。如果强行要求项目组成员通过加班等方式达到四个月完成的目标，肯定会降低项目的质量，造成用户不满意。因此，李工提出将整个项目分为两部分实现，第一部分使用三个半月的时间，第二部分使用三个月的时间，分别制定出两部分的验收标准，这样不增派开发人员也可以完成。高层经理认为该方案可以满足公司的运作要求，用户也同意按照这种方案实施项目。六个半月以后，项目在没有增加人员的前提下顺利完成，虽然比最初计划延长了半个月的工期，但既达到了公司的要求，客户对最终交付的系统也非常满意，项目组的成员也没有感受到很大的压力。

问题：

(1) 请问李工是如何保证项目取得成功的？
(2) 尝试结合案例指出项目范围管理的工作要点。

第4章 项目计划：估算时间，制订计划

"认识你的时间"，只要你肯，就是一条卓有成效之路。

——管理大师彼得·德鲁克

"Know Thy Time", if he wants to, and be well on the road toward contribution and effectiveness.

——Peter F. Drucker, the master of management

  学习要求

☆ **了解**：项目活动时间估算的概念、依据和方法。

☆ **掌握**：项目活动界定、活动排序、进度计划编制。

☆ **熟悉**：单代号和双代号网络的运用、CPM 计算。

☆ **核心概念**：项目时间管理、项目活动定义、项目活动排序、单代号网络、双代号网络、项目计划评审技术、里程碑、甘特图。

如何避免"学生综合征"？

请各位同学回忆一下自己在大学学习的场景：任课老师在星期一的课上布置课后作业，要求下周一上课前把作业交到讲台上。请问大家通常是在什么时候完成作业的？等到周一上课前，我们身边是否总会有那么一些同学（也可能就是我们自己）交不上作业，是因为没做完，甚至根本就没做？是他们真的不会做，或者确实没时间完成吗？显然不是！不能按时、按要求完成作业的最根本原因是，这些学生在完成老师安排的作业的时候，总是习惯拖延到最后一分钟才开始写。结果呢，要么不能按时完成，要么即使交上了作业，作业的质量也大打折扣。这种行为表现被西方心理学家称为"学生综合征（student syndrome）"（见图 4-1）。

据美国德保罗大学调查研究发现，20%的人有慢性拖延症，75%的大学生是拖延症患者。瑞典心理学家尼流·科尼和马丁·克莱茵曼做了一个实验，他们记录了 30 个学生在 21 天期限

图 4-1 学生综合征

中准备考试的过程。结果显示,越接近截止日期,突击复习的学生人数越多且越集中。当你看到这个实验时,是否会有熟悉的感觉呢?有统计表明,"学生综合征"在很多项目、工作中都得到了普遍的反映,且带来不好的后果。譬如"学生综合征"出现在各种项目的进展过程中,会导致项目延期,或仓促、低质量地完成,因此作为项目管理人员,必须分析这种现象产生的环境、条件,从而找出解决方案。

思考:究竟什么因素会引发人的"学生综合征"?我们又该如何避免这一现象的发生?

4.1 项目时间管理概述

项目管理的主要目标之一是时间目标,实施项目是为了实现重要的商业目的,项目经理应尽可能快地完成项目。而实现时间目标就需要对项目进行时间管理。

项目时间管理是指为了确保在规定时间内实现项目目标,对项目活动进度及日常安排所进行的管理过程。项目时间管理包括项目进度管理和项目工期管理,具体是在工作分解结构的基础上,对工作包做进一步细分,列出为完成项目而必须进行的全部活动,然后分析这些活动之间的逻辑关系,估算各活动所需要的资源和工期,编制项目进度计划,并在项目执行过程中加以控制的一系列管理过程。

项目时间管理包括使项目按时完成所必需的各个过程,如图 4-2 所示,包括:

(1)规划进度管理——为规划、编制、管理、执行和控制项目进度而制定政策、程序和文档的过程。

(2)定义活动——识别和记录为完成项目可交付成果而需采取的具体行动的过程。

(3)活动排序——识别和记录项目活动之间关系的过程。

(4)估算活动资源和活动时间——估算活动需要的资源和时间的过程。

(5)编制进度计划——分析活动顺序、持续时间、资源需求和进度制约因素,创建项目进度模型,从而落实项目执行和监控的过程。

(6)进度计划控制——监督项目状态,以更新项目进度和管理进度基准变更的过程。

第4章　项目计划：估算时间，制订计划

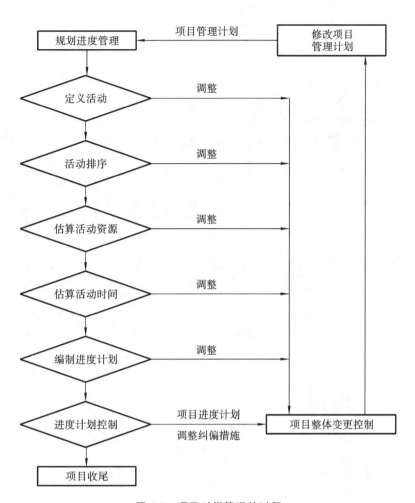

图 4-2　项目时间管理的过程

小链接 4-1

生活中的进度计划编制

下面以日常生活中的泡茶为例来介绍进度计划编制。泡茶的基本工序如图 4-3 所示。

图 4-3　泡茶的基本工序

如果按照图 4-3 所示的工序来泡茶，对每项任务所需时间进行初步估算，一共需要 22 分钟。但是结合运筹优化的思想，我们可以把洗茶壶、洗茶杯、准备茶叶这几个步骤放在用水壶烧开水这个阶段，因为我们在用水壶烧开水的同时，可以完成以上三个步骤。于是，可得到图 4-4 所示的优化后的泡茶工序，按照这种方式，一共只需要 17 分钟来泡茶，可以节省 5 分钟的时间。

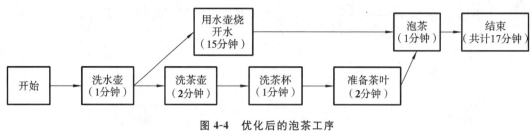

图 4-4　优化后的泡茶工序

4.2　定义活动

活动(activity)是在进度计划中所列并在项目过程中实施的工作组成部分,有时也称为进度活动,是在项目过程中实施的工作单元,是为完成工作包所必须开展的工作。如图 4-5 所示,粉刷墙壁、铺设地板、整理房间都可以看成活动。活动需要消耗一定时间,但不一定消耗人力资源,例如,建筑工程项目中等待混凝土变硬可以看作一项活动,它需要几天的时间,但不需要任何人的工作。

图 4-5　活动

定义活动(define activity)是识别和记录为完成项目可交付成果而采取的具体行动过程。本过程的主要作用是将工作包分解为进度活动,作为对项目工作进行进度估算、规划、执行、监督和控制的基础。WBS 的每个工作包需要被划分成所需要的活动(任务),每个活动(任务)都应该与一个工作包相关,定义活动这一过程可使项目目标体现出来。WBS 是面向可交付成果的对项目元素的分解,而活动定义是面向任务的,是对 WBS 做进一步分解的结果,以便清楚完成每个具体任务或者可交付成果应该执行的活动。我们称"活动"为一个具体的"任务"。

定义活动的工具与方法有专家判断、分解、滚动式规划和会议等。

分解是一种把项目范围和项目可交付成果逐步划分为更小、更便于管理的工作包(WBS 最底层元素)的技术。项目工作包、项目活动和项目活动步骤的关系图见图 4-6。

滚动式规划是一种迭代式的规划技术,即详细规划近期要完成的工作,同时在较高层级上粗略规划远期工作,见图 4-7。它是一种渐进明细的规划方式,适用于工作包、规划包以及采用敏捷或瀑布式方法的发布规划。因此,在项目生命周期的不同阶段,工作的详细程度会有所不同。在早期的战略规划阶段,信息尚不够明确,工作包只能分解到已知的详细水平;而后,随着了解到更多的信息,近期即将实施的工作包就可以分解到具体的活动。

第4章 项目计划：估算时间，制订计划

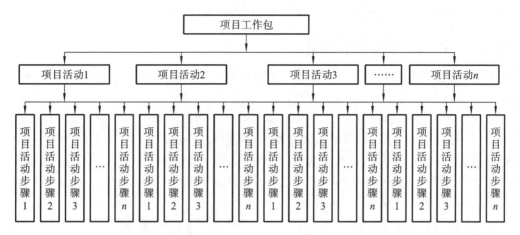

图 4-6 项目工作包、项目活动和项目活动步骤的关系图

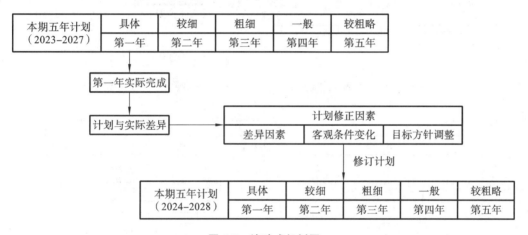

图 4-7 滚动式规划图

4.3 活动排序

定义活动之后，接下来需要确定活动之间的关系，也就是活动排序（sequence activities）。活动排序是识别和记录项目活动之间的关系的过程，其主要作用是定义工作之间的逻辑顺序，以便在既定的所有项目制约因素下获得最高的效率。可以通过分析所有的任务、项目的范围说明及里程碑等信息来确定各个任务之间的关系。在确定任务之间的关系之前，先了解几个常用术语。

①紧前活动（predecessor activity）：在进度计划的逻辑路径中，排在非开始活动前面的活动。

②紧后活动（successor activity）：紧接在某个活动之后的活动，某个活动没有结束，则紧后活动不能开始。

③并行活动(parallel activity):能与某个活动同时开始的活动。

4.3.1 活动之间的逻辑关系

项目的各项活动(任务)之间存在相互联系与相互依赖关系,根据这些关系安排各项活动的先后顺序。

活动排序过程包括确认并编制活动间的相关性。活动必须被正确地加以排序以便今后制订现实的、可行的进度计划。排序可由计算机(计算机软件)执行或手工进行。对于小型项目,手工排序很方便;对于大型项目,在早期如果对项目细节了解甚少,手工排序比较方便,后期适合手工排序与计算机排序结合使用。活动之间的逻辑关系主要有以下四种情况,如图4-8所示。

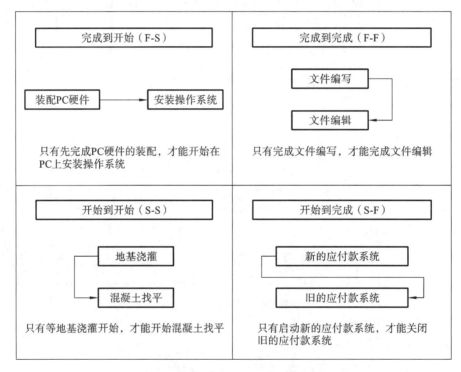

图 4-8 紧前关系绘图法的活动关系类型

①完成到开始(finish to start,F-S):只有紧前活动完成,紧后活动才能开始的逻辑关系。例如,只有完成PC硬件的装配(紧前活动),才能开始在PC上安装操作系统(紧后活动)。

②完成到完成(finish to finish,F-F):只有紧前活动完成,紧后活动才能完成的逻辑关系。例如,只有完成文件的编写(紧前活动),才能完成文件的编辑(紧后活动)。

③开始到开始(start to start,S-S):只有紧前活动开始,紧后活动才能开始的逻辑关系。例如,开始地基浇灌(紧前活动)之后,才能开始混凝土的找平(紧后活动)。

④开始到完成(start to finish,S-F):只有紧前活动开始,紧后活动才能完成的逻辑关系。例如,只有启动新的应付款系统(紧前活动),才能关闭旧的应付款系统(紧后活动)。

虽然两个活动之间可能同时存在两种逻辑关系(例如 S-S 和 F-F),但不建议相同的活动之间存在多种关系。因此必须做出选择影响最大的逻辑关系的决定,此外,不建议采用闭环的逻辑关系。

第4章

项目计划：估算时间，制订计划

除了常见的四种逻辑关系类型外，还有两种特殊的逻辑关系类型，如图4-9所示。

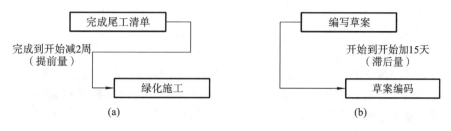

图4-9 提前与滞后

提前量(leading)是相对于紧前活动，紧后活动可以提前的时间量。例如：在新办公大楼建设项目中，绿化施工可以在尾工清单编制完成前2周开始，这就是带2周提前量的完成到开始的逻辑关系，如图4-9(a)所示。

滞后量(lag)是相对于紧前活动，紧后活动需要推迟的时间量。例如：对于一个大型技术文档，编写小组可以在编写工作进行15天后对文档草案进行编码，这就是带15天滞后量的开始到开始的逻辑关系，如图4-9(b)所示。

4.3.2 活动之间的依赖关系

活动之间的依赖关系主要有以下几种：

①强制性依赖关系，又称为硬依赖关系，是指法律或合同要求的或工作的内在性质决定的依赖关系，常常是某些客观限制条件。例如，修房子的时候必须先打地基，才能往上砌墙，那么"打地基"和"砌墙"就是硬依赖关系。

②选择性依赖关系，又称为首选逻辑关系、优先逻辑关系或软逻辑关系，应基于具体应用领域的最佳实践来建立选择性依赖关系，或者基于项目的某些特殊性质而采用某种依赖关系。例如，下棋可以先走车后移马，也可以先挪马后移车；做作业可以先写字后画格，也可以先画格后写字。

③外部依赖关系是指项目活动与非项目活动之间的依赖关系，这种依赖关系往往不在项目团队的控制范围内。例如，软件项目的测试活动取决于外部硬件的到货情况。

④内部依赖关系是项目活动之间的紧前关系，通常在项目团队的控制之中。例如，只有机器组装完毕，团队才能对其测试，这是一个内部的强制性依赖关系。

这四种依赖关系还可组合成强制性外部依赖关系、强制性内部依赖关系、选择性外部依赖关系和选择性内部依赖关系。

4.3.3 网络图

网络图(network diagramming)是活动排序的一个输出，用于展示项目中的各个活动及活动之间的逻辑关系，表明项目任务将以什么顺序进行。进行时间估计时，网络图可以表明项目将需要多长时间完成。当改变某项活动的持续时间时，网络图可以表明项目持续时间将如何变化。因此，网络图是制订进度计划的强有力工具。通常联合使用甘特图和网络图这两种工具来制订和管理进度计划，使它们互相补充、取长补短。常用的网络图有单代号网络图和双代号网络图。它们既可以人工绘制，也可以用计算机绘制。

1) 单代号网络图

单代号网络图(activity on nodes, AON)又称为前导图法(precedence diagramming method, PDM),是紧前绘图法的一种展示方法,是由一个节点及编号表示一项工作,以箭线表示工作顺序的网络图。单代号网络图包含以下三要素:

①节点:节点用圆圈或方框表示。单代号网络图中的每一个节点代表一项工作,工作的名称、持续时间和编号一般都标注在圆圈或方框内,有时甚至将时间参数也标注在节点内。编号从小到大,即箭尾节点编号小于箭头节点编号,严禁出现重号。

②箭线:单代号网络图中的箭线仅表示工作之间的逻辑关系,它既不占用时间,也不消耗资源。单代号网络图中不用虚箭线。箭线的箭头表示工作的进行方向,箭尾节点表示的工作是箭头节点的紧前工作。

③线路:单代号网络图中,各工作依先后顺序用箭线连接起来,形成线路。各条线路应用该线路上的节点编号自小到大依次表达,也可以用各工作名称来反映。

案例应用 4-1

单代号网络图

单代号网络图示例如图 4-10 所示,根据各工作之间的逻辑关系绘制单代号网络图。

工作任务	A	B	C	D	E	F	G
紧后任务	C、D、E	D、E	F	F、G	无	无	无

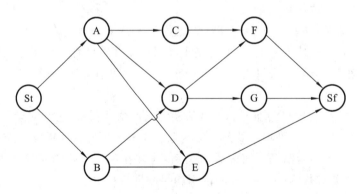

图 4-10 单代号网络图示例

2) 双代号网络图

双代号网络图(activity on arrow, AOA)又称为箭线图法(arrow diagramming method, ADM),它是计划评审法在质量管理中的具体运用,使质量管理的计划安排具有时间进度内容的一种方法。双代号网络图包含以下三要素:

①节点:节点用圆圈表示。在双代号网络图中,节点不同于工作,它不需要消耗时间或资源,只表示工作开始或结束的瞬间,起着连接工作的作用。

②箭线:一条箭线表示一项工作。箭尾表示工作开始,箭头表示工作结束。工作名称写在箭线上面,完成工作所需时间写在箭线下面。

③线路:在双代号网络图中,从起始节点开始,沿箭线方向连续通过一系列箭线与节点,最后到达终止节点的通路称为线路。

案例应用 4-2

双代号网络图

根据各工作之间的逻辑关系绘制双代号网络图,如图 4-11 所示。

工作任务	A	B	C	D	E	F	G
紧后任务	C、D、E	D、E	F	F、G	无	无	无

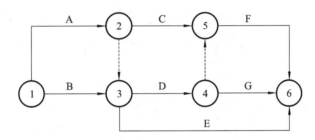

图 4-11 双代号网络图示例

3) 网络图绘制步骤及规则

单代号网络图和双代号网络图绘制的基本步骤如下:
①确定各工序间的逻辑关系,绘制逻辑关系表(单/双代号网络图中的逻辑关系见表 4-1)。
②自左向右逐步组合各工序,构成组合逻辑关系图。
③检查、调整逻辑关系图,完善单/双代号网络图。
④对网络图进行修整,去掉多余工作或箭线,使网络图看起来布局合理、表达清楚,并检查网络图逻辑关系是否正确。

表 4-1 单代号网络图和双代号网络图中的逻辑关系表达方法对比

序号	工序之间的逻辑关系	单代号网络图逻辑关系表达方法	双代号网络图逻辑关系表达方法
1	A 工序完成后进行 B 工序	A → B	○ →A→ ○ →B→ ○
2	A 工序完成后,B、C 工序才能开始	A → B, A → C	○ →A→ ○ →B→ ○, →C→ ○

续表

序号	工序之间的逻辑关系	单代号网络图逻辑关系表达方法	双代号网络图逻辑关系表达方法
3	A、B 工序完成后进行 C 工序		
4	A、B 工序完成后，C、D 工序才能开始		
5	A、B 工序完成后，C 工序才能开始，且 B 工序完成后，D 工序才能开始		

网络图绘制基本规则如下：

①绘制网络图时，需明确绘制单代号网络图还是双代号网络图，两种网络图的画法不能混用。单代号网络图的节点表示工作任务，箭线表示紧邻工作之间的逻辑关系；双代号网络图的箭线表示工作任务，节点表示工作的开始或结束。

②网络图中禁止出现循环回路，如图 4-12 所示。

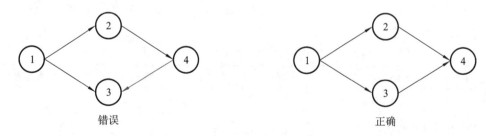

图 4-12　禁止出现循环回路

③网络图中禁止出现双向箭头，如图 4-13 所示；严禁出现没有箭头或者箭尾的箭线，如图 4-14 所示。

④网络图中箭线不宜交叉，但是当交叉不可避免时，也可以采用过桥法或断线法进行绘制，如图 4-15 所示。

⑤在一张网络图中，只有一个起始节点和一个终止节点（多目标网络计划除外）。若单代号网络图中有多个起始节点或终止节点，则应在网络的两端分别设置一项虚活动，作为该网络图的起始节点和终止节点。双代号网络图如果有多个起始节点或终止节点，则需要将多个起始节

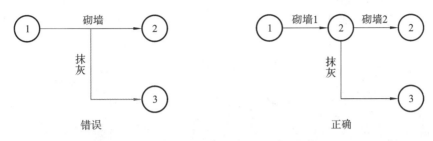

图 4-13 禁止出现双向箭头

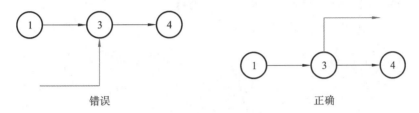

图 4-14 禁止出现无箭头或箭尾的箭线

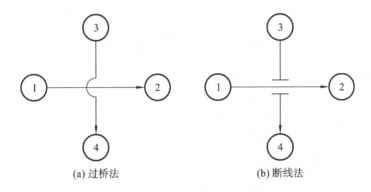

图 4-15 过桥法和断线法

点和终止节点分别合并为一个起始节点和终止节点,如图 4-16 所示。

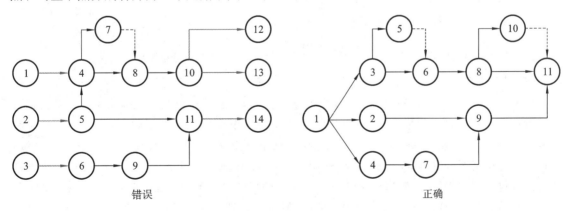

图 4-16 一个起始节点和终止节点

⑥双代号网络图中,两个节点之间只允许有一个工作箭线,如有两个以上的工作箭线时应增加虚活动,虚活动既不消耗时间也不消耗资源,如图 4-17 所示。

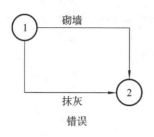 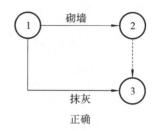

图 4-17 只允许有一个工作箭线

⑦双代号网络图中,节点需按工作任务的先后顺序从小到大地进行编号,并再次检查核对网络图逻辑关系。工作任务禁止从序号大的节点指向序号小的节点,如图 4-18 所示。

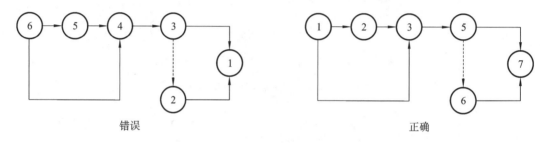

图 4-18 节点序号正确表示图

4) 单代号网络图和双代号网络图对比

单代号网络图和双代号网络图都是为了达到同样的目标:为项目网络创建顺序逻辑,连接好网络后,确定项目历时、活动时差和关键路径。双代号网络图与单代号网络图的三要素对比如表 4-2 所示。

表 4-2 双代号网络图与单代号网络图的三要素对比

项 目	双代号网络图(AOA)	单代号网络图(AON)
节点	节点代表一项工作的开始或结束,只是一个"瞬间"概念,因此它既不消耗时间,也不消耗资源	一个节点代表一项工作或工序,因而它消耗时间和资源
箭线	一条箭线表示一项工作	表示工作之间的逻辑关系,既不占用时间,也不消耗资源
虚活动	表示工作之间的先后逻辑关系,不消耗资源,也不占用时间	没有虚活动

AON 是计算机软件包(比如 MS Project)所使用的构造网络图的主流方法,因此它变得越来越流行。随着计算机的普及,越来越多的企业需要使用项目进度计划软件,于是它们越来越多地使用 AON 来构造网络图。AON 的优势在于,它用节点表示活动,箭线仅仅用来连接活动,这种方法使网络更容易标识,也让网络图非常易于阅读和理解,即使是一个刚刚接触网络图的项目经理也能很快理解。但 AON 也存在一定的缺陷,当多个活动汇聚或者发散时,就需要大量的箭线与节点相连,从而导致网络图难于阅读,但这一般只发生在包括大量路径的复杂项目中。

AOA 最大的优势是它在某些特殊行业得到广泛应用,比如建筑业;而且,对于大型复杂项目,AOA 更容易使用;此外,因为项目中有很多重要的里程碑,比如供应商货物的交付,AOA 的事件节点便于标识这些里程碑。但是,毫无疑问,AOA 的规则导致其较难使用,尤其是虚活动的使用。虚活动的使用有一定难度,因此一个不太了解网络图的项目经理要理解并学会使用虚活动需要接受较多的培训。

构建网络图时,最终选择 AON 还是 AOA 主要取决于个人偏好以及工作环境的外部影响。例如,一个组织已经决定采取 AON,因为常用的项目进度计划软件都采用 AON,这时组织内的成员就不得不选择单代号网络图法。不管是使用 AOA 还是 AON,最重要的是必须掌握构建网络图的基本理论以及两种网络构造方法的规则。

4.4 估算活动资源和活动时间

4.4.1 活动资源的估算

在估计每个任务的历时之前,首先需要考虑每个任务需要的资源类型和数量,这些资源包括人力资源、设备资源及其他资源等。对于项目管理者来说,应该回答下面的问题:

①对于特定的任务,它的难度如何?
②项目是否有唯一的特性影响资源的分配?
③企业以往类似项目的状况如何?
④企业现在是否有完成项目合适的资源(人、设备、资料等)?企业的政策是否能够影响这些合适的资源?
⑤是否需要更多的资源来完成这个项目?是否需要外包人员等?

为了准确估计任务需要的资源,项目的活动列表、活动属性、历史项目计划、企业的事业环境因素、组织过程资产、可用资源状况等信息是必需的。可以采用专家估算方法或者找有类似项目经验的人来辅助估算,也可以采用头脑风暴法评估相关选项。

4.4.2 活动时间的估算

估算活动时间就是估计完成活动所需花费的时间。活动持续时间的估算是对完成某项活动、阶段或项目所需的工作时段数的定量评估,它是项目计划的基础工作,直接关系整个项目所需的总时间。

活动持续时间太长或太短对整个项目都是不利的。对项目时间进行估算,首先要对项目中的活动时间进行估算,然后确定项目的工期。活动时间估算指预计完成各活动所需的时间长短,在项目团队中熟悉该活动特性的个人和小组,可对活动所需时间做出估计。

对实际项目持续时间进行估算的时候,还需要考虑如下情况:

①实际的工作时间。例如,一般一周工作五天,一天工作八个小时;要充分考虑正常的工作时间,去掉节假日等。绝大多数的计算机软件会自动处理这类问题,整个项目所需时间也可以运用相关软件加以估算。

②项目的人员规模。一般规划项目时,按照人员完成时间来考虑,如多少人一月、多少人一天等,同时要考虑资源需求、资源质量和历史资料等。资源的数量也影响活动时间的估算,大多数活动所需时间由相关资源的数量所决定。例如,两人一起完成某设计活动只需一半的时间

(相对一个人单独工作所需时间),然而每日只能用半天时间进行工作的人通常至少需要两倍的时间完成某活动(相对一个人能整天工作所需时间)。大多数活动所需时间与人(材料)的能力(质量)有关。

③生产率。不同设备和具备不同技能的人员完成任务的生产率是不同的。

④人员技能。不同的人员,掌握技能不同,生产率不同,活动成本也不同。例如,软件开发项目中,对于同一活动,假设两个人均能全日进行工作,一个高级工程师完成活动所需时间少于初级工程师所需时间。资源质量也影响活动时间的估算,通常关于活动所需时间的估算可参考历史资料。

由于人员很难将所有时间持续放在工作上,譬如需要休息、吃饭、开会等,而且工作效率也很难保证在一个恒定水平,也就是说,每天 8 小时工作制并不意味着花在项目上的时间有 8 小时,因此在进行活动时间的估算时,通常要在有效工作时间上加上额外时间(additional time)或安全时间(safety time)。下面介绍几种常用的时间估算方法。

1) 专家判断法

专家判断是指基于某应用领域、知识领域、学科和行业等的专业知识而做出的关于当前活动的合理判断,这些专业知识可来自具有专业学历、知识、技能、经验或培训经历的任何小组或个人。专家判断法主要依赖于有经验和专业知识的专家,这种方法是专家依靠过去的资料信息做出的判断,带有主观性,估计结构往往具有一定的不确定性和风险。

2) 类比估算法

类比估算也称为类推估算,是一种使用相似活动或项目的历史数据来估算当前活动或项目持续时间的技术。类比估算法以过去类似项目的参数值(如持续时间、预算、规模、重量和复杂性等)为基础来估算未来项目的同类参数或指标。在估算持续时间时,类比估算法以过去类似项目的实际持续时间为依据来估算当前项目的持续时间。类比估算法是一种粗略的估算方法,有时需要根据项目复杂性方面的已知差异进行调整,在项目早期或项目详细信息不足时,经常使用类比估算法来估算项目持续时间。相对于其他估算技术,类比估算法通常成本较低、耗时较少,但准确性也较低。类比估算可以针对整个项目或项目中的某个部分进行,也可以与其他估算方法联合使用。如果以往的活动是本质上而不是表面上类似,并且从事估算的项目团队成员具备必要的专业知识,那么类比估算法较为可靠。

3) 参数估算法

参数估算法又称参数模型法,是一种基于历史数据和项目特性参数,使用某种算法来计算成本或持续时间的估算技术。参数估算的准确性取决于参数模型的成熟度和基础数据的可靠性。最简单的参数估算就是一元一次方程,即把需要实施的工作量乘以完成单位工作量所需的工时(或把需要实施的工作量除以单位工时的生产率),例如,修建一座大桥需要 3 年,修建 10 座大桥则需要 30 年。

4) 三点估算法/PERT 历时估算

计划评审技术(program evaluation and review technique,PERT)最早是由美国海军于1958年计划和控制北极星导弹的研制时提出的。PERT 技术首先应用在北极星潜艇项目上,使原先估计的研制北极星潜艇的时间缩短了两年。考虑估算中的不确定性和风险,三点估算可以提高活动持续时间估算的准确性。PERT 使用三点估算值来界定活动持续时间的近似区间:

t_m——最可能时间。基于最可能获得的资源、最可能取得的资源生产率、对资源可用时间的现实预计、资源对其他参与者的可能依赖及可能发生的各种干扰等所估算的活动持续时间。

t_o——最乐观时间。基于活动的最好情况所估算的活动持续时间。

t_p——最悲观时间。基于活动的最差情况所估算的活动持续时间。

假设三点估计都服从三角分布,则可计算出每个活动的期望工期、方差、标准差:

期望工期 $$TE = \frac{t_o + t_m + t_p}{3}$$

方差 $$\sigma^2 = [(t_p - t_o)/3]^2$$

标准差 $$\sigma = \sqrt{\sigma^2}$$

假设三点估计都服从贝塔(β)分布,则可计算出每个活动的期望工期、方差、标准差:

期望工期 $$TE = \frac{t_o + 4t_m + t_p}{6}$$

方差 $$\sigma^2 = [(t_p - t_o)/6]^2$$

标准差 $$\sigma = \sqrt{\sigma^2}$$

思考:张三平时回家,如果不堵车,最快需要30分钟;如果堵车,最慢需要2小时;大多数情况需要1小时。请估算张三回家需要多长时间。

假设三点估计服从贝塔分布,张三回家时间为:$(60 \times 4 + 30 + 120)/6$ 分钟 $= 65$ 分钟。

5) 自下而上估算法

自下而上估算法是一种估算项目持续时间或成本的方法,通过从下到上逐层汇总WBS组成部分的估算而得到项目估算,详见项目成本估算5.2.2。

6) 数据分析

数据分析包括储备分析和备选方案分析。储备分析用于确定项目所需的应急储备和管理储备。在进行活动持续时间估算时,需考虑应急储备(有时称为进度储备),以应对进度方面的不确定性。

应急储备是包含在进度基准中的一段持续时间,用来应对已经接受的已识别风险。应急储备可取活动持续时间估算值的某一百分比(如10%~15%)或某一固定的时间段。

管理储备是为了管理控制的目的而特别留出的项目预算,用来应对项目范围中不可预见的工作。管理储备用来应对会影响项目的"未知-未知"风险,它不包括在进度基准中,但属于项目总持续时间的一部分。依据合同条款,使用管理储备可能需要变更进度基准。

备选方案分析用于比较不同的资源能力或技能水平、进度压缩技术、不同工具(手动和自动),以及关于资源的创建、租赁和购买决策。这有助于团队权衡资源、成本和持续时间变量,以确定完成项目工作的最佳方式。

4.5 项目进度计划编制

项目进度计划(schedule development)编制是分析活动顺序、持续时间、资源需求和进度制约因素,创建进度模型,从而落实项目执行和监控的过程。本过程的主要作用是,为完成项目活动而制定具有计划日期的进度模型。编制进度计划时,如果资源分配没有被确定,项目活动的开始日期和结束日期仍是初步确定的,则资源分配可行性的确认应在项目进度计划编制完成前做好。其实,编制项目计划的时候,资源估算、时间估算、进度编制等过程常常交织在一起,这些过程反复多次,最后才能确定项目进度。

项目进度计划编制的输入有项目网络图、活动历时估计、资源需求、资源库描述(对于进度编制而言,有什么资源,在什么时候以何种方法可供利用是必须知道的)、日历表、约束和假设(例如,强制性日期、关键事件或里程碑事件,项目支持者、项目顾客或其他项目相关人提出在某一特定日期前完成某些工作细目,一旦确定下来,这些日期就很难被更改)等。

时间估算和进度编制常常是结合在一起进行的,采用的方法也是一致的。一般来说,项目进度计划编制的方法主要有关键路径法、PERT技术、时间压缩法等。

4.5.1 基于关键路径法的项目进度计划编制

关键路径法(critical path method,CPM)是在项目进度模型中,没有考虑资源约束,估算项目最短工期,确定逻辑网络路径的进度灵活性大小的一种方法。该方法最早是由雷明顿·兰德公司(Remington Rand)的克里(Kelly)和杜邦公司的沃尔克(Walker)在1957年提出的,用于对工厂的维护项目进行日程安排。关键路径是项目中路径最长的活动序列,决定了项目最短的可能持续时间。确定关键路径是编制项目进度计划的关键工作,确定关键路径的方法通常有枚举法和六时标注法。

1) 枚举法

枚举法即穷举计算出每条路径上的持续时间之和,从而确定关键路径。以图4-19所示的网络图为例,通过枚举法,可以知道一共有六条路径,分别是A—C—F、A—D—G、A—E、B—D—F、B—D—G、B—E,计算每条路径的对应长度,分别为16、21、19、18、19和17。通过对比可知,路径A—D—G最长,为关键路径,即关键路径的长度为21。

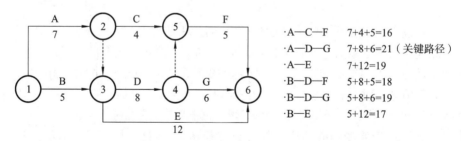

图 4-19 枚举法

2) 六时标注法

六时标注法也称为正逆推法,通过正推法和逆推法计算网络图中活动的六个时间参数(活动最早开始时间、活动最早结束时间、活动最晚开始时间、活动最晚结束时间、总时差和自由时差),自由时差和总时差都为0的活动为关键活动,从而确定关键路径。介绍六时标注法前,先了解网络图中的时间参数。

①活动最早开始时间(early start date,ES)亦称活动最早可能开始时间,是指紧前活动全都完成,具备了某活动开始的必要条件的最早时刻。活动i—j的最早开始时间用 ES_{i-j} 表示。活动最早开始时间顺着箭线的方向来计算,当有多条线路到达这项活动时,选取数值的最大值。

②活动最早结束时间(early finish date,EF)指一项活动如果按最早开始时间开始的情况

下,该活动可能完成的最早时刻。活动 i—j 的最早结束时间用 EF_{i-j} 表示,其值等于该活动最早开始时间与其持续时间之和,即 $EF_{i-j}=ES_{i-j}+D_{i-j}$。

③活动最晚结束时间(late finish date,LF)指在不影响整个工程任务按期完成的条件下,一项活动必须完成的最迟时刻。活动 i—j 的最晚结束时间用 LF_{i-j} 表示,逆着箭线的方向来计算,当遇到多条线路到达这项活动时,选取数值的最小值。

④活动最晚开始时间(late start date,缩写 LS)亦称活动最迟必须开始时间,是在保证活动按最迟完成时间完成的条件下,该活动必须开始的最迟时刻。某活动的最晚开始时间等于最晚结束时间减去该活动的持续时间,即 $LS_{i-j}=LF_{i-j}-D_{i-j}$。

⑤总时差(total float,TF)是指在不影响计划总工期的条件下,各活动所具有的机动时间。其计算公式为 $TF_{i-j}=LS_{i-j}-ES_{i-j}=LF_{i-j}-EF_{i-j}$。

⑥自由时差(free float,FF)是指在不影响紧后活动最早开始时间的情况下,该活动可能利用的机动时间。其计算公式为 $FF_{i-j}=ET_j-ET_i-D_{i-j}$ 或 $FF_{i-j}=\min(ES_{j-k}-EF_{i-j})$(当活动 i—j 有紧后活动 j—k 时)。

运用六时标注法的基本步骤为:

①运用正逆推法计算项目节点的最早时间和最晚时间。

②运用正逆推法计算活动的六时,并直接标注在网络图中的活动上,见图 4-20。

最早开始时间	最晚开始时间	总时差	ES_{i-j}	LS_{i-j}	TF_{i-j}
最早结束时间	最晚结束时间	自由时差	EF_{i-j}	LF_{i-j}	FF_{i-j}

图 4-20 六时标注

③找出总时差和自由时差为 0 的活动,即关键活动。

④确定关键路径。关键活动组成的路径为关键路径,总持续时间最长。

以图 4-19 所示的网络图为例,运用六时标注法确定关键路径的基本步骤如下:

①运用正推法计算项目节点的最早时间,见图 4-21;运用逆推法计算项目节点的最晚时间,见图 4-22。

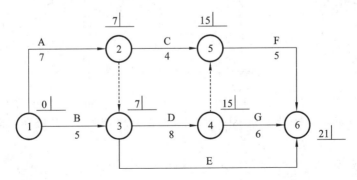

图 4-21 六时标注法——用正推法计算项目节点的最早时间

②运用正推法计算项目活动的最早开始时间和最早结束时间,见图 4-23;运用逆推法计算

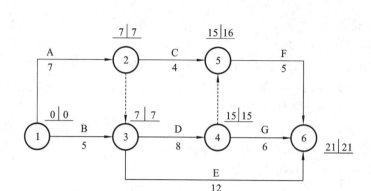

图 4-22 六时标注法——用逆推法计算项目节点的最晚时间

项目活动的最晚结束时间和最晚开始时间,见图 4-24。

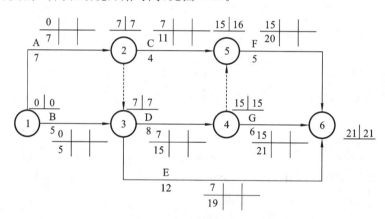

图 4-23 六时标注法——用正推法计算活动最早开始时间和最早结束时间

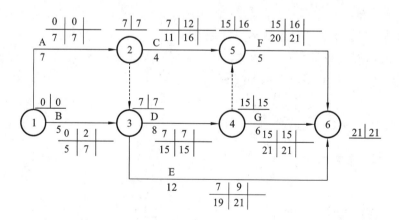

图 4-24 六时标注法——用逆推法计算活动最晚结束时间和最晚开始时间

③计算活动的自由时差和总时差,见图 4-25。
④确定关键路径。自由时差和总时差为 0 的任务属于关键活动,由关键活动组成的路径为关键路径。由图 4-25 可知关键路径为 A—D—G。
关键路径特点:关键路径上的工作的总时差和自由时差均等于 0;关键路径是从网络计划开

第4章 项目计划：估算时间，制订计划

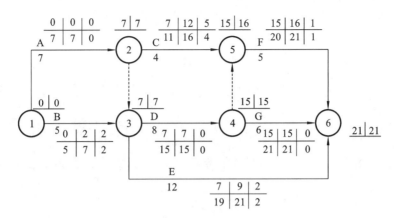

图 4-25　六时标注法——计算总时差和自由时差

始节点到结束节点之间持续时间最长的线路；关键路径在网络计划中不一定只有一条，有时存在两条以上；在非关键路径上的工作时间延长超过它的总时差时，关键路径就变成非关键路径。

4.5.2　基于 PERT 技术的项目进度计划编制

基于 PERT 技术的项目进度计划编制步骤如下。

步骤一：PERT 的活动持续时间估算。PERT 把各项目活动时间看成服从某种概率分布的独立随机变量，假设活动时间服从 β 分布，则可以采用三点估算法来估算活动的平均持续时间。

步骤二：通过关键路径法确定关键路径和关键活动。

步骤三：根据关键活动的平均持续时间得到项目总工期的平均时间。计算各关键活动的方差，相加得到项目工期的总方差，再开根号求得项目的标准差。

步骤四：根据项目总工期的平均时间和标准差，计算给定工期下的完工概率或给定完工概率下的工期。

案例应用 4-3

PERT 技术的应用

某软件开发项目流程与时间如表 4-3 所示，试求在 60 天内完工的概率。

表 4-3　各项活动时间估计　　　　　　　　　　　　　　　　　　单位：天

时间估计	需求分析	详细设计	编码	测试
最乐观时间估计	6	8	16	8
最悲观时间估计	12	24	26	18
最可能时间估计	9	13	24	10

假设各活动服从贝塔分布，各活动的期望工期和方差如下：

$$TE_{需求分析} = \frac{6+4\times9+12}{6}天 = 9 天 \qquad \sigma^2_{需求分析} = \frac{(12-6)^2}{36} = 1$$

$$TE_{详细设计} = \frac{8+4\times13+24}{6}天 = 14 天 \qquad \sigma^2_{详细设计} = \frac{(24-8)^2}{36} = 7.111$$

$$TE_{编码} = \frac{16+4\times24+26}{6}天 = 23 天 \qquad \sigma^2_{编码} = \frac{(26-16)^2}{36} = 2.778$$

$$TE_{测试} = \frac{8+4\times10+18}{6}天 = 11 天 \qquad \sigma^2_{测试} = \frac{(18-8)^2}{36} = 2.778$$

PERT认为整个项目的完成时间是各个活动完成时间之和,且服从正态分布。期望工期、方差和标准差如下:

$$TE_{all} = (9+14+23+11)天 = 57 天$$
$$\sigma^2_{all} = 1+7.111+2.778+2.778 = 13.667$$
$$\sigma = \sqrt{13.667} = 3.697$$

通过查阅标准正态分布表,可得到项目在60天内完成的概率为:

$$P\{t \leqslant 60\} = \Phi\left(\frac{60-TE_{all}}{\sigma}\right) = \Phi\left(\frac{3}{3.697}\right) \approx 0.791$$

4.5.3 基于时间压缩法的项目进度计划编制

时间压缩是指在不改变项目范围、进度制约条件、强加日期或其他进度目标的前提下缩短项目的工期。时间压缩的技术分为赶工和快速跟进两种。

1) 赶工

赶工(crash)是通过追加资源,使用最小的增量成本来缩短活动持续时间的技术。当一个项目需要赶工时,某些活动的执行速度会比正常速度更快,这就需要更多的资源投入,因此,赶工通常会增加项目的成本。

图4-26是一个项目的单代号网络图,假设A、B、C、D、E任务在可压缩范围内,时间压缩与成本增长呈线性正比关系。

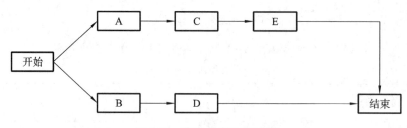

图4-26 项目单代号网络图

表4-4中分别给出了A、B、C、D、E任务的正常进度、压缩进度、正常成本、压缩成本。

表4-4 正常进度、压缩进度、正常成本、压缩成本

任务	A	B	C	D	E
正常进度	2周	7周	4周	9周	8周
正常成本	5万元	8万元	6万元	9万元	7万元

第4章
项目计划：估算时间，制订计划

续表

任务	A	B	C	D	E
压缩进度	1周	6周	3周	7周	7周
压缩成本	5.6万元	8.7万元	7万元	11万元	7.4万元

结合图4-26可知，有"开始→A→C→E→结束"和"开始→B→D→结束"两条路径，前者的长度是14周，后者的长度是16周，所以"开始→B→D→结束"是关键路径，即项目完成的最短时间是16周。

如果将工期分别压缩到15周、14周、13周并且保证每个任务在可压缩的范围内，则必须满足两个前提：

① A、B、C、D、E任务必须在可压缩的范围内。
② 保证压缩后的成本最低。

根据上述两个条件，首先看可以压缩哪些任务，然后选择压缩后增加成本最小的任务，并压缩这些任务。每个任务的单位时间压缩成本如表4-5所示。

表4-5 每个任务的单位时间压缩成本

任务	A	B	C	D	E
单位时间压缩成本/(万元/周)	0.6	0.7	1	1	0.4

注：单位时间压缩成本＝(压缩成本－正常成本)/(正常进度－压缩进度)。

如果想要将工期压缩到15周，需要压缩关键路径"开始→B→D→结束"，可以压缩的任务有B和D，而根据表4-6可知压缩任务B的成本最低，故选择压缩任务B一周。所以，项目压缩到15周的总成本是35.7万元。

表4-6 压缩后的项目成本

工期/周	压缩任务	成本计算/万元	项目成本/万元
16	—	5＋8＋6＋9＋7	35
15	B	35＋0.7	35.7
14	D	35.7＋1	36.7
13	E、D	36.7＋0.4＋1	38.1

如果将工期压缩至14周，需要压缩关键路径"开始→B→D→结束"，可压缩的任务有B或D。但是这时任务B在可压缩范围内是不能再压缩的，否则压缩成本会更高，因此，这时应该选择压缩任务D一周。当项目压缩到14周后的总成本为36.7万元，这时项目网络图的两条路径的长度都为14周，即有两条关键路径。

如果将工期压缩至13周，则两条关键路径都需要压缩，在线路"开始→A→C→E→结束"中，压缩活动E的成本最低，因此应选择压缩活动E。在线路"开始→B→D→结束"中应选择压缩活动D，因为B在可压缩范围内是不能再压缩的，否则会导致更高的成本。最终将项目压缩到13周的总成本是38.1万元。

2) 快速跟进

快速跟进(fast tracking)也称平行作业法，是指为加速项目的完成，将正常情况下多项先后实施的活动改为并行实施的方法。

如图 4-27 所示,正常情况下 20 天完成编码和测试,但是如果需要在第 17 天完成测试,则需要对项目进度进行压缩。除了赶工之外,我们还可以采用快速跟进的方法,即调整编码和测试之间的逻辑关系,在编码完成之前 3 天就开始测试,相当于编码任务和测试任务并行工作了一段时间,这样就压缩了项目的时间。但是平行作业常导致返工和风险的增加。

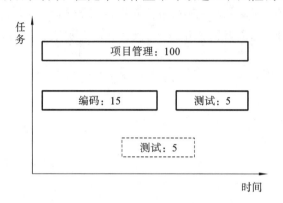

图 4-27　任务之间的快速跟进

两种压缩项目时间方法的比较如图 4-28 所示。

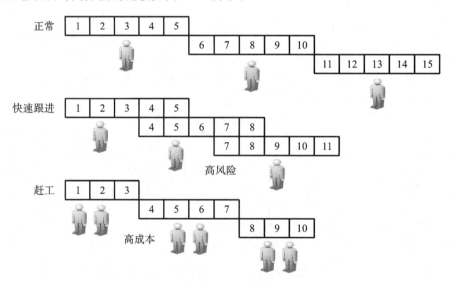

图 4-28　两种压缩项目时间方法的比较

4.5.4　项目进度计划编制的其他形式

1) 甘特图

甘特图(Gantt chart)也称为横道图(见图 4-29),是编制进度计划最常用的一种工具,最早由甘特于 1917 年提出。由于甘特图简单、明了、直观,易于编制,能较好地显示出活动的开始日期、结束日期和预期活动时间,因此成为小型项目管理中编制项目进度计划的主要工具。即使在大型工程项目中,甘特图也是高级管理层了解全局、安排进度的有用工具。此外,甘特图对管理部门和员工都有帮助,管理部门能够根据甘特图指出员工缺点所在,并把改进的办法告诉员

第4章
项目计划：估算时间，制订计划

工；而员工也能通过甘特图直观地看到自己的工作成效。

活动标识	活动描述	日历单元	项目进度计划时间表				
			时段1	时段2	时段3	时段4	时段5
1.1	研发新产品z（可交付成果）	120					
1.1.1	工作包1—研发组件1	67					
1.1.2	工作包1—研发组件2	53					
1.1.3	工作包1—整合各组件	53					

图 4-29 甘特图

管理大师

亨利·劳伦斯·甘特（Henry L. Gantt）（见图4-30），科学管理运动的先驱者之一。他在1917年发明了著名的甘特图，甘特图既可以用于项目管理，也可以用于日常工作流程安排。由于甘特曾经当过教师、工程师、军工企业管理者，注重理论联系实际，因而他注意到可以用简单的图表方式对复杂的项目管理和日常运营管理进行生动的说明。

甘特图的主要内涵：
①以图形或表格的形式显示各种活动；
②一种通用的、直观的显示项目或者任务进度的方法；

图 4-30 甘特

③包括实际日历天数和持续时间，在实际项目中通常不将周末和节假日算在进度之内。
甘特图的绘制需要明确任务涉及的各项活动、项目，包括项目名称、开始时间、工期、任务类型和依赖关系，主要步骤为：
①用横坐标表示时间，根据项目工期的长短选择年、月、日或小时作为横坐标单位，标注出连续的时间段，如图4-31所示。
②用纵坐标表示活动，根据项目活动的数量选择相应的纵坐标单位；在纵坐标自上而下、按照活动先后顺序表示项目活动，为了简便起见，可以用活动编码来代替文字描述，如图4-32所示。
③在坐标平面上依次绘制各项活动，如图4-33所示。
④项目经理召集项目团队关键成员沟通、调整、确认、签字，如图4-34所示。
2）里程碑图
里程碑图是由一系列的里程碑事件组成的，里程碑事件往往是一个时间要求为零的任务，即它并非一个要实实在在完成的任务，而是一个标志性的事件。例如，软件开发项目中的"测试"是一个子任务，"撰写测试报告"也是一个子任务，但"完成测试报告"并不是一个需要实实在

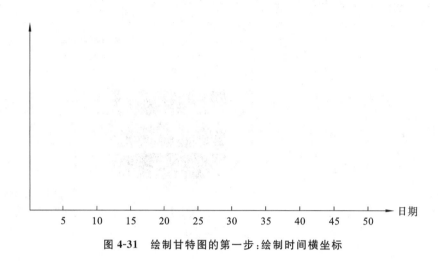

图 4-31　绘制甘特图的第一步：绘制时间横坐标

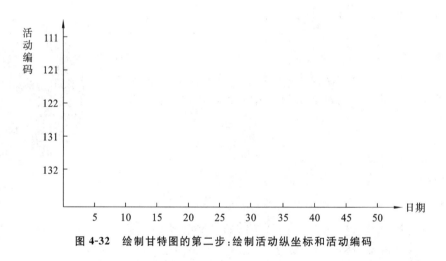

图 4-32　绘制甘特图的第二步：绘制活动纵坐标和活动编码

在完成的子任务,然而在制订计划及跟踪计划的时候,往往加上"完成测试报告"这一子任务,其工期往往设置为"0 工作日",加上这一子任务的目的在于检查这个时间点,这是"测试"整个任务的结束标志。

里程碑不同于活动,活动需要消耗资源并且需要花时间来完成,而里程碑仅仅表示事件的标记,不消耗资源和时间。例如,图 4-35 是一个项目的里程碑图,该图展示了项目进展过程中的几个重要的点。项目计划以里程碑为界限,将整个项目划分为若干阶段。可根据里程碑的完成情况,适当地调整每一个较小阶段的任务量和完成任务的时间,这种方式非常有利于整个项目计划的动态调整。里程碑阶段点的设置必须符合实际情况,它必须有明确的内容并且通过努力能达到,要具有挑战性和可达性,只有这样,才能使项目团队成员在抵达里程碑时产生喜悦感和成就感,推动大家向下一个里程碑前进。实践表明,未达到项目里程碑的挫败感将严重地影响开发的效率,无法达到里程碑可能是里程碑的设置不切实际造成的,因此里程碑的设置要尽量符合实际情况,并且不轻易改变里程碑的时间。里程碑模板如表 4-7 所示。

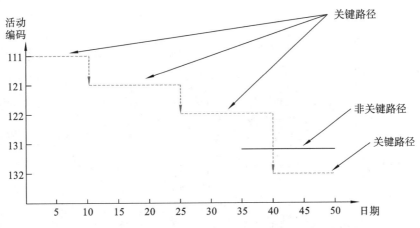

图 4-33 绘制甘特图的第三步:在坐标平面上依次绘制各项活动

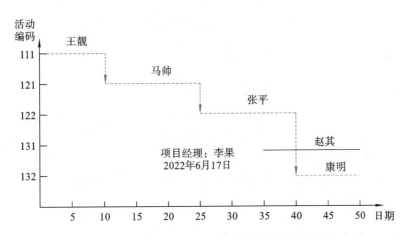

图 4-34 绘制甘特图的第四步:项目经理召集团队关键成员沟通调整、确认、签字

表 4-7 里程碑模板

里程碑号	提交人	验收成果				验收人	备注
		提交时间	通过	未通过,原因	再验收日期		
①							
②							

知识扩展

约束理论与关键链项目进度计划编制

约束理论(TOC)是艾利·高德拉特在其书《目标》(1984)中提出的,最初应用于生产领域。高德拉特指出,业务中的大多数问题是极少数因素导致的,也就是说,当追踪源头时,要处理的许多问题实际上是由几个核心问题引起的。TOC 的主要观点是:"任何系统至少存在着一个制

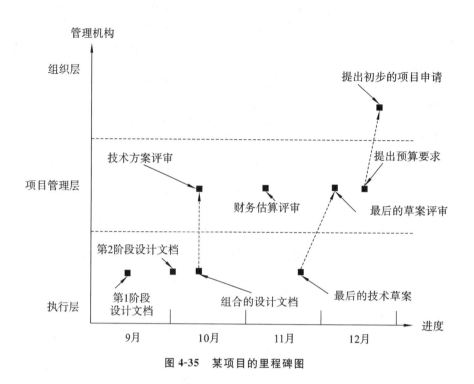

图 4-35 某项目的里程碑图

约因素——瓶颈,否则它就有可能无限地增长,或者一下子减少至零。"因此要提高一个系统(任何企业或组织均可视为一个系统)的产出,必须要打破系统的瓶颈,识别系统中的核心约束。任何系统可以想象成由一连串的环所构成,环环相扣,这个系统的强度就取决于其最薄弱的一环,而不是其最强的一环。相同的道理,我们也可以将我们的企业或机构视为一条链条,每一个部门是这个链条其中的一环。如果我们想达成预期的目标,我们必须从最弱的一环,也就是从瓶颈下手,才可得到显著的改善。换句话说,如果这个瓶颈决定一个企业或组织达成目标的速率,我们必须从克服该瓶颈着手,才可以以更快速的步伐在短时间内显著地提高系统的产出。

图 4-36 艾利·高德拉特

艾利·高德拉特(Eliyahu M. Goldratt,1947 年 3 月 31 日—2011 年 6 月 11 日)(图 4-36),以色列物理学家、企业管理大师,"TOC 制约法"(theory of constraints)的创造者。高德拉特博士被业界尊称为"手刃圣牛的武士"(slayer of sacred cows),他勇于挑战企业管理的旧思维,打破"金科玉律",以崭新的角度看问题。

他的第一部作品《目标》大胆借用小说的笔法,说明如何通过近乎常识的逻辑推理,解决复杂的管理问题,结果一炮走红。继《目标》之后,高德拉特相继出版了《绝不是靠运气》、《关键链》和《仍然不足够》三本企业管理小说以及数本"TOC 制约法"理论专著,在全球各地引起了强烈反响。(见图 4-37)

第4章

项目计划：估算时间，制订计划

图 4-37 高德拉特的作品

关键链(critical chain)是一种进度网络分析技术，可以根据有限的资源对项目进度计划进行调整，是艾利·高德拉特博士于1997年提出的一个项目管理新概念，是约束理论在项目管理中的应用，被认为是比关键路径和计划评审技术更为先进和科学的方法。

关键链法是对关键路径法(critical path method,CPM)的改进，高德拉特博士在《关键链》一书中也提到，在使用传统关键路径法实施TOC的时候，表现出两个缺点：①没有考虑到任务工期的不确定性；②没有考虑到资源约束。

因为没有考虑到资源约束，在使用关键路径法寻找项目瓶颈的时候，可能找到的路径不是关键路径，也就是说，关键路径在很多情况下都不是项目的瓶颈。关键链法从根本上解决了这个问题，高德拉特博士把关键链定义为考虑资源约束的情况下项目中的最长路径，作为项目的瓶颈。这样就不需要加入额外的任务依赖关系，可以保持计划的简洁，并且能够在任何情况下正确识别项目的瓶颈。

以图 4-38 为例，根据关键路径法可知关键路径为 B—E—F—H。但是如果项目存在资源约束，关键路径就有可能不再是关键链。假设图中的可用资源量为 2 个单位，活动 D 和活动 E 之间存在资源约束，从而使活动 D 和活动 E 不能同时开始工作，得到调度计划如图 4-39 所示，关键链为 B—E—D—F—H。

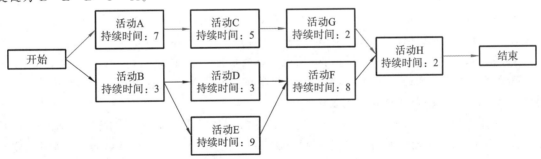

图 4-38 网络结构图

关键链的另一个改进是考虑任务工期的不确定性，并且引进了TOC的缓冲概念。缓冲是集中管理的安全时间，其大小反映了项目的不确定性程度。高德拉特博士认为有三大行为模式会导致项目延误，分别是学生综合征、帕金森定律和不良多任务安排。学生综合征和帕金森定律使得过度估计的安全时间被浪费掉了，对每个任务单独安排时间对项目的完成没有意义。在关键链中，对每个任务持续时间的估算不考虑其"绝对安全"时间，而只考虑最可能时间，将大约

图 4-39 调度计划

50%的完工概率的时间作为单个任务的估计时间,而在项目末尾处设置一个项目缓冲(project buffer,PB),这样就将单个任务的安全时间变成了项目的安全时间,可保证项目的完工概率。当关键路径上发生资源切换时,如果资源没有及时到位,项目便会发生延误,针对这一点,关键链法引入了资源缓冲(resource buffer,RB),一般放在关键链前。在多任务中,我们必须保护所有任务中卡住情况最多或负担最沉重的那个资源,因为它关乎项目的整体表现。与项目缓冲不同,资源缓冲本质上是一种警示信号,用来提醒项目经理保证资源及时到位。当非关键路径汇入关键路径时,常常会因为汇入任务的延误而影响关键路径的进度。为了使汇入路径(merging path)的延误不影响关键路径上任务的执行,在关键链和非关键链交汇处设置接驳缓冲(feeding buffer,FB),以此来保护关键链。项目缓冲和接驳缓冲都是加入计划的一段额外的时间,如果前面的任务发生一定程度的延期,首先会侵占这段额外的时间,只要延期不超出这段额外的时间,就不会推迟缓冲后面的任务,从而保护关键链,或者不会推迟项目交付时间。缓冲大小的计算方法很多,经典的有高德拉特博士的1/2法则和Newbold(1998)的根方差法。图4-40是在图4-39的基础上,根据1/2法则插入缓冲后得到的调度计划。

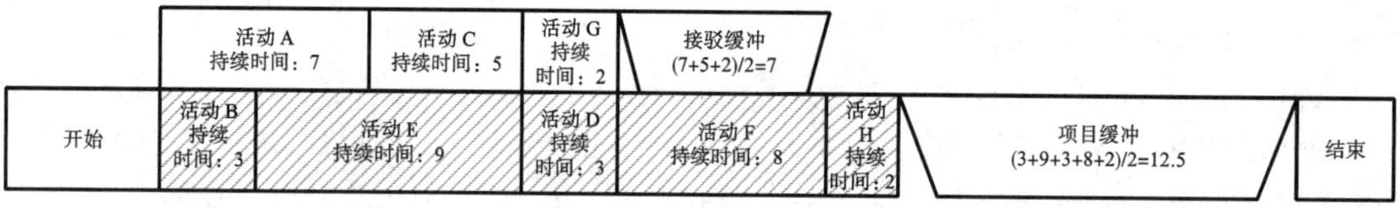

图 4-40 插入缓冲后的调度计划

- 学生综合征(student syndrome):每个人在给出其完成任务所需时间时,都不希望自己被看成不可靠的人,所以他们给出的时间远超过实际所需,以防备不确定性。
- 帕金森定律(Parkinson's law):如果这次以较短时间完成工作,提早交出成果的话,下次就会被要求在本次记录的周期内完工。因此,即使成员能提早完成指派的工作,也会增加一些不需要的额外的检查,将工作拖延到最终期限。
- 不良多任务安排(bad multitask):团队成员同时接到多重任务,部门主管的局部最佳化观念占了上风,可用来执行项目的资源却极为有限。成员忙于任务之间的转换,而转换又消耗了大量的时间和精力,如此一来,所有项目的总时间会大幅增加。

习　　题

一、单选题

1. 下面有关单代号网络图的说法,正确的是(　　)。

A.不允许出现虚活动

B. 箭线不能交叉
C. 不能出现双向箭头的连线
D. 只能有一个起始节点,但可以有多个终止节点

2. 某网络图中,工作 A 有两项紧后工作 B 和 C,工作 B 和工作 C 的最早开始时间分别为第 13 天和第 15 天,最迟开始时间分别为第 19 天和第 21 天;工作 A 与工作 B 和工作 C 的间隔时间分别为 0 天和 2 天。如果工作 A 实际进度拖延 7 天,则( )。
　　A. 对工期没有影响　　　　　　　　B. 总工期延长 2 天
　　C. 总工期延长 3 天　　　　　　　　D. 总工期延长 1 天

3. 某网络图中,工作 M 的最早完成时间是第 8 天,最迟完成时间是 13 天,工作的持续时间是 4 天,与所有紧后工作的间隔时间最小值为 2 天,则该工作的自由时差为( )天。
　　A. 2　　　　　B. 3　　　　　C. 4　　　　　D. 5

4. 在网络图中,判别关键工作的条件是该工作( )。
　　A. 结束与紧后工作开始之间的时距最小
　　B. 与其紧前工作之间的时间间隔为零
　　C. 与其紧后工作之间的时间间隔为零
　　D. 最迟开始时间与最早开始时间的差值最小

5. 采用三点估算法估算活动持续时间,需要搜集下列各项信息,除了( )。
　　A. 最可能时间　　B. 平均时间　　C. 最乐观时间　　D. 最悲观时间

6. 项目时间管理包括( )。
　　A. 工期管理和进度管理　　　　　　B. 工期管理和周期管理
　　D. 成本和质量管理　　　　　　　　D. 成本和风险管理

7. 项目时间管理的过程不包括( )。
　　A. 定义活动　　B. 规划进度管理　　C. 活动排序　　D. 项目绩效考核

8. 项目进度计划编制过程正确的是( )。
　　A. 项目描述—项目分解—工作描述—工作责任分配—工作先后关系确定—工作时间的估计—绘制网络图—进度安排
　　B. 项目描述—项目分解—工作责任分配—工作描述—工作先后关系确定—工作时间的估计—绘制网络图—进度安排
　　C. 项目描述—项目分解—工作描述—工作先后关系确定—工作责任分配—工作时间的估计—绘制网络图—进度安排
　　D. 项目描述—项目分解—工作描述—绘制网络图—工作先后关系确定—工作时间的估计—工作责任分配—进度安排

9. 下列哪项不属于项目时间管理?( )
　　A. 项目活动界定　　B. 项目活动排序　　C. 项目时间估算　　D. 项目绩效考核

10. 下列哪项不属于依赖关系?( )
　　A. 强制性依赖关系　　B. 选择性依赖关系　　C. 判断性依赖关系　　D. 内部依赖关系

11. 下列哪项不属于定义活动的工具和方法?( )
　　A. WBS 分解　　B. 滚动式规划　　C. 专家判断和会议　　D. 辅助活动说明

12. 项目活动网络图的构成因素不包括( )。

A. 箭线　　　　　　B. 节点　　　　　　C. 顺序　　　　　　D. 线路

13. 项目活动时间估算的内容不包括（　　）。
A. 每项活动工期的估算　　　　　　B. 整个工期的估算
C. 间歇时间的估算　　　　　　　　D. 不相关活动时间的估算

14. 下列关于关键路径的说法错误的是（　　）。
A. 关键路径是由关键工作所组成的线路
B. 关键路径上工作的总时差和自由时差均等于0
C. 关键路径在网络计划中一定只有一条
D. 关键路径的总持续时间最长

15. 网络图中有关作业之间的相关关系不包括（　　）。
A. 紧前作业　　　B. 并行作业　　　C. 无序作业　　　D. 紧后作业

16. 下列哪项不属于关键路径法的特点？（　　）
A. 明确项目中的关键工作
B. 保证项目按时完成
C. 所有工作必须按照既定的逻辑关系完成
D. 不一定是时间最长的路径

17. 下列哪一项是以项目中某些重要事件的开始时间和结束时间为主形成的计划？（　　）
A. 里程碑计划　　B. 战略计划　　　C. 关键计划　　　D. 重要计划

18. 用箭线连接两个节点表示某一活动的开始和结束的作业过程称为（　　）。
A. 单代号网络图法　　　　　　　　B. 双代号网络图法
C. 甘特图法　　　　　　　　　　　D. 关键时间图法

19. 编制项目进度计划的工具和方法不包括（　　）。
A. 进度网络分析　　B. 关键路径法　　C. WBS　　　　D. 资源优化法

20. 项目进度计划编制的过程不包括（　　）。
A. 项目描述　　　B. 项目分解　　　C. 工作时间的估计　　D. 数据分析

二、多选题

1. 某工程网络计划中，工作N的自由时差为5天，计划执行过程中检查发现，工作N的工作时间延后了3天，其他工作均正常，此时（　　）。
A. 工作N的总时差不变，自由时差减少3天
B. 总工期不会延长
C. 工作N的总时差减少3天
D. 工作N的最早完成时间推迟3天
E. 工作N将会影响紧后工作

2. 关于判别网络图关键线路的说法，正确的有（　　）。
A. 相邻两工作间隔时间均为零的线路
B. 双代号网络图中无虚箭线的线路
C. 总持续时间最长的线路
D. 双代号网络图中由关键节点组成的线路
E. 时标网络图中无波形线的线路

3. 工程网络计划工期优化过程中，在选择缩短持续时间的关键工作时应考虑的因素有（　　）。

A. 持续时间最长的工作

B. 缩短持续时间对质量和安全影响不大的工作

C. 缩短持续时间所需增加费用最小的工作

D. 缩短持续时间对综合效益影响不大的工作

E. 有充足备用资源的工作

4. 关于双代号网络图的说法，正确的有（　　）。

A. 可能没有关键线路

B. 至少有一条关键线路

C. 在计算工期等于计划工期时，关键工作为总时差为零的工作

D. 在网络计划执行过程中，关键线路不能转移

E. 由关键节点组成的线路就是关键线路

5. 调整工程网络计划时，调整内容一般包括（　　）。

A. 非关键工作的时差　　B. 关键线路长度　　C. 工作组织关系

D. 工作工艺工程　　E. 工作持续时间

6. 项目时间管理的过程包括（　　）。

A. 规划进度管理　　　　　　　B. 定义活动

C. 活动排序　　　　　　　　　D. 估算活动时间

E. 编制进度计划

7. 下列关于单代号网络图的绘图规则说法正确的有（　　）。

A. 绘图中禁止出现循环回路

B. 各节点的代号不能重复

C. 网络图中禁止出现无向或双向箭头

D. 网络图中当交叉不可避免时，只有采用过桥法一种方法进行绘制

E. 使用数字表示工作名称时，应按活动顺序由小到大地进行编号

8. 单代号网络图中活动之间的逻辑关系主要有以下几种（　　）。

A. 完成到开始　　B. 开始到开始　　C. 完成到完成　　D. 开始到完成

9. 下列说法正确的有（　　）。

A. 双代号网络图的节点代表一项工作的开始或结束，它既不消耗时间，也不消耗资源

B. 单代号网络图的一个节点代表一项工作或工序，因而它消耗时间和资源

C. 双代号网络图的一条箭线表示一项工作

D. 单代号网络图的箭线表示工作之间的逻辑关系，它既不占用时间，也不消耗资源

E. 双代号网络图没有虚活动

10. 基于关键路径法的项目进度计划编制方法有哪些？（　　）

A. 资源优化法　　B. 枚举法　　C. 参数估算法

D. 滚动式规划　　E. 六时标注法

三、判断题

1. 项目活动网络图反映了完成项目所必须进行的所有活动。（　　）

2. 计划评审技术分析主要用于项目活动时间估算不确定的项目。（   ）

3. 单代号网络图中不用虚箭线。（   ）

4. 在绘制网络图时，单代号网络图和双代号网络图的画法不能混用。（   ）

5. 双代号网络图只包括节点和箭线两要素。（   ）

6. 同一项工作在一个网络图中不能表达2次以上。（   ）

7. 关键路径是由关键工作所组成的线路，总持续时间最长。（   ）

8. 滚动式规划是一种迭代式的规划技术。（   ）

9. 三点估算法通常使用最乐观时间、最悲观时间和平均时间来计算活动的期望工期。（   ）

10. 自由时差和总时差为0的任务属于关键任务，由关键任务组成的路径为关键路径。（   ）

四、简答题

1. 什么是单代号网络图？
2. 在绘制双代号网络图时应遵守哪些规则？
3. 自由时差和总时差的概念是什么？
4. 简述双代号网络图与单代号网络图的区别。
5. 关键线路的特点是什么？

五、绘图题

根据表4-8所示的各工作间的逻辑关系，绘制单/双代号网络图。

表4-8 各工作间的逻辑关系

工作	A	B	C	D	E	F	G	H	I
紧后工作	D	E、G	F		G	H	H、I		

六、案例分析

某系统集成公司现有员工50多人，业务部门分为销售部、软件开发部、系统网络部等。经过近半年的酝酿，在今年一月份，公司的销售部直接与某银行签订了一个银行前置机的软件系统的项目合同。合同规定，6月28日之前系统必须投入试运行。在合同签订后，销售部将此合同移交给了软件开发部，进行项目的实施。

项目经理小丁做过5年的系统分析和设计工作，但这是他第一次担任项目经理。小丁兼任系统分析工作，此外，项目组成员包括2名有1年工作经验的程序员、1名测试人员、2名负责组网和布线的系统工程师。项目组的成员均全程参加项目。

在承担项目之后，小丁组织大家制定了项目的WBS，并依照以往的经历制订了本项目的进度计划，简单描述如下：

（1）应用子系统。

①1月5日至2月5日需求分析；

②2月6日至3月26日系统设计和软件设计；

③3月27日至5月10日编码；

④5月11日至5月30日系统内部测试。

(2) 综合布线。
2月20日至4月20日完成调研和布线。
(3) 网络子系统。
4月21日至5月21日设备安装、联调。
(4) 系统内部调试、验收。
①6月1日至6月20日试运行。
②6月28日系统验收。
春节后,小丁在2月17日发现系统设计刚刚开始,由此推测3月26日很可能无法完成系统设计。

问题:
(1) 请用150字以内的文字,分析问题发生的可能原因。
(2) 请用150字以内的文字,就小丁应该如何做才能保证项目整体进度不拖延提出建议。
(3) 概述本项目的时间管理的过程和方法。

第5章 项目计划：预估成本，采购资源

不同估算人或同一估算人在不同时间对相同条件下的相同工作的估算是不同的。

——项目管理名言

Different estimators or even the same estimator may have different estimates of the same task under the sameconditions at different times.

——project management proverbs

学习要求

☆ **了解**：项目资源管理计划、成本管理计划与采购管理计划三者之间的关系。
☆ **掌握**：编制资源管理计划、成本管理计划、采购管理计划。
☆ **熟悉**：编制资源管理计划、成本管理计划和采购管理计划的工具和方法。
☆ **核心概念**：资源管理计划、成本管理计划、成本估算、成本预算、采购管理计划。

案例导入

小李刚刚升任为一家科技公司的项目经理，该公司正在开发一款新的软件应用程序，该项目交由小李的团队负责。

小李在项目开始之前没有充分了解所需人力资源的类型和数量，导致团队在项目开发过程中缺乏专业的人才，不得不临时去招聘相应的人才，这导致了项目时间延长。同时，小李的注意力被招聘人才所吸引，而忽略了硬件设备的准备工作，并且没有跟踪资源的使用情况，这导致资源浪费和某些资源出现短缺，耽误了项目进度。

由于在项目执行过程中小李没有建立有效的预算计划，也没有跟踪项目的支出，导致支出超过了预算范围。在发现问题后小李并没有调整预算计划，也没有及时采取行动来控制成本，导致项目资金不足。

在选择硬件设备供应商时，小李随机选择了一位供应商而没有对供应商资格进行考察，也没有对该设备的同类供应商进行询价，最终该设备的合同价格高于市面价格。此外，在使用过程中，该硬件设备出现质量问题，使项目丢失了大量数据，该项目以失败告终。请问本案例中小李犯了哪些错误？如果你是该项目的项目经理，你应该如何组织该项目？

第5章

项目计划：预估成本，采购资源

俗话说："巧妇难为无米之炊。"要想实现项目目标，就必须准备好项目所需的设备、原材料、零部件、服务、技术和其他物质资源。没有相关资源，再高效的项目团队也不可能实现项目目标，再高明的项目经理也不可能按要求完成项目任务。资源的供应就意味着成本支出，资源供应过早，会产生仓储成本，供应不及时则会导致项目延期，产生延期成本。因此，在项目实施前就需要制订详细的项目资源管理计划，而资源管理计划是制订成本管理计划的基础。制订项目资源管理计划就是要对项目资源的供应和分配做出合理的规划，使项目总成本尽可能降低，因此我们需要做出项目成本管理计划来把控项目成本。而项目资源管理计划和项目成本管理计划又为项目采购管理计划的制订提供了依据，在采购时我们一方面需要知道资源的数量、质量、供应时间等信息，另一方面在进行采购决策时又需要考虑项目总的成本。因此项目资源管理计划、项目成本管理计划和项目采购管理计划这三者是相互联系、相互影响的。下面分别介绍项目资源管理计划、成本管理计划和采购管理计划。

5.1 项目资源管理计划

项目资源是一个项目必须投入的资源的总和。一个项目往往不会只消耗一种类型的资源，特别是大型项目或复杂的项目，在实施过程中会消耗各种各样的资源。项目资源管理计划是进行成本估算的前提，只有编制出准确、详细的项目资源管理计划，才能制定切实可行的项目预算。项目实施过程中，如果资源投入时间安排不当会影响项目进度，有时也会影响项目的成本和质量。不及时提供项目需要的资源会使项目工期延迟，过早地提供资源则会造成成本增加（如材料保管费、设备占用费、资金占用费等）。例如，提前租赁项目实施所需的设备会额外增加项目成本，而过晚租赁项目实施所需设备则可能导致项目进度滞后。因此，需要对项目资源进行管理，制订科学、经济、合理的项目资源管理计划，以保证项目顺利实施和项目成本目标的实现。

项目资源管理（project resource management）就是要识别、获取和管理项目所需资源（人力资源、设备、材料、设施等），确保项目经理和项目团队在正确的时间和地点使用正确的资源。项目资源管理过程如图 5-1 所示，包括以下五个过程：

(1) 规划资源管理——定义如何估算、获取、管理和利用实物以及团队资源的过程。

(2) 估算活动资源——估算执行项目所需的团队资源，以及材料、设备、设施等资源的类型和数量的过程。

(3) 获取资源——获取项目所需的团队成员、设备、材料、设施等资源的过程。

(4) 建设和管理团队——提高团队成员工作能力，促进团队成员之间的互动、协作，跟踪团队成员工作表现，激励成员，优化团队绩效等过程。

(5) 控制资源——确保按计划为项目分配实物资源，以及根据资源使用计划监督资源实际使用情况，并采取必要纠正措施的过程。

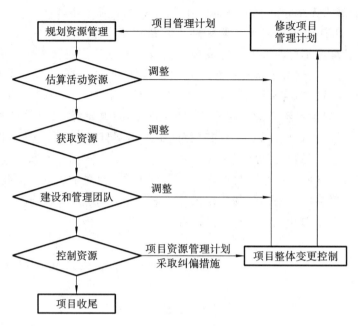

图 5-1 项目资源管理过程

5.1.1 资源构成类别

项目资源是指完成项目所必需的实际投入的各种资源,主要包括人、材料、设备等。在项目管理中,对所使用的资源进行分类的方法很多,常见的有以下两种分类方法。

项目资源主要分为人力资源和实物资源。人力资源是指直接从事项目工作(包括管理工作和技术工作)的项目团队成员。实物资源是指用于项目的材料、设备和设施。

项目资源还可以分为可更新资源和不可更新资源。可更新资源也称作可再生资源,是指可以重复使用的资源,如人力资源、机器设备等在一个项目使用结束后又可以转移到另一个项目进行重复使用的资源,这类资源的成本主要取决于使用时间的长短,其管理重点是合理组织,统筹安排,充分发挥工作效率。不可更新资源也称作不可再生资源,是指只能使用一次的资源,如原材料等使用过后就不能再重复使用的资源,这类资源的成本是由自身价值决定的,其管理重点是合理采购,合理使用,尽可能减少资源的浪费。资源的种类、数量及价格决定了项目成本,详细确定项目所需资源的种类和数量,成本估算才能更准确。

5.1.2 编制资源管理计划的方法和工具

编制项目资源管理计划的方法有专家评判法、头脑风暴法、项目管理软件法等;而编制资源管理计划的工具有资源分解结构、资源计划矩阵、资源数据表、资源甘特图和资源负荷图等。

1) 专家评判法

专家评判法(也称经验估算法)是根据个人的经验和判断对项目所需资源提供一份近似的种类和数量清单。这种方法主要依靠专家判断,适合于创新型项目。由于不同专家的专业水平和对项目的理解程度存在差异,且进行资源估算时带有一定的主观性,因此不同人员的资源估算结果通常不同,常要求参与估算的人员具有较强的专业知识和丰富的经验。

2) 资源分解结构

资源分解结构是按资源类别和类型,对团队和实物资源进行分解的层级列表,用于规划、管理和控制项目工作。资源分解结构中,每向下一个层级都代表对资源的更详细描述,直到信息细到可以与工作分解结构(WBS)相结合。图5-2所示为某建筑项目的资源分解结构。

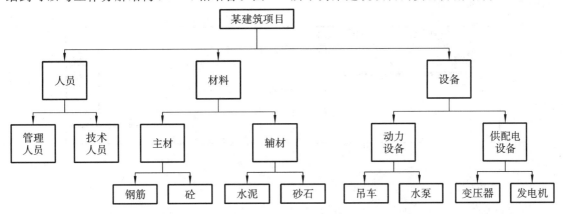

图 5-2 资源分解结构

3) 资源计划矩阵

资源计划矩阵是项目工作分解结构的直接产物,是根据 WBS 对项目资源进行资源需求分析,估算所需要的资源种类和数量,并汇总列表(见表5-1)。采用这种工具进行资源需求估算的工作量较大,但准确度高。使用资源计划矩阵时应该注意的是,尽管矩阵中列出了项目所需资源,但是不能表达关于资源的详细信息,不能确定每一个具体时间段所需要使用的资源数量,无法得到确切时刻点的资源累计数量。

表 5-1 资源计划矩阵

WBS 结果	资源需求量				备注
	资源 X_1	资源 X_2	……	资源 X_n	
工作包 1	X_{11}	X_{21}			
工作包 2	X_{12}	X_{22}			
……	……	……			
工作包 n	X_{1i}	X_{2i}			
汇总	$X_1 = \sum X_{1i}$	$X_2 = \sum X_{2i}$	……	$X_n = \sum X_{ni}$	

4) 资源数据表

资源数据表与资源计划矩阵不同,它表现的是整个项目资源在不同的项目进度阶段的资源使用和安排情况,而不是对项目所需资源的一个统计说明(见表5-2)。

表 5-2 资源数据表

资源类型	1	2	3	4	5	6	7	8	9	10	11	……	t
资源 1													
资源 2													
资源 3													
……													
资源 n													

5）资源甘特图

资源甘特图直观地显示了资源在各个阶段的被占用情况,是资源数据的图形化表示。其缺点是不能显示出资源利用效率方面的问题,但由于其直观明了,在项目管理工作中得到了普遍应用(见图 5-3)。

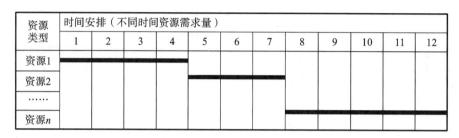

图 5-3 资源甘特图

6）资源负荷图

资源负荷图是一种反映特定资源在项目周期过程中分布状况的图示工具(见图 5-4)。它以条形图的方式直观地显示资源在时间轴上的分布状况,反映某个时点某种资源的计划情况和实际消耗情况,是一种资源计划和资源控制工具。

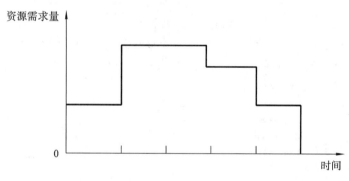

图 5-4 资源负荷图

5.1.3 项目资源管理计划编制

资源管理计划作为项目管理计划的一部分,提供了关于如何分类、分配、管理和释放项目资源的指南。资源管理计划可以根据项目的具体情况分为团队管理计划和实物资源管理计划,资源管理计划包括对项目活动所需资源种类、资源数量、资源使用情况以及资源的投入时间的具体说明。

编制项目资源管理计划的基本步骤为(见图 5-5):①资源需求分析。主要是确定工作包中每一项活动所需资源的种类和数量,根据定额或经验数据确定人力资源、材料、设备等资源的需求量及使用时间。②项目资源分析。主要是分析企业和项目组织现有资源储备情况和外部市场上相关资源分布、价格和获取渠道。譬如,项目经理如果发现项目内部人力资源不足,这时就需要知道从哪些渠道获取人员,或与其他项目团队或职能部门进行协调,以确保项目顺利实施。③资源成本比较和资源组合。完成同样的工作可能会使用不同的资源,而不同资源的价格存在差异,那么在选择资源时就需要进行比较和分析,并进行资源组合。在比较、分析的过程中,一是比较资源的使用成本,选择低成本的资源。二是看完工时间,完成该项任务的时间必须满足工期要求,在工期紧张的情况下,只能采用效率高的资源。三是在项目实施过程中,有很多资源不是单独使用的,而是需要与其他资源配合或集成才能使用,这时就需要合理组合资源,以便充分发挥资源使用率和节约使用成本。譬如,钢筋和混凝土、水泥和砂子等资源需要保持一定比例才能使资源得到有效使用。④资源管理计划编制。将项目所需资源的种类、数量、使用时间和获得方式等信息汇总起来就形成了项目的资源管理计划,可参考项目资源管理计划模板(见图 5-6)。

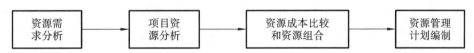

图 5-5 资源管理计划编制步骤

项目资源管理计划模板				
一、项目基本情况 项目名称:　　　　　　　　　　　　投资总额: 建设规模:　　　　　　　　　　　　签发人:				
二、资源概况 　　确定需要投入的项目资源种类(人力、设备、材料、能源及各种设施)、项目资源投入的数量 和项目资源投入的时间。				
三、项目资源信息 (对于项目需要的每一项资源,要确定以下相关内容)				
项目资源信息				
资源	成本估计	资源可获得性	质量	输出
四、人力资源计划 (确定项目所需的人力资源以后,编制人力资源计划)				

图 5-6 资源管理计划模板

5.2 项目成本管理计划

项目的实施不可避免会消耗各种资源,所消耗资源的货币表现就是成本。这些成本有的是直接产生的,有的是间接产生的。项目经费不可能取之不尽、用之不竭,这就要求项目管理者对成本进行有效控制。项目成本管理(project cost management)是指为了使项目在批准的预算内完成,对成本进行规划、估算、预算、融资、筹资、管理和控制的过程。成本管理是项目管理的四大核心要素之一,是项目管理的重要组成部分。

项目成本管理是项目成功的关键之一,贯穿于项目生命周期各阶段。在筹备阶段,要对项目的经济性做出评价,从而做出是否正式立项的决策。在组织和准备阶段,需要进行成本估算并做出预算。在执行阶段,要对项目成本进行监控和审查。项目成本管理应遵循一定的流程,不同的项目由于项目性质、行业特点、组织等方面的差异,往往在成本管理流程方面有不同的特点。

项目成本管理过程如图 5-7 所示,包括以下四个过程:

(1) 规划成本管理——确定如何估算、预算、管理、监督和控制项目成本的过程。

(2) 估算成本——对完成项目活动所需货币资源进行估算的过程。

(3) 制定预算——汇总所有单个活动或工作包的估算成本,建立一个经批准的成本基线的过程。

(4) 控制成本——监督项目状态,更新项目成本和管理成本基准变更的过程。

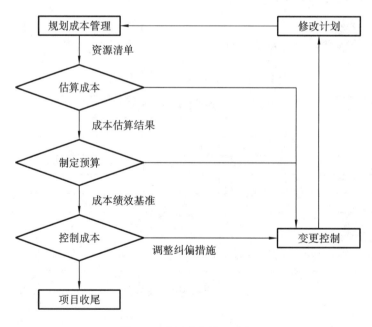

图 5-7 项目成本管理过程

5.2.1 项目成本构成

成本是指项目活动或其组成部分的货币价值或价格,包括实施、完成或创造该活动或其组成部分所需资源的货币价值。项目成本根据不同划分标准主要可分为以下几类,见表 5-3。

表 5-3 成本构成类别

划分标准	名称	含义	举例
费用计入	直接成本	直接用于生产过程的各项费用	人工费、材料费等
	间接成本	不与生产过程直接发生关系、服务于生产过程的各项费用	水费、房租、管理费用等
变动机会	固定成本	不会随着生产产品的数量变动而变动	厂房、机器设备折旧、财产税等
	可变成本	随着生产产品的数量变动而变动	直接人工费、直接材料费等
项目进度	正常成本	按照项目正常进度执行所发生的成本	按正常进度执行所发生的人工费、材料费等
	加急成本	缩短项目工期所发生的成本	缩短工期所发生的人工费及其他费用
成本是否可控	可控成本	可以控制的成本	直接成本、可变成本
	不可控成本	不能直接控制的成本	间接成本、固定成本
项目决策	机会成本	因为选择一个项目而必须放弃另一个项目,另一个项目可以带来的利益就是被选择项目的机会成本	例如:项目 A 净现值是 1 万元,项目 B 净现值是 2 万元,选择项目 B,放弃项目 A,则选择项目 B 产生的机会成本为 1 万元。做决策时,应考虑机会成本
	沉没成本	任何已经发生的,但与当前决策无关的费用	在决定项目是否应该立项时,立项前的调研就属于沉没成本。做决策时,不能考虑沉没成本
生命周期	生命周期成本	考虑整个产品生命周期的成本	设计、建造、安装、运维、处置

5.2.2 项目成本估算

项目成本估算是指为了实现项目目标,完成项目的各项活动,根据项目资源管理计划中所确定的资源需求,以及市场上各种资源的价格信息,对完成项目所必需的各种资源的费用做出估算。项目成本估算一般在项目开始之前已经完成,目的是估算项目总成本和误差范围,是项目报价需要考虑的重要因素之一。

1) 项目成本估算的精确性

在项目生命周期中,项目成本估算的精确性将随着项目的发展而逐步提高。例如:在项目启动阶段可进行项目的粗略量级估算,其区间为$[-25\%,+75\%]$。之后,随着项目信息越来越详细,确定性估算的区间可缩小至$[-5\%,+10\%]$。某些组织已经制定出相应的指南,规定何时进行估算的优化,以及每次优化所要达到的置信度或准确度。按照项目不同阶段进行的成本估算有三种类型,如表 5-4 所示。

表5-4 项目成本估算类型及精确度

估算类型	精确度	发生时间和用途	其他表示方法
量级估算	-25%~+75%	通常发生在概念形成与启动阶段,用于可行性研究	可行性估算
预算估算	-10%~+25%	通常发生在计划阶段,是自上而下的估算方法	类比估算; 自上而下估算
确定性估算	-5%~+10%	在计划阶段进行,用于投标、评估和合同变更,是用WBS进行的自下而上的估算	WBS估算; 控制估算; 详细估算; 确定性估算

①量级估算。量级估算提供了项目成本的一个粗略概念,它在项目早期甚至是项目正式开始之前进行,用来帮助项目经理做出决策,但精确度较低。

②预算估算。预算估算是将资金划入一个组织的预算,通常发生在计划编制阶段。

③确定性估算。确定性估算提供了较为精确的项目成本估算,常用于许多采购决策的制定。

2) 项目生命周期成本的构成

项目生命周期成本是指贯穿于整个项目生命周期的总成本。对于大型项目,为了便于管控,通常按项目生命周期的阶段来划分成本。

①项目立项决策和定义成本。它是指在项目启动过程中,用于信息收集、可行性研究、项目选择以及项目目标确定等一系列的决策分析活动所消耗的成本。

②项目勘测设计成本。它是指用于项目勘测设计工作所花费的各项成本,如项目现场勘查成本、初步设计成本和技术施工设计成本、新产品开发成本等。

③项目资源获取成本。它是指为了获取项目需要的各种资源所花费的成本,如对项目所需物资设备的建议书、招标、询价、供应商选择、合同谈判与合同履约等进行管理所发生的成本(人力、财力、物力),但不包括所获资源的价格成本。

④项目实施与监控成本。它是指为完成项目的目标而耗用的各种资源所发生的成本,是项目总成本的主要构成部分。项目实施成本具体包括人力资源成本、材料成本、设备成本、顾问成本、其他成本和不可预见成本等。

⑤项目产品、服务运行与维护成本。它是指项目产品、服务在验收后的运维成本。

3) 项目成本估算的方法

项目成本估算的方法包括专家判断法、自上而下估算法、自下而上估算法、参数模型法等。

①自上而下估算法。

自上而下估算法(top-down estimating)又称类比估算法(analogous estimating),它是在项目成本估算精确度要求不高的情况下,通过比照已完成的类似项目实际成本,估算出新项目的成本的方法。

其估算过程为:首先收集资料,会同专家对当前项目总成本进行估算;然后将估算结果按照WBS的结构传给下一层的管理人员,下层管理人员对其子项目进行估算;继续传递他们的估算信息,直至项目最底层。

案例应用 5-1

自上而下成本估算

某公司拟在 A 城市建设一座办公楼,该公司 3 年前曾在 B 城市建设了一座相同的办公楼,该办公楼的实际成本为 3100 万元。两栋办公楼都是 10 层框架结构,建筑面积和建筑材料相同。但外墙装饰材料有所不同,A 楼为干挂石材,每平方米价格为 1000 元;B 楼为外墙墙砖,每平方米价格为 600 元,外墙面积为 7000 平方米。

另外,3 年来工人平均工资上涨 10%,其他资源的价格不变。在 B 楼的成本中人工费用占 20%。

根据上述材料,用类比法估算 A 楼成本为:

$$C = [3100 + 3100 \times 20\% \times 10\% + 7000 \times (0.1 - 0.06)] 万元 = 3442 万元$$

自上而下估算法适用于:a. 至少有一个以前的项目的规模和新项目类似;b. 新项目的开发周期、使用的开发方法、开发工具与以前项目类似。

这种估算法的优点是总体预算较准确,避免有些任务被过分重视而获得过多的预算,同时可避免重要的任务被忽略。其缺点是基层人员和上层管理人员的沟通问题。

② 自下而上估算法。

自下而上估算法(bottom-up estimating)是对工作组成部分进行估算的一种方法。首先对单个工作包或活动的成本进行具体、细致的估算,然后把这些细节性成本向上汇总或"滚动"到更高层次,用于后续报告和跟踪。自下而上估算的准确性及其本身所需的成本,通常取决于单个活动或工作包的规模或其他属性。自下而上的项目成本估算法主要包括工料清单法、标准定额法和统计资料法。这种方法的优点主要是精确度高,便于实现财务监控;其缺点是费时费力、成本较高。

案例应用 5-2

自下而上成本估算

某公司拟在 A 城市建设办公楼一座,项目组成员根据要求绘制了成本估算图(见图 5-8)。如果采取自下而上的成本估算法,土建工程、机电安装、办公楼建设项目的总成本分别是多少?

$$土建工程成本 = 400 万元 + 500 万元 = 900 万元$$
$$机电安装成本 = 100 万元 + 70 万元 = 170 万元$$
$$办公楼建设项目的总成本 = 900 万元 + 170 万元 = 1070 万元$$

对自上而下估算法和自下而上估算法两种估算方法进行比较,发现自上而下的估算方法比较简单,但是估算精度较差;采用自下而上的估算方法,所得的结果更加精确,并且项目所涉及活动资源的数量更清楚,但是需要更详细的信息,操作更加复杂。

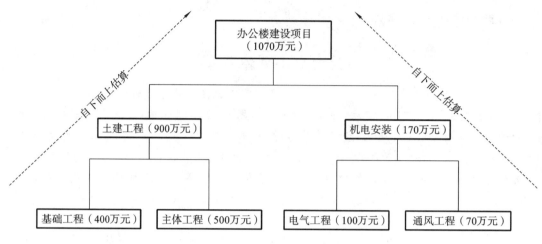

图 5-8 自下而上估算

③参数模型估算。

参数模型估算又称参数模型法,是根据项目成本重要影响因素的特征参数建立数学模型来估算项目成本的方法。通常可将项目的特征参数作为预测项目成本数学模型的基本参数,模型可能是简单的(如建筑费用的估算通常是建筑面积的一个简单函数),也可能是复杂的(如软件开发成本的模型通常就需要许多独立的因素加以描述)。无论成本模型还是模型参数,其形式都是各种各样的。如果模型依赖于历史信息,模型参数容易数量化,且模型应用仅涉及项目范围的大小,则模型通常是可靠的。采用这种估算方法时,要注意建立一个合适的模型,这对于保证成本估算结果的准确性是至关重要的。为了保证项目成本模型的适用性,在建立成本模型时,要着重考虑以下几点:①保证建立参数模型时所参考的历史信息的准确性;②模型中的一些重要参数必须量化处理;③根据项目的实际情况,对参数模型按适当的比例进行调整。

案例应用 5-3

生产能力指数参数模型估算

生产能力指数法:根据已建成的、性质类似的建设项目的生产能力和投资额与拟建项目的生产能力来估算拟建项目投资额。构建其参数模型为:

$$y = x \left(\frac{C_2}{C_1}\right)^n C_f$$

式中:y——拟建项目投资额;

x——已建类似项目投资额;

C_1——已建类似项目的生产能力;

C_2——拟建项目的生产能力;

n——生产能力指数;

C_f——不同时期、不同地点成本调整系数。

例如:已知建设年产 15 万吨聚酯项目的装置投资为 20 000 万元,现拟建年产 60 万吨聚酯项目,工程条件与上述项目类似,生产能力指数 n 为 0.8,调整系数 C_f 为 1.1,试估算该项目的装置投资。

$$y = x\left(\frac{C_2}{C_1}\right)^n C_f = 20\,000 \times \left(\frac{60}{15}\right)^{0.8} \times 1.1\,\text{万元} = 66\,691.5\,\text{万元}$$

5.2.3 项目成本预算

项目成本预算(project cost budgeting)是将全部估算成本分配给各个项目工作包的过程，制定项目成本预算是汇总所有单个活动或工作包的估算成本，建立一个经批准的成本基准的过程。

1) 项目成本预算的方法

成本预算和成本估算可以采用同样的方法，包括自上而下法、自下而上法、参数模型法及计算机辅助计算等。

除了自上而下法、自下而上法和参数模型法外，还可以进行储备分析，通过储备分析可以计算出项目的应急储备与管理储备，从而制定项目的总预算。应急储备与管理储备的对比见表 5-5。

表 5-5 应急储备与管理储备的对比

项　　目	应 急 储 备	管 理 储 备
所属过程	估算成本的工具	制定预算过程的工具
用来应对哪类事件	处理预期但不确定的事件，即已知的未知事件	处理未计划但有可能发生的项目范围和成本变更，即未知的未知事件
是否属于成本基准	属于成本基准	不属于成本基准，但属于项目总预算
项目经理权限	项目经理可自由使用	项目经理需经管理层批准才可使用

① 应急储备。应急储备是包含在成本基准内的一部分预算，用来应对已经接受的已识别风险，以及已经制定应急或减轻措施的已识别风险。应急储备通常是预算的一部分，用来应对那些会影响项目的"已知-未知"风险。

应急储备在项目费用中所占的比例一般为 5%～10%，这个比例是与项目的不确定性有关的：当项目经理缺乏经验，项目不确定性因素较多、风险较大时，应急储备可取 10%；当项目经理有类似项目经验，项目各方面信息齐备、风险较小时，应急储备就可以取 5%。究竟准备多少应急储备，应该视实际情况而定。

② 管理储备。管理储备是为了管理和控制项目而特别留出的项目预算，用来应对项目范围中不可预见的工作，应对会影响项目的"未知-未知"风险。管理储备不包括在成本基准中，但属于项目总预算和资金需求的一部分。

2) 成本基准

成本基准是经过批准的、按时间段分配的项目预算，不包括任何管理储备，只有通过正式的变更控制程序才能变更，用作与实际结果进行比较的依据。成本基准具有以下特点：

① 成本基准是项目的"成本基线"，成本基线将作为度量和监控项目实施过程中费用支出的依据。

② 成本基准是按时间分段的项目预算，是按进度计划将各工作单元的预算费用累加而得

到的。

③成本基准是随时间呈 S 形变化的曲线。

项目预算和成本基准的各个组成部分如图 5-9 所示。先汇总各项目活动的成本估算及其应急储备,得到相关工作包的成本;然后汇总各工作包的成本估算及其应急储备,得到控制账户的成本;接着汇总各控制账户的成本,得到成本基准。由于成本基准中的成本估算与进度活动直接关联,因此可按时间段分配成本基准,得到一条 S 形曲线,如图 5-10 所示。对于使用挣值管理的项目,成本基准指的是绩效测量基准。

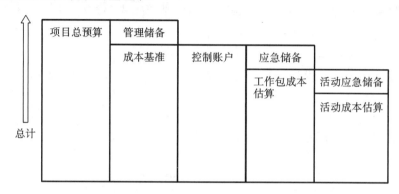

图 5-9 项目预算的组成

3) 项目资金需求

根据成本基准,确定项目总资金需求和阶段性(如季度或年度)资金需求。成本基准中包括预计支出及预计债务。项目资金通常以增量的方式投入,并且可能是非均衡的,呈现出图 5-10 中所示的阶梯状。如果有管理储备,则总资金需求等于成本基准加管理储备。在资金需求文件中,也可说明资金来源。

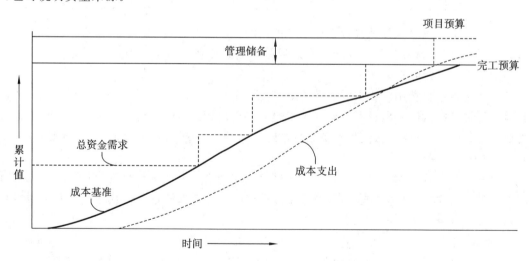

图 5-10 成本基准、支出与资金需求

4) 成本估算与成本预算的区别

成本估算与成本预算是有区别的,其主要区别如下:

①成本估算是对完成项目工作所需资源成本进行估算的过程。其主要作用是确定项目所

需要的资金。

②成本预算是汇总所有单个活动或工作包的估算成本,建立一个经批准的成本基准的过程。其主要作用是确定可以监督和控制项目绩效的成本基准。

③项目成本预算比项目成本估算更具有权威性、约束性和控制性。

5.2.4 项目成本管理计划编制

项目成本管理计划是项目管理计划的组成部分,描述如何测算、安排和控制项目成本。成本管理计划的编制一般有三种方法:①按成本组成编制。把成本分为人工费、材料费、施工机械使用费、企业管理费等分别进行编制。②按项目组成编制。把项目分为单项工程、单位工程、分部工程、分项工程,分别编制成本管理计划。③按时间进度编制。这是一种在时标网络图上按月编制的成本管理计划直方图,如图5-11所示。

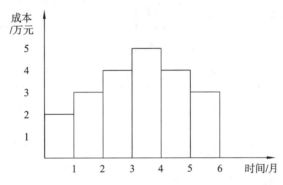

图5-11 按月编制的成本管理计划

成本管理计划编制的关键是要确定目标成本。编制成本管理计划的程序因项目的规模和管理要求的不同而不同。大中型项目一般采用分级编制的方式,即先由各部门提出部门成本管理计划,再由项目经理部汇总编制整个项目的成本管理计划;小型项目一般采用集中编制方式,即由项目经理部先编制各部门成本管理计划,再汇总编制整个项目的成本管理计划。无论采取哪种方式,编制成本管理计划的基本流程大致相同:①搜集整理相关资料,获得资源管理计划。利用WBS等方法将项目进行分解,估算各活动所需资源和时间,确定项目需要的资源类型、数量和资源投入时间等信息。②估算计划成本,即确定目标成本。根据资源需求计划和所掌握的生产要素的市场价格与变动状态,对项目进行成本估算。③编制成本管理计划。

案例应用 5-4

编制机床成本预算

已知某工厂正在生产一台机床,其工作包所需时间及网络结构如图5-12所示,假设该项目的总预算成本为240万元。

第一步:分摊总预算成本。在确定总成本后,可以使用自上而下的方法,按照各个阶段的比例将成本进行分摊,如图5-13所示。

第二步:计算每周的预算成本以及累计预算成本,如表5-6所示。

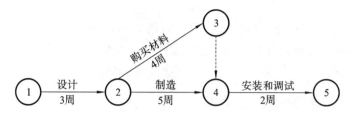

图 5-12 工作包的网络图

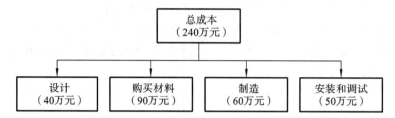

图 5-13 预算成本分摊

表 5-6 预算成本、累计预算成本计算

工作包	总成本/万元	周 数											
		1	2	3	4	5	6	7	8	9	10	11	12
设计	40	20	10	10									
购买材料	90				40	20	20	10					
制造	60						20	15	15	5	5		
安装和测试	50											30	20
合计/万元	240	20	10	10	40	20	40	25	15	5	5	30	20
累计/万元		20	30	40	80	100	140	165	180	185	190	220	240

第三步：画出时间-成本累计曲线，如图 5-14 所示。

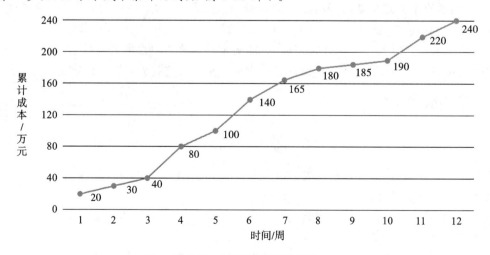

图 5-14 时间-成本累计曲线

5.3 项目采购管理计划

除了一些以人力资源为主的服务型项目外,大多数项目(如建筑工程项目)都需要设备、材料、设施等多种资源,而项目团队一般很难有项目需要的全部资源,这时就不得不从外部获取。在市场环境下,项目需要的原材料、零部件等大多是通过采购活动获得的。因此,采购管理是项目管理的重要组成部分,需要采购的物资越多,采购管理就越重要,要想对项目进行较好的采购管理,需要提前制订详细的采购管理计划。

5.3.1 项目采购管理的概念

项目采购管理(project procurement management)是指为了从项目实施组织外部获取项目所需资源所采取的一系列管理措施,包括从项目团队外部采购或获取所需产品、服务或成果的各个过程。被授权采购项目所需货物和(或)服务的人员可以是项目团队、管理层或组织采购部的成员。

项目采购管理包括规划采购管理、实施采购、控制采购、结束采购四个过程,见图5-15。

(1) 规划采购管理——记录项目采购决策、明确采购方法,及识别潜在卖方的过程。

(2) 实施采购——获取卖方应答、选择卖方并授予合同的过程。

(3) 控制采购——管理采购关系、监督合同绩效、实施必要的变更和纠偏,以及关闭合同的过程。

(4) 结束采购——结束采购是指结束单次项目采购的过程。

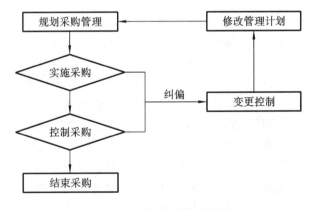

图 5-15 项目采购管理过程

5.3.2 项目采购的分类

项目采购可以从多个角度根据不同方式进行分类,如表5-7所示。

项目管理

表 5-7 项目采购分类

分类方式	名称	含义
采购内容	有形采购	对项目所需的实物进行采购,包括物资采购和工程采购
	无形采购	对技术或服务的采购
采购方式	招标采购	由需求方(项目业主、总承包商等)向社会提出招标条件和合同条件,符合条件的供应商或分包商在规定的时间、地点,按规定的流程竞争采购合同的采购方式
	非招标采购	对于急需采购的,或采购来源单一的,或者在招标限额以下的采购活动,可采取非招标的方式采购
采购时间	计划性采购	根据采购计划进行的采购
	非计划性采购	也称为紧急采购,即物料急用时临时进行的采购
采购管理方式	集中采购	由项目执行组织的一个部门负责所有的采购
	分散采购	由项目经理负责与项目有关的采购
采购地区	国内采购	从国内厂商处获得所需产品或服务
	国外采购	从国外供货商(或国外供货商在本国境内的代理商)处获得所需产品或服务

(1) 按采购内容分类,项目采购可分为有形采购和无形采购。有形采购指对项目所需的实物进行采购,包括物资采购和工程采购。物资采购指购买项目建设所需的各种物资,如机器、设备,还包括与之相关的服务,如运输、安装、调试、装卸货物等。工程采购指选择合格的承包商承担项目施工工程及其相关服务。无形采购通常指对技术或服务的采购,如咨询服务采购。

(2) 按采购方式分类,项目采购可分为招标采购和非招标采购。招标采购是指由需求方(项目业主、总承包商等)向社会提出招标条件和合同条件,符合条件的供应商或分包商在规定的时间、地点,按规定的流程竞争采购合同的采购方式。招标采购通常又分为无限竞争性的公开招标和有限竞争性的邀请招标两类。某些紧急的项目或受客观条件限制的特殊项目也可采用议标的方式。对于急需采购的,或采购来源单一的,或者在招标限额以下的采购活动,可采取非招标的方式采购,如询价采购、直接采购、自营采购。

(3) 按采购时间分类,项目采购可分为计划性采购和非计划性采购。计划性采购是指根据采购计划进行的采购;而非计划性采购(或称紧急采购)是指物料急用时临时进行的采购。在项目管理中,一般会预先做好采购计划,所以,项目采购一般是计划性采购。非计划性采购一般是因为采购计划有漏项或项目变更而引起的采购需求。

(4) 按采购管理方式分类,项目采购可分为集中采购和分散采购。集中采购是由项目执行组织的一个部门负责所有的采购,而分散采购是项目经理负责与其项目有关的采购。集中采购更加经济化、专业化,易于控制,易于程序标准化,但是,多个项目同时采购时容易形成瓶颈,而且负责采购的部门也不太关注项目的具体需要。分散采购时,项目经理拥有更大的控制权,对项目的具体需求更加熟悉,因此分散采购更具灵活性与适用性,但成本更高,而且采购程序不易标准化。

(5) 按采购地区分类,项目采购可分为国内采购和国外采购。国内采购是指从国内厂商处获得所需产品或服务;国外采购是指从国外供货商(或国外供货商在本国境内的代理商)处获得所需产品或服务。

5.3.3 编制采购管理计划的方法和工具

1) 自制或外购分析

自制或外购分析是一种通用的管理技术,用来确定项目所需的某项产品或服务是由项目团队自行生产,还是通过外部采购来实现。制定自制或外购决策时应考虑的因素包括组织当前的资源配置及其技能和能力、对专业技术的需求、不愿承担永久雇佣的义务,以及对技术专长的需求,还要评估与每个自制或外购决策相关的风险。

▶ **案例应用 5-5**

自制还是外购?

某制造企业需要零件 A,该零件既可自制也可外购,外购价格为每件 100 元,若自制,单位变动成本为 60 元,且需要增加固定成本 10000 元。试分析该企业应该采取哪种方式。

解:由于零件 A 的需要量不确定,适合采用平衡点分析法进行决策。

设 x 为平衡点业务量,自制方案的总成本为 y_1,外购方案的总成本为 y_2,则

$$y_1 = 10000 + 60x$$
$$y_2 = 100x$$

这说明当零件需求量为 250 件时,外购总成本与自制总成本相等;当需求量小于 250 件时,外购成本低于自制成本,应选择外购方案;当需求量大于 250 件时,自制成本低于外购成本,应选择自制成本。

2) 租赁期长短的分析

选择短期租赁还是长期租赁,通常取决于财务方面的考虑。可根据项目对某租赁物的预计使用时间、租金高低来分析短期租赁和长期租赁的成本平衡点。

3) 市场调研

市场调研包括考察行业情况和具体卖方的能力。采购团队可通过从会议、在线评论和各种渠道得到的信息来了解市场情况。采购团队在制订采购计划时也可以根据可行性和风险因素来调整具体的采购目标,以充分利用成熟的技术,并平衡与有能力提供所需材料或服务的卖方的范围有关的风险。

4) 专家判断

邀请具有专业采购知识的个人、团队参与采购过程,对相应的采购决策提出建设性意见。

5) 综合分析

在选择供应商时应对供应商提供产品的质量、供应商资质、成本、附加服务等方面进行综合分析。

6) 经济采购批量分析

经济采购批量分析是通过建立经济订货批量模型,对要采购的产品进行分析,确定采购的批量(订货量)和采购的时间,使订货成本和存储成本之和达到最优,如图 5-16 所示。

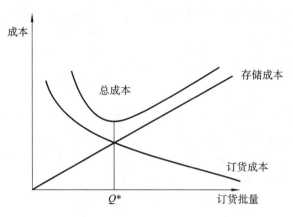

图 5-16 经济订货批量模型的成本曲线

5.3.4 项目采购管理计划编制

项目采购管理计划编制是根据范围说明书、产品说明书、企业内采购力量、市场状况、资金充裕度等有关项目采购计划所需的信息,结合项目组织自身条件和项目各项计划的要求,对整个项目实现过程中的资源供应情况做出具体安排,并按照有关规定的标准或规范,编写项目采购管理计划文件的工作过程。

项目采购管理计划涉及的内容主要包括采购什么、采购多少、何时采购、向谁采购、以什么方式采购、采购的价格这六个方面,这些被称为采购管理的六大要素。

①采购什么? 采购管理中的第一要素是采购什么,即首先要决定采购的对象及其品质。项目采购管理要求采购产品的品质和质量应满足以下三个条件。其一是通用性,项目外购的产品一定要符合项目实际的质量要求,并且能够通用,在项目中尽量不使用必须定制的产品。其二是可获得性,即能够在需要的时间内,以适当的价格得到所需数量的供给,也就是能够及时得到要采购的产品或服务。其三是经济性,即能够在找到的供应来源中选择成本最低的(当然前提是要满足前面两个条件),以降低项目成本。

②何时采购? 采购的时间是采购管理中的第二要素。项目组织应决定适当的采购时间。采购过早,会增加库存量和库存成本;采购过迟,材料存量不足将造成项目停工待料。从开始订货、办理采购合同到资源入库,各阶段之间必须经过一段时间的间隔,因为要开展产品生产、检验、包装、运输、入库验收等工作,这些都需要一定的时间。

③向谁采购? 在决定向谁采购时,应调查各个供应商的情况:企业规模、技术和供应能力,生产原材料的来源和质量,供应商的质量管理情况,供应商的组织能力和财务信用状况等。

④以什么方式采购? 采购的方式主要是指在采购过程中采用何种工作方式,以及这方面的大致方针和具体的交易条件,包括是否采用分批交货的方式,需要采用何种供给运输方式以及具体交货方式和地点等。所选择的供应商应满足两个条件:一是经济性,即在供应来源中选择成本最小的;二是可获得性,供应商必须能够及时提供项目所采购的物料、工程或服务。

⑤采购多少? 这是有关采购数量的管理,项目组织采购的产品数量一定要合适,所以需要对此进行管理。采购数量必须根据项目的实际情况决定。

⑥采购的价格。项目组织应在既定的资源质量、交货期限或其他交易条件下,寻找最低的

合同价格。

采购管理计划编制步骤:①对各种相关信息进行加工处理。在编制采购管理计划时,首先对收集到的信息进行必要的加工和处理,找出制定决策所需的各种支持信息。有时候项目团队还要聘请各类专家顾问或专业技术人员对收集到的信息进行必要的加工处理。②自制或外购决策分析。在对相关信息进行加工处理后,项目团队需要进行"自制或外购"决策分析,来决定需要从外部购买哪些资源和自己可以生产或提供哪些资源。通常在制订采购管理计划的整个过程中,需要对项目所需的各种资源进行这一决策分析。③针对采购的六要素进行计划安排。在做出自制和外购决策后,需要按照项目采购管理计划要素管理法来明确采购管理计划的六要素,即采购什么,采购多少,何时采购,向谁采购,以什么方式采购,采购的价格,这是采购管理计划工作的核心内容。④项目采购合同类型的选择。在确定项目采购管理计划的六大要素后,还必须选择和确定以什么样的合同方式获得项目所需资源,即确定与资源供应商或承包商签订什么类型的项目采购合同,一般需要在固定总价合同、成本补偿合同、工料合同中做出选择。⑤项目采购管理计划文件的编制。项目采购管理计划文件的编制工作将最终生成项目采购管理计划、项目采购工作计划、项目采购标书和供应商评价标准等文件。在项目采购方面常见的采用标准格式的文件包括标准的采购合同、标准的劳务合同、标准的招标书和投标书、标准的采购计划工作文件等。

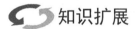
知识扩展

采购合同的类型

通常买卖双方在采购中的风险分担是由合同类型所决定的。PMBOK®将合同类型分为三大类,即总价合同、成本补偿合同和工料合同。

1) 总价合同

总价合同是指在合同中为要采购的产品或服务设定一个总价,又分为固定总价合同(FFP)、总价加激励费用合同(FPIF)以及总价加经济价格调整合同(FP-EPA)。

其中FFP是最常用的合同类型,采购价格从一开始就是固定的,除非工作范围发生变动,否则不允许变更价格。

FPIF这种合同类型为买卖双方提供了一定的灵活性,允许有一定的绩效偏差,并对实现既定目标给予财务奖励。

FP-EPA是一种常见的合同形式,用于在长期合作或项目中根据市场价格变动来调整合同总价的情况。在某些项目或长期合作中,因为市场价格波动、通胀或其他经济因素的影响,原定的合同总价可能无法固定不变。为了应对这种情况,双方可以达成总价加经济价格调整合同,允许根据特定的价格指数或公式来调整合同总价。

例 5-1:固定总价合同与总价加激励费用合同。

固定总价合同:无论成本如何,卖方(承包商)的费用总是固定的,几乎承担了所有风险,如表5-8所示。

表 5-8 固定总价合同举例

	FFP=100 万元	
举 例	实际成本(AC)	卖方获利
举例1:卖方盈利	80 万元	20 万元
案例2:卖方亏损	130 万元	−30 万元
举例3:卖方零利润	100 万元	0
适用条件:工期一般不超过一年,范围明确的项目;若范围发生变化,可补充合同、调整总价		

固定总价加奖励费用合同:对双方实现既定目标给予财务奖励,如表 5-9 所示。

一个 100 万元的项目,合同最高限价 130 万元,卖方费用(项目劳务费)10 万元,若有剩余,买卖双方按照 8∶2 的比例进行分配。如表 5-9 所示,当项目以 80 万元结束时,卖方所得为 80 万元成本+10 万元劳务费+4 万元奖励((100−80)×20%)=94 万元,同时为买方节省了 6 万元。

表 5-9 固定总价加奖励费用合同举例

	FPIF=AC+EC×FEE%+(EC−AC)×rate＜最高限价		
项 目	合同规定	实际成本(AC)	备 注
估计成本(EC)	100 万元	80 万	事先规定的费用是估计成本的10%;奖励以实际成本与估算成本之差为基础,总费用不能超过最高限价 130 万元
费率(FEE%)(10%)	10 万元	10 万元	
最高限价	130 万元	130 万元	
分担比例(rate)	8∶2	4 万元	
总价	—	94 万元	
适用条件:适用于工期比较长、具有变更风险的项目			

2) 成本补偿合同

采用成本补偿合同时,买方向卖方支付为交付合同产品或服务而实际发生的成本,再向卖方支付一定的利润。常见的成本补偿合同有以下三种:

① 成本加固定费用合同(cost plus fixed fee,CPFF)。

在成本加固定费用合同中,支付给供应商或承包商的费用由实际成本和固定费用组成。供应商或承包商会向业主或客户报告项目相关的实际成本,包括直接成本(如材料、劳动力、设备等)和间接成本(如管理费用、行政费用等)。此外,合同还规定了一项固定费用,该费用是根据协商或约定在合同中确定的,不随实际成本的变化而变动。

② 成本加奖励费用合同(cost plus incentive fee,CPIF)。

采用成本加奖励费用合同时,供应商或承包商除了取得实际成本费用外,还可以获得额外的费用作为绩效奖励。

③ 成本加成本百分比合同(cost plus percentage of cost,CPPC)。

买方给卖方支付容许的完成任务的成本,加上事先约定的总成本的一定百分比,卖方的成本越高,所得的利润也就越高。

3) 工料合同

工料合同是根据工时和使用的材料计算支付金额的合同。工料合同兼具固定总价合同和成本补偿合同的某些特点,例如,它和成本补偿合同的价格都随着成本变化而变化,但是合同中又有一些固定的参数,这一点与固定总价合同相似。

4) 不同合同类型的比较

不同合同类型的比较如表 5-10 所示。

表 5-10 不同合同类型的比较

对比	总价合同			工料合同	成本补偿合同		
	需准确定义范围,范围变更导致合同价格升高				工作范围开始时无法准确定义或项目工作存在较高风险		
	FFP	FPIF	FP-EPA	T&M	CPIF	CPPC	CPFF
特征	最常用	灵活性、有价格上限、最后结算	周期长、长期关系	混合型、开口合同、短小项目	无价格上限	笼统绩效、主观的绩效标准	固定费用为利润
买方	价格确定	财务激励	免受外界不可控因素影响	增加人员、聘请专家、外部支持	财务激励	主观决定奖励费用	成本估算百分比固定
卖方	承担费用增加的全部成本	承担高于价格上限的全部成本	免受外界不可控因素影响		绩效目标	无权申诉	
买方风险	呈递增趋势						

习　　题

一、单选题

1. 资源分解结构是一种资源层级结构,通常按(　　)来分解。
   A. 资源类别和数量　　　　　　B. 资源类别和类型
   C. 资源类别和使用时间　　　　D. 资源类别和成本

2. 项目资源主要分为(　　)。
   A. 实物资源　　　　　　　　　B. 人力资源
   C. 有形资产和无形资产　　　　D. 实物资源和人力资源

3. 下面不属于编制项目资源管理计划的工具和方法的是(　　)。
   A. 专家判断　　B. 资源分解结构　　C. 资源计划矩阵　　D. 挣值分析法

4. 资源管理计划可以根据项目的具体情况分为实物资源管理计划和(　　)。
   A. 团队管理计划　　B. 进度管理计划　　C. 采购管理计划　　D. 成本管理计划

5. 采用资源计划矩阵进行资源需求估算的特点是（　　）。
   A. 工作量大，准确度高　　　　　　　B. 工作量大，准确度低
   C. 工作量小，准确度高　　　　　　　D. 工作量小，准确度低
6. 成本根据费用的计入方式可分为（　　）。
   A. 直接成本和间接成本　　　　　　　B. 固定成本和可变成本
   C. 正常成本和加急成本　　　　　　　D. 可控成本和不可控成本
7. 关于成本估算与成本预算说法错误的是（　　）。
   A. 成本估算是对完成项目工作所需资源成本进行估算的工程，主要作用是确定项目所需要的资金
   B. 成本预算是汇总所有单个活动或工作包的估算成本，建立一个经批准的成本基准的过程
   C. 项目成本预算比项目成本估算更具有权威性、约束性和控制性
   D. 成本估算是将成本估算值分配到各单项活动中，以建立一个衡量绩效的基准计划
8. 成本管理计划的编制，关键是确定（　　）。
   A. 预算成本　　　B. 平均成本　　　C. 目标成本　　　D. 实际成本
9. 下列哪一项不属于固定成本？（　　）
   A. 厂房　　　　B. 机器设备折旧　　　C. 财产税　　　D. 直接材料费
10. 下列哪一项不属于成本管理计划的编制方法？（　　）
    A. 按成本组成编制　　　　　　　　B. 按项目组成编制
    C. 按任务紧急程度编制　　　　　　D. 按时间进度编制
11. 下列哪一项是正确的项目采购管理过程？（　　）
    A. 规划采购管理、实施采购、控制采购、结束采购
    B. 实施采购、规划采购管理、控制采购、结束采购
    C. 规划采购管理、控制采购、实施采购、结束采购
    D. 控制采购、规划采购管理、实施采购、结束采购
12. 某些紧急的项目或受客观条件限制的特殊项目可采用（　　）方式。
    A. 公开招标　　　B. 邀请招标　　　C. 竞争招标　　　D. 议标
13. 下列哪一项属于无形采购？（　　）
    A. 项目材料采购　　B. 咨询采购　　C. 工程采购　　D. 机械设备采购
14. 自下而上的项目成本估算法不包括（　　）。
    A. 工料清单法　　B. 标准定额法　　C. 统计资料法　　D. 近似估算法
15. 项目成本管理流程包括下列所有过程，除了（　　）。
    A. 估算资源　　　B. 估算成本　　　C. 制定预算　　　D. 控制成本
16. 无法直接计入某个项目的成本，就只有用某种方法分摊到相关项目中，这种成本是（　　）。
    A. 固定成本　　　B. 可变成本　　　C. 直接成本　　　D. 间接成本
17. 机会成本是（　　）。
    A. 开展一个新项目而必须付出的代价
    B. 为做一件事而放弃做另外一件事，假如做另外一件事可能得到收益
    C. 进行决策时无须考虑的虚拟成本

D. 未来要开支的所有成本

18. 领导给你打来紧急电话,说她15分钟后要去见一个重要的客户,谈一个很大、很复杂的关于网站的项目。她给你30秒钟的时间考虑,然后告诉她这个项目需要多少成本。你迅速回顾了过去的类似项目,虽然有些信息尚未知晓,但你还是给了她一个大概的数字。你使用的是什么类型的估计方法?( )
 A. 确定性估计　　　B. 预算　　　　C. 量级估算　　　D. 详细估算

19. 项目经理将所有成本估算分配到独立的活动上来建立基准,以衡量项目绩效,这是哪个过程?( )
 A. 成本管理　　　　B. 成本估算　　C. 制定预算　　　D. 成本控制

20. 项目预算与成本基准之间的差额是( )。
 A. 管理储备　　　　　　　　　　　B. 应急储备
 C. 应付未付的成本　　　　　　　　D. 应收未收的收入

二、多选题

1. 资源管理计划包括对项目活动所需( )具体说明。
 A. 资源种类　　　　　　　　　　　B. 资源数量
 C. 资源使用情况　　　　　　　　　D. 资源的投入时间

2. 项目成本可根据( )进行划分。
 A. 费用计入　　　B. 变动机会　　　C. 项目进度
 D. 成本大小　　　E. 成本是否可控

3. 成本估算的方法有( )。
 A. 自上而下估算　B. 自下而上估算　C. 参数模型估算　D. 统计估算

4. 按照项目不同阶段进行的成本估算是哪三种类型?( )
 A. 量级估算　　　B. 参数模型估算　C. 预算估算　　　D. 确定性估算

5. 自下而上的项目成本估算法主要包括( )。
 A. 工料清单法　　B. 标准定额法　　C. 概率分析法　　D. 统计资料法

6. 自下而上的项目成本估算法的缺点包括( )。
 A. 精确度低　　　B. 不利于财务监控　C. 成本较高　　　D. 费时费力

7. 项目采购管理计划编制需要考虑的事项包括( )。
 A. 是否采购　　　B. 以什么样的方式采购
 C. 采购什么　　　D. 采购多少　　　E. 何时采购

8. 项目资源管理包括( )。
 A. 人力资源管理　B. 机械设备管理　C. 材料管理
 D. 资金管理　　　E. 进度管理

9. 下列关于成本管理计划的编制说法正确的有( )。
 A. 大中型项目一般采用分级编制的方式
 B. 小型项目一般采用集中编制的方式
 C. 成本管理计划编制的关键是要制定资源分解结构
 D. 成本管理计划分级编制和集中编制的流程大致相同

10. 项目采购管理包括( )。

A. 规划采购管理　　　　B. 实施采购　　　　C. 控制采购　　　　D. 结束采购

三、判断题

1. 货物采购属于有形采购。（　　）
2. 按费用的计入方式可分为直接成本和间接成本。（　　）
3. 直接人工费属于固定成本。（　　）
4. 自上而下估算法是通过估算最小任务的成本，再把所有任务成本逐渐加总，从而计算出整个项目的总成本。（　　）
5. 自上而下估算法的优点主要是精确度高，便于实现财务监控。（　　）
6. 自下而上的项目成本估算法主要包括工料清单法、标准定额法和统计资料法。（　　）
7. 项目成本估算比项目成本预算更具有权威性、约束性和控制性。（　　）
8. 成本估算是对完成项目工作所需资源成本进行估算的工程，主要作用是确定项目所需要的资金。（　　）
9. 项目采购过程主要包括实施采购、控制采购、结束采购三个过程。（　　）
10. 项目资源管理计划在整个项目期间为项目采购管理提供指南和方向。（　　）

四、简答题

1. 项目成本估算与成本预算有什么区别和联系？
2. 比较自上而下估算法与自下而上估算法的优缺点。
3. 简述编制项目成本管理计划的三种方法。
4. 项目采购的分类方式有哪些？
5. 简述项目资源管理计划、项目成本管理计划、项目采购管理计划之间的关系。

五、案例分析

昌盛信息技术有限公司(CSAI)凭借丰富的行业经验和精湛的技术优势，坚持沿着产品技术专业化道路，为银行、证券、保险等领域提供完整全面的软件解决方案。李工是 CSAI 证券事业部的高级项目经理，目前正负责国内 B 银行信贷业务系统的开发项目。作为项目经理，李工必须制定高质量的项目管理计划，以有效实现范围、进度、成本和质量等项目管理目标。

项目正式立项后，李工制订了一份初步的项目成本管理计划，计划中列出了每项工作的工期及所需要的工作量，如表 5-11 所示。此外，表 5-11 给出了每项工作除人力资源费用外的其他固定费用(如硬件设备和网络设备等)。

表 5-11　项目工时及费用数据

编码	任务名称	资源名称	工期/日	工作量/工时	人数	固定费用/元	总费用/元	平均每周费用/元
1000	软件开发项目							
1100	方案设计	系统分析师	10	160		3400		
1200	用户需求访谈							
1210	高层用户访谈	系统分析师	10	80		5400		
1220	销售人员调研	系统分析师	10	160		2800		

第5章 项目计划：预估成本，采购资源

续表

编码	任务名称	资源名称	工期/日	工作量/工时	人数	固定费用/元	总费用/元	平均每周费用/元
1300	软件开发							
1310	功能框架设计							
1311	概要设计	软件设计师	10	80		3200		
1312	详细设计	软件设计师	10	160		6400		
1320	程序代码编制							
1321	用户输入功能	程序员	50	1200		6000		
1322	用户查询功能	程序员	50	1200		6000		
1323	用户数据功能	程序员	75	3000		30000		
1324	主界面	程序员	50	1600		9000		
1325	安全登录界面	程序员	50	800		6000		
1326	界面美化	程序员	25	600		5000		
1400	测试	程序员	20	480		5000		
小计						88200		

(1) 请计算表5-11中每项工作所需安排的人力资源数量(按每天8小时工作制计算)。

(2) 假设每种人力资源的小时成本如下：测试员30元/时，程序员40元/时，软件设计师60元/时，系统分析师100元/时。请计算每项工作所需的总费用(每周按照5个工作日计算)。

(3) 计算每项工作每周的平均费用(每周按照5个工作日计算)。

第6章
项目计划：预估风险，保证质量

产品质量是生产出来的，不是检验出来的。

——威廉·爱德华兹·戴明

Product quality is produced, not tested.

——William Edwards Deming

 学习要求

☆ **了解**：引起风险的原因，质量管理大师及其观点。
☆ **掌握**：风险识别、风险分析、风险应对计划、质量管理计划。
☆ **熟悉**：风险定性分析、风险定量分析。
☆ **核心概念**：风险识别、风险分析、风险应对策略、风险管理计划、质量管理计划。

管板焊接开裂

焊接技改项目成立以来，一直琐事不断。眼看着订单交付日期逐渐临近，但今天下午的一个电话让你得知了最不希望发生的情况。电话里生产部廖部长说了一下大致情况，原来，昨天订单生产作业流程到了焊接环节，各个零部件、支撑件以及结构件的焊接工作都按部就班地进行着，但今天上午班组质检员复查时，发现压力容器壳体结构件的一个管板焊接位置出现了约1 cm的裂口，焊接专家李主任已经在现场处理。挂了电话，你心急火燎地往特种压力容器生产车间赶。在路上，你思索着老李都出马了，应该不是小问题，会不会导致工期延误？抵达现场后，看着李主任身边围着一圈负责该焊接项目的工人师傅，作为这里面唯一的外行，你决定多听少说。在排除了焊工操作问题之后，焊接组的意见归为两类：一类认为是焊材问题，一类认为是母材本身的问题。李主任并没有当场表明意见。

第二天一早，你在生产部会议室召开了一次焊接技改项目讨论会，参会的有李主任、研究院姜院长和张总工，议题就是开裂质量问题的分析与解决。李主任认为焊缝开裂的原因出自母材不好处理。由于客户对压力容器的高要求，设计部门选择了这种母材，而这种母材的焊接方法

第6章
项目计划：预估风险，保证质量

没有对应的焊接标准，焊接组采用氩气保护焊的处理方法还是源于李主任的建议，但前期没有做过此类处理，也没有考虑可能出现的风险，更没有制订应对计划。通过讨论分析，李主任认为问题应该出在母材和氩气保护焊的组合工艺上。张总工非常认可李主任的分析，他提议可以围绕母材和氩气保护焊的特点展开实验设计，找到针对这种母材的最佳焊接方法，这不仅能够解决该项目的问题，还有助于更新公司技术知识库。研究院姜院长负责提供实验设计相应的专业人员和场地，以及结果分析。你提议明天就开始实验，本次实验任务为研究院优先完成的任务。很快，姜院长安排进行实验，通过反复实验，最终确定了母材的氩气保护焊的方法。

思考：此项目存在什么问题？为什么会出现问题？如何避免？
（资料来源：牟绍波，张嗣徽，《项目管理——原理与案例》，机械工业出版社，2019）

俗话说"质量是企业的生命线"，同样，质量也是项目的生命线，没有质量的项目是无法生存下去的，这就需要对项目进行质量管理。此外，项目充满不确定性，所有项目都存在风险，尤其是大型的复杂项目，其风险程度较高。要想成功实现项目，还需要对项目进行风险管理。质量管理和风险管理虽然是两个不同的管理概念，但是它们之间存在紧密联系。在编制质量管理计划时，需考虑各种可能的风险因素，并且制定预防措施，以避免质量问题的发生。同时，风险管理计划的制订也需要结合质量管理计划进行考虑，充分考虑可能出现的质量问题，并提出应对措施。质量管理计划和风险管理计划是相互关联和相互支持的，充分预估各种风险是为了更好地保障质量，二者结合可以提高项目的整体管理水平，并在项目实施中达到更好的效果。下面分别介绍项目风险管理计划和项目质量管理计划。

6.1 项目风险管理计划

项目充满不确定性，所有项目都存在风险，而且项目越大、越复杂，风险就越多。因此，为了成功实现项目，必须对项目风险进行管理，编制详细的项目风险管理计划。

6.1.1 项目风险概述

项目风险是指项目所处环境和条件本身的不确定性以及项目业主/客户、项目组织或项目其他相关利益者主观上不能准确预见或控制的影响因素，使得项目的最终结果与相关利益者的期望产生背离，从而给相关利益者带来损失或机遇的可能性。项目风险管理的目标在于提高正面风险的概率和(或)影响，降低负面风险的概率和(或)影响，从而提高项目成功的可能性。

1) 项目风险的特点

项目处于一种复杂的环境之中，不但有技术、经济问题，还有一些非常复杂的、非线性极强的非技术、非经济问题。项目各组成部分之间不是简单的线性关系，项目总是处于变化之中，难得出现平衡，即使偶尔出现，也只能短时间维持。项目风险具备以下特点：

①项目风险存在的客观性。项目都是由人组成的团队为了达到预期的目的在一定的客观条件下进行的。这些客观的物质因素和人为因素都构成潜在的风险因素，这种风险因素的存在是不以人的意志为转移的，人们可以在有限的空间和时间内改变风险存在和发生的条件，降低

其发生的频率和减轻损失程度,但不能完全消灭项目风险。

②项目风险存在的普遍性。随着科学技术的发展、社会的进步,风险不是减少了,而是增加了,风险事故造成的损失也越来越大。新技术含量高的项目,其潜在的风险具有如下特点:技术越先进,事故损失越大;项目技术结构越复杂,总体越脆弱;项目技术收益越高,潜在风险越大。

③项目风险发生的偶然性。项目风险是客观存在的,但对于某一具体风险来说,其发生并不是必然的,而是具有偶然性。风险何时发生以及发生的后果都无法准确预测,这意味着风险的发生在时间上具有突发性,在后果上具有灾难性。这种偶然性也称为不确定性,程度可以用概率来描述。概率在 0~0.5 时,随着概率数值的增加,不确定性也随之增加;概率为 0.5 时,不确定性最大;概率在 0.5~1 时,随着概率数值的增加,不确定性随之减少;概率为 0 或 1 时,不确定性最小。

④大量项目风险的发生具有必然性。虽然个别项目风险的发生是偶然的、无序的,且杂乱无章的,然而总体上来说,风险的发生具有规律,这使人们利用概率论和数理统计方法去计算风险发生的概率和损失幅度成为可能,同时为项目风险管理提供了依据。

⑤项目风险的可变性。在一定条件下,项目风险可以转化。随着客观条件的变化,风险的性质、风险量也可能发生变化。在一定的空间和时间范围内,某种特定的风险可能被消除,同时可能产生新的风险。

⑥项目风险的阶段性。项目风险的阶段性是指项目风险的发展是分阶段的,而且这些阶段都有明确的界限、里程碑和风险征兆。通常,项目风险的发展分为三个阶段:其一是潜在风险阶段,其二是风险发展阶段,其三是造成后果阶段。项目不同阶段有不同的风险,项目风险大多数会随着项目的进展而变化,项目不同阶段的风险性质、风险后果也不一样。多数项目风险存在于项目的早期。

2)项目风险的来源

①技术、性能、质量方面的风险。项目采用的技术与工具是项目风险的重要来源之一。一般来说,项目中采用新技术或技术创新是提高项目绩效的重要手段,但这样也会带来一些问题,如果新的技术未经证实或并未被充分掌握,则会影响项目的成功。另外,出于竞争的需要,往往会有提高项目产品性能、质量方面的要求,而不切实际的要求也是项目风险的来源。

②项目管理方面的风险。项目管理风险包括项目过程管理的方方面面,如项目计划的时间、资源分配(包括人员、设备材料)、项目质量管理、项目管理技术(流程、规范、工具等)的采用、外包商的管理以及组织方面的风险等。

③商业方面的风险。商业方面的风险主要包括合同条款、内部采购、供应商方面分包合同、客户稳定性以及合伙企业与合资企业等方面的风险。

④项目外部的风险。项目外部风险主要是指项目的政治、经济环境的变化,包括与项目相关的政策、规章或标准的变化,组织中雇佣关系的变化,如公司并购、自然灾害等,这类风险对项目的影响较大。

6.1.2 项目风险管理

项目风险管理是项目团队在整个项目生命周期中对各种风险进行识别、分析、应对的基础上,采用各种管理方法、技术和手段对项目涉及的风险进行有效控制的过程。项目风险管理是在项目进行的全过程中,对影响项目的进程、效率、效益、目标等一系列不确定性因素的管理。

第6章
项目计划：预估风险，保证质量

如果不妥善管理,这些风险有可能导致项目偏离计划,无法达成既定的项目目标。因此,项目风险管理的有效性直接关乎项目成功与否。

项目风险管理有以下三个特点:①全过程管理。项目风险的全过程管理,要求管理者从项目开始到项目结束进行全程管理。②全员管理。项目风险管理既是对项目全部参与方的管理,也是全员参与对项目风险的管理。③全要素管理。项目全要素管理是指综合管理项目的各个方面和要素,以实现项目的成功交付和目标达成。它涵盖了项目的范围、时间、成本、质量、风险、人力资源、沟通、采购、干系人管理等多个关键要素。

对项目风险进行管理有以下作用:①通过风险分析,可使项目相关人员加深对项目和风险的认识和理解,澄清各方案的利弊,了解风险对项目的影响,以便减少或分散风险。②通过检查和考虑所有到手的信息、数据和资料,可明确项目的各有关前提和假设。③通过风险分析,不但可提高项目各种计划的可信度,而且有利于改善项目执行组织内部和外部之间的沟通。④编制应急计划时更有针对性。⑤能够将处理风险后果的各种方式更灵活地组合起来,在项目管理中减少被动性,增加主动性。⑥有利于抓住机会,利用机会。⑦为以后的规划和设计工作提供反馈,以便在规划和设计阶段就采取措施,防止和避免风险损失。⑧风险即使无法避免,也能够明确项目到底应该承受多大损失或损害。⑨为项目施工、运营选择合同形式和制订应急计划提供依据。⑩通过深入地研究和了解情况,在制定决策可以更有把握,更符合项目的方针和目标,总体上使项目减少风险,以保证项目目标的实现。

项目风险管理需要科学的方法,并按一定程序进行。风险管理的流程如图6-1所示,包含以下方面:

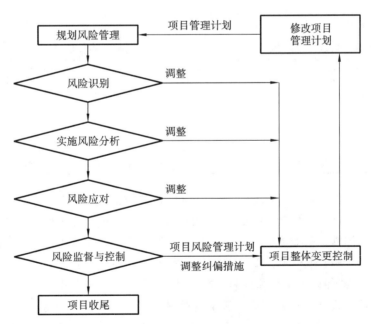

图 6-1 项目风险管理过程

(1) 规划风险管理——定义如何实施项目风险管理活动的过程。

(2) 风险识别——识别单个项目风险以及整体项目风险的来源,并记录风险特征的过程。

(3) 实施风险分析——对风险及风险的相互作用进行评估,包括定性风险分析和定量风险分析。实施定性风险分析是通过评估单个项目风险发生的概率和影响以及其他特征，对风险进行优先排序，从而为后续分析或行动提供基础的过程。而实施定量风险分析是就已识别的单个项目风险和不确定性的其他来源对整体项目目标的影响进行定量分析的过程。

（4）风险应对——为处理整体项目风险敞口以及应对单个项目风险而制定可选方案、选择应对策略并商定实施应对行动的过程。

（5）风险监督与控制——在整个项目期间，监督商定的风险应对计划的实施、跟踪已识别风险、识别和分析新风险，以及评估风险有效性的过程。

项目风险管理计划就是制定风险识别、风险分析、风险减缓策略，确定风险管理的职责，为项目的风险管理提供完整的行动纲领，是确定如何在项目中进行风险管理的活动，以及制订项目风险管理计划的过程。

6.1.3 风险识别

风险识别是项目管理者识别风险来源、确定风险发生条件、描述风险特征并评价风险影响的过程。其主要作用是记录现有的单个项目风险以及整体项目风险的来源；同时汇集相关信息，便于项目团队能够恰当应对已识别的风险。

1）风险分类

为了深入、全面地认识项目风险，并对其进行针对性管理，有必要将风险进行分类。可以从不同角度、按不同的标准对风险进行分类，如表6-1所示。

表6-1 项目风险划分类别

风险划分标准	风险类别
风险事故的后果	纯粹风险和投机风险
风险是否可管理	可管理风险和不可管理风险
风险的影响范围	局部风险和总体风险
风险的状态	静态风险和动态风险
风险的可预测性	已知风险、可预测风险和不可预测风险
风险后果承担者	项目业主风险、政府风险、承包商风险、投资方风险等

①按风险事故的后果，可将风险分为纯粹风险和投机风险。

纯粹风险是指不能带来机会、无获利可能的风险。纯粹风险只有两种可能的后果：造成损失和不造成损失。纯粹风险造成的损失是绝对的损失。活动主体蒙受了损失，全社会也跟着受损失。例如，某建设项目空气压缩机房在施工过程中失火，蒙受了损失，该损失不但是这个工程的，也是全社会的。纯粹风险总是和威胁、损失、不幸相联系。纯粹风险有四种类型：直接财产损害、连带损失、法律责任和个人损失。遭受直接财产损害的可能是设施，或是用来生产设施的工厂和设备。这些直接财产损害可能是火灾、洪水、恶劣天气等自然灾害造成的，或是在运输过程中遭受的。连带损失是由直接财产损失造成的设施的损坏而引起的生产损失。连带损失可能是收入的损失，也可能是提供临时补救措施时所花的费用。法律责任可能是由损害第三方的财产或伤及第三方的人身安全，或由忽视他人造成的。法律责任包括因为项目延迟或没有达到特定要求而引起设施不能正常运转所造成的损失，还包括项目组成员由于项目的工作而可能遭受的人身伤害。

投机风险是指既可能带来机会和获得利益，又隐含威胁和造成损失的风险。投机风险有三种可能的后果：造成损失、不造成损失和获得利益。投机风险可能使活动主体蒙受损失，但不一定全社会也跟着受损失，相反，其他人有可能因此而获得利益。例如，私人投资的房地产开发项目如果失败，投资者就要蒙受损失，但是发放贷款的银行可将抵押的土地和房屋收回，等待时机转手高价卖出，不但可以收回货款，而且有可能获得高额利润。

②按风险是否可管理，可将风险分为可管理风险和不可管理风险。

可管理风险是指可以预测，并可采取相应措施加以控制的风险；反之，则为不可管理风险。风险是否可管理，取决于风险的不确定性是否可以消除以及活动主体的管理水平。要消除风险的不确定性，就必须掌握有关的数据、资料和其他信息。随着数据、资料和其他信息的增加以及管理水平的提高，有些不可管理的风险将变为可管理的风险。

③按风险的影响范围，可将风险分为局部风险和总体风险。

局部风险影响的范围小，而总体风险影响的范围大。局部风险和总体风险也是相对的，项目管理班子要特别注意总体风险。例如，项目所有的活动都有拖延的风险，但是处在关键路线上的活动一旦延误，整个项目的完成日期就要推迟，形成总体风险。非关键路线上活动的延误在许多情况下都是局部风险。

④按风险的状态，可将风险分为静态风险和动态风险。

静态风险是在社会经济正常情况下的风险，是自然力的不规则作用，以及人们的错误判断和错误行为导致的风险。静态风险主要包括资产的物理损失、欺诈及犯罪的损失、法律的错误判断（按法律规定承担的赔偿责任）、利润的减少（企业收益能力的减退）、经营者的行为能力丧失。

动态风险是以社会经济的变动为直接原因的风险，是人们欲望的变化、生产方式和生产技术的变化，以及企业组织的变化导致的风险，主要包括管理风险（包括市场风险、财务风险和生产风险）、政治风险、技术革新风险。

⑤按风险的可预测性，可将风险分为已知风险、可预测风险和不可预测风险。

已知风险就是在认真、严格地分析项目及其计划之后就能够明确的那些经常发生的，而且后果可以预见的风险。已知风险发生概率高，但后果一般比较轻微。项目管理中已知风险的例子有项目目标不明确、过分乐观的进度计划、设计或施工变更和材料价格波动等。

可预测风险就是根据经验可以预见其发生，但不可预见其后果的风险。这类风险的后果可能相当严重。项目管理中可预测风险的例子有业主不能及时审查批准、分包商不能及时交工、施工机械出现故障和不可预见的地质条件等。

不可预测风险就是有可能发生，但其发生的可能性即使最有经验的人也不能预见的风险。不可预测风险有时也称未知风险或未识别的风险，它是新的、以前未观察到或很晚才显现出来的风险。这些风险一般是外部因素作用的结果，如地震、百年不遇的暴雨、通货膨胀以及政策变化等。

⑥按风险后果的承担者划分。

按风险后果的承担者来划分，可将风险分为项目业主风险、政府风险、承包商风险、投资方风险、设计单位风险、监理单位风险、供应商风险、担保方风险和保险公司风险等。这样划分有助于合理分配风险，提高项目对风险的承受能力。

2）风险识别的方法

①德尔菲法。德尔菲法可用来获得专家的一致意见,就风险识别而言,不同的专家根据自身经验对项目风险有不同的见解,经过几轮的匿名投票以及筛选后,可以获得专家一致同意的项目风险清单。这种方法能够克服个人对项目风险的偏见并保证结果的客观性。

②头脑风暴法。头脑风暴法是最常用的风险识别方法之一,旨在鼓励项目团队成员充分发挥创造性思维、发散性思维,并就所提出的设想逐一进行分析和质疑,最终找出切实可行的问题解决方法。

③核对表法。主要是利用核对表作为风险识别的重要供给。核对表一般根据风险要素编制,其中主要包括项目的环境、项目产品或技术资料及内部因素,如团队成员的技能或技能缺陷。

④访谈法。访谈法是指与不同项目相关方进行有关风险的访谈,并通过访谈发现那些在常规计划中未被识别的风险。

⑤数据分析法。数据分析法包括根本原因分析、假设条件和制约因素分析、SWOT分析、文件分析等方法。

⑥提示清单。提示清单是关于可能引发单个项目风险以及可作为整体项目风险来源的风险类别的预设清单。在采用风险识别技术时,提示清单可用于协助项目团队形成想法,可以用风险分解结构将底层的风险类别作为提示清单,来识别单个项目风险。一些常见的战略框架更适用于识别整体项目风险的来源,如 PESTLE(政治、经济、社会、技术、法律、环境)、TECOP(技术、环境、商业、运营、政治)或 VUCA(易变性、不确定性、复杂性、模糊性)。

⑦人际关系与团队技能。帮助参会者专注于风险识别任务,准确遵循与技术相关的方法,有助于确保风险描述清晰、找到并克服偏见,以及解决任何可能出现的分歧。

3）风险登记册

风险登记册是记录风险分析结果与风险应对计划的文档,包括风险名称、风险描述、影响范围、发生概率、影响程度、风险级别、应对措施、责任人等内容。风险登记册的具体内容是动态的,应根据项目的需要随时进行调整。风险登记册应该定期或不定期更新,每当识别到新的风险后,就应该将其添加进去。同时,已处理的风险可以直接从风险登记册中移除。表 6-2 和表 6-3 分别为单个风险登记册和汇总风险登记册。

表 6-2 单个风险登记册

风险编号		风险名称			
风险描述					
受影响的工作范围					
发生概率		影响程度		风险级别	
风险应对措施					
责任人					

第6章
项目计划：预估风险，保证质量

表6-3　汇总风险登记册

编号	名称	发生概率	风险影响	风险级别	应对策略	预防措施	应急措施	责任人	追踪要求

4）风险报告

风险报告提供关于整体项目风险的信息，以及关于已识别的单个项目风险的概述信息。在风险管理过程中，风险报告的编制是一项渐进式的工作。随着实施定性风险分析、实施定量风险分析、规划风险应对、实施风险应对和监督风险过程的完成，这些过程的结果也需要记录在风险登记册中。在完成识别风险的过程时，风险报告的内容可能包括（但不限于）：①整体项目风险的来源，主要说明哪些是整体项目风险敞口的最重要驱动因素。②关于已识别的单个项目风险的概述信息，例如已识别的威胁与机会的数量、风险在风险类别中的分布情况、测量指标和发展趋势。

6.1.4　风险分析

识别风险后要对风险进行评估、分析和排序，确定哪些是需要谨慎管理的重要风险，哪些是可以轻松应对的次要风险。项目团队需要确定其对每个风险的了解程度及是否掌握了可靠的必要信息。最后，团队必须要将重要风险上报给决策者。

1）风险定性分析

风险定性分析（qualitative risk analysis）是在风险识别之后，对已识别风险的影响和可能性进行评估的过程，此过程按风险对项目目标潜在影响的轻重缓急进行排序。通过风险定性分析可以确定对具体风险应采取的措施，避免风险对项目目标产生过大的影响，风险定性分析结果是指导风险应对行动的依据。另外，在项目管理过程中，重复进行风险定性分析还可以获得风险影响结果的未来趋势，帮助风险管理者确定是否有必要增加或者减少已经计划采取的活动。

风险定性分析的工具和方法包括专家判断、数据收集、数据分析（风险数据质量评估、风险概率和影响评估、其他风险参数评估）、人际关系与团队技能、风险分类、数据表现（概率和影响矩阵、层级图）、会议等。

① 风险概率和影响评估。风险概率评估旨在调查每个具体风险发生的可能性，而风险影响评估旨在调查风险对项目目标（如进度、成本、质量或性能）的潜在影响，既包括威胁所造成的消极影响，又包括机会所产生的积极影响。

② 风险概率和影响矩阵。通常用查询图或概率和影响矩阵来评估每个风险的重要性和所需的关注优先级。根据概率和影响的各种组合，该矩阵把风险划分为低、中、高三个级别。描述风险级别的具体术语和数值取决于组织的偏好。

根据风险发生的概率及发生后对目标的影响程度，对每个风险进行评级。组织应该规定怎样的概率和影响组合是高风险、中风险和低风险。在黑白矩阵里，不同的灰度表示不同的风险级别。

概率和影响矩阵可以帮助我们更全面地了解不同风险的概率和影响程度，从而确定风险的优先级和采取相应的管理措施。同时,它可以帮助不同利益相关者更好地理解风险评估结果,并在风险管理过程中提供有效的决策支持。

表6-4所示为风险概率和影响矩阵,右下角深色区域的风险值较大,代表高风险,左上角浅色区域的风险值较小代表低风险,而风险值介于两者之间的这部分代表中风险。组织可分别针对每个目标(如成本、时间和范围)评定风险等级。另外,可制定相关方法,为每个风险确定一个总体等级,也可以在同矩阵中分别列出机会和威胁的影响水平定义,同时显示机会和威胁。

表6-4 风险概率和影响矩阵

风险发生的概率	风险的影响程度				
	0.05	0.10	0.20	0.40	0.80
	风险值				
0.1	0.005	0.010	0.020	0.040	0.080
0.3	0.015	0.030	0.060	0.120	0.240
0.5	0.025	0.050	0.100	0.200	0.400
0.7	0.035	0.070	0.140	0.280	0.560
0.9	0.045	0.090	0.180	0.360	0.720

注:风险值=风险发生的概率×风险的影响程度。

评估的风险值有助于指导风险应对。如果风险对项目目标产生消极影响(威胁),并且处于矩阵高风险(深色)区域,就可能需要采取优先措施和激进的应对策略。而处于低风险(浅色)区域的威胁,可能只需要作为观察对象列入风险登记册,或为之增加应急储备,而不必采取主动管理措施。同样,处于高风险(深色)区域的机会,可能是最易实现且能够带来最大利益的,故应该首先抓住。对于低风险(浅色)区域的机会,则应加以监督。

2) 风险定量分析

实施风险定量分析(quantitative risk analysis)是就已识别的单个项目风险和不确定性的其他来源对整体项目目标的影响进行定量分析的过程。定量分析的主要作用是,量化整体项目风险敞口,并提供额外的定量风险信息,以支持风险应对规划。风险事件的发生概率和概率分布是风险定量分析的基础。

风险定量分析的工具和方法包括专家判断、数据收集、人际关系与团队技能、不确定性表现方式、数据分析(模拟、敏感性分析、决策树分析、影响图)。

①模拟。在风险定量分析中,可使用模型来模拟单个项目风险和其他不确定性来源的综合影响,以评估它们对项目目标的潜在影响。模拟通常采用蒙特卡洛分析,它是一种以概率统计理论为指导的一类非常重要的数值计算方法。通过模拟可得到特定结果的次数的直方图,或获得等于或小于特定数值的结果的累积概率分布曲线(S曲线),如图6-2所示。

②敏感性分析。敏感性分析有助于确定哪些单个项目风险或其他不确定性来源对项目结果具有最大的潜在影响。它在项目结果变异与定量风险分析模型中的要素变异之间建立联系。敏感性分析的结果通常用龙卷风图表示,如图6-3所示。在该图中,标出定量风险分析模型中的每项要素与其能影响的项目结果之间的关联系数。这些要素可包括单个项目风险、易变的项目活动,或具体的不确定性来源。每个要素按关联强度降序排列,形成典型的龙卷风形状。

③决策树分析。决策树分析是用决策树在若干备选行动方案中选择一个最佳方案。在决

第6章
项目计划：预估风险，保证质量

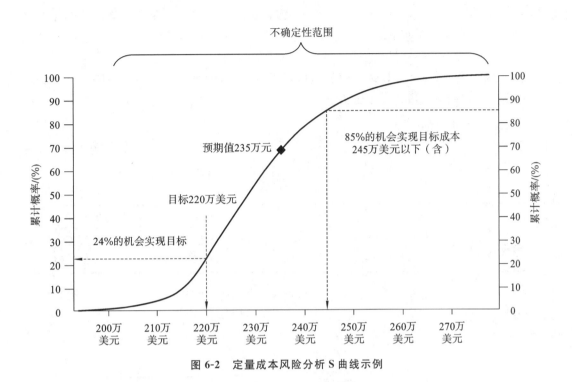

图 6-2　定量成本风险分析 S 曲线示例

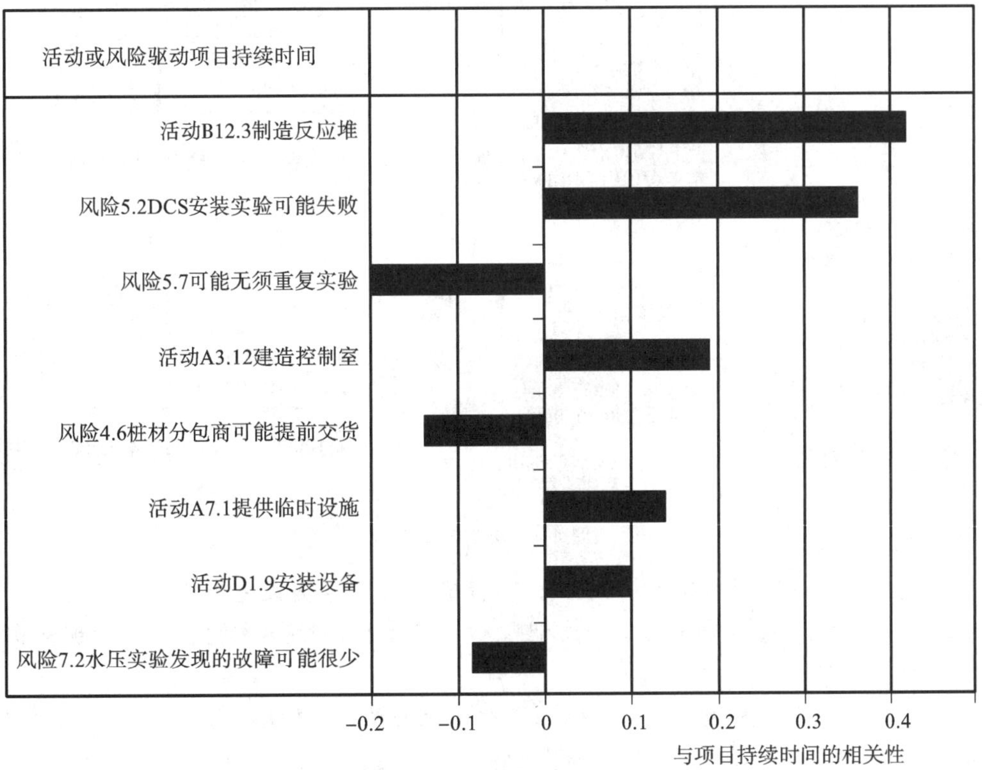

图 6-3　龙卷风图示例

策树中,用不同的分支代表不同的决策或事件,即项目的备选路径。每个决策或事件都有相关的成本和单个项目风险(包括威胁和机会),决策树分支的终点表示沿特定路径发展的最后结果,以及每个结果的概率,这是决策树分析法的一大优势。

在决策树分析中,通过计算每条分支的预期货币价值,就可以选出最优的路径。案例应用6-1 说明了如何用决策树进行决策分析。

案例应用 6-1

项目投资方案与风险决策树分析

决 策 制 定	决 策 节 点	机 会 节 点	路 径 净 值
待定的决策	输入:各项决策成本 输出:已制定的决策	输入:场景概率,场景发生的收益 输出:预期货币价值(EMV)	计算值:收益减去成本 (沿路径)

决策树(见图6-4)显示了在场景中包含不确定性因素(以"机会节点"表示)时,怎样在不同资本策略(以"决策节点"表示)之间制定决策。

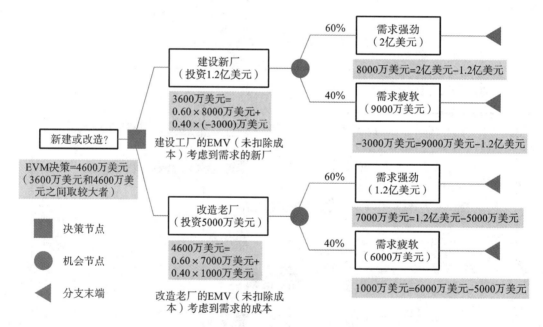

图 6-4 决策树示例

方案一:投资1.2亿美元建设新厂;方案二:投资5000万美元改造老厂。

在方案一和方案二之间制定决策,两种决策都必须考虑需求(不确定,因此以"机会节点"表示)。

例如,需求强劲情况下,建设新厂可带来2亿美元的收入;若改造老厂,则可能由于产能的限制,仅带来1.2亿美元收入。两个分支末端都显示了收益减去成本的净效益。两个决策分支中,将所有效果叠加(见图6-4中阴影区域),决定决策的整体预期货币价值(EMV)。此外,不要忘记考虑投资成本。阴影区域的计算表明,改造老厂的EMV较高(4600万美元),整体决策的

EMV也较高。(这种选择的风险也较小,避免了最差情况下损失3000万美元的可能)。

④影响图。影响图是对变量与结果之间的因果关系、事件时间顺序及其他关系的图形表示。影响图是不确定条件下决策制定的图形辅助工具,它将一个项目或项目中的一种情境表现为一系列实体、结果和影响,以及它们之间的关系和相互影响。

6.1.5 风险应对计划

风险识别和风险分析后,项目团队就需要决定如何应对风险,制订风险应对计划。风险应对计划是指在确定了项目中存在的风险,并分析出风险概率及其风险影响程度的基础上,根据风险性质和项目相关方对风险的承受能力而制订的相应防范计划。如果识别的风险真的发生,就可以启动风险应对计划来处理。通常,项目团队会制定多种应对策略,在实施过程中,会根据实际情况和相关方对项目成本、进度、范围、质量等的重视程度确定应对策略。

对不同类型的风险可以采取不同的应对策略,常见风险应对策略如表6-5所示。

表6-5 常见项目风险应对策略

风险类型	策略	示例
威胁	规避	更改项目计划; 增强项目沟通; 决定撤销项目
威胁	转移	保险; 固定合同价格; 雇用专家
威胁	减轻	降低风险概率以及发生后的影响; 建立备用措施; 使用更可靠的方法
威胁/机会	上报	项目集层面、项目组合层面或组织的其他相关部门加以管理; 项目团队不再监督
威胁/机会	接受	预留时间和应急储备
机会	开拓	为项目分配更多更好的资源; 对项目更加重视
机会	分享	共同经营
机会	提高	增加发生可能性与正面影响; 识别关键驱动并使其最大化; 增加更多资源

1)负面风险(威胁)的应对策略

负面的风险可以给企业带来威胁,如资源消耗量过高、成本超支或工期超期等。面对这样的风险,企业可以采用以下五种应对策略:

①上报策略。如果项目团队或项目发起人认为某威胁不在项目范围内,或提议的应对措施

超出了项目经理的权限,就应该采用上报策略。被上报的风险将在项目集层面、项目组合层面或组织的其他相关部门加以管理,而不在项目层面。项目经理确定应就威胁通知哪些人员,并向该人员或组织部门传达关于该威胁的详细信息。对于被上报的威胁,组织中的相关人员必须愿意承担应对责任,这一点非常重要。威胁通常要上报给其目标会受到该威胁影响的那个层级。威胁一旦上报,就不再由项目团队做进一步监督,但仍可出现在风险登记册中供参考。

②规避策略。风险规避是指项目团队采取行动来消除威胁,或保护项目免受威胁的影响。它适用于发生概率较高,且具有严重负面影响的高优先级威胁。规避策略可能涉及变更项目管理计划的某些方面,或改变会受负面影响的目标,以便于彻底消除威胁,将它的发生概率降低到零。风险责任人也可以采取措施,把项目目标从风险产生的影响中分离出来。规避措施可能包括消除威胁的原因、延长进度计划、改变项目策略或缩小范围。有些风险可以通过澄清需求、获取信息、改善沟通或取得专有技能来加以规避。

③转移策略。转移风险也称分担风险,是在不降低风险发生概率和不利后果的大小的前提下,借用合同或协议,在风险事故一旦发生时,将一部分风险损失转移给项目的第三方。采用转移策略,通常需要向承担威胁的一方支付风险转移费用。风险转移可能需要通过一系列行动才能实现,包括(但不限于)购买保险、使用履约保函、使用担保书、使用保证书等。也可以通过签订协议,把具体风险的归属和责任转移给第三方。

④减轻策略。减轻风险是指降低风险的可能性,或降低风险后果造成的损失,或者二者都有。例如,在汽车上安装气囊不能降低事故发生的可能性,但可以大幅度降低事故造成的损失。值得注意的是,如果潜在问题没有发生,减轻策略可能被视为浪费时间、资金和精力。

⑤接受策略。承认威胁的存在,但不主动采取措施。此策略可用于低优先级威胁,也可用于无法以任何其他方式加以经济有效地应对的威胁。接受策略又分为主动或被动方式。最常见的主动接受策略是建立应急储备,包括预留时间、资金或资源以应对出现的威胁;被动接受策略则不会主动采取行动,而只是定期对威胁进行审查,确保其并未发生重大改变。

2) 正面风险(机会)的应对策略

积极的风险可以给企业带来机遇,如减少资源消耗量、降低成本或缩短工期等。面对这样的风险,企业可以采用以下五种应对策略:

①上报策略。如果项目团队或项目发起人认为该机会不在项目范围内,或提议的应对措施超出项目经理的权限,就应该取用上报策略。被上报的机会将在项目集层面、项目组合层面或组织的其他相关部门加以管理,而不在项目层面。项目经理应确定将机会通知给哪些人员,并向该人员或组织部门传达关于该机会的详细信息。对于被上报的机会,组织中的相关人员必须愿意承担应对责任,这一点非常重要。机会通常要上报给其目标会受该机会影响的那个层级。机会一旦上报,就不再由项目团队做进一步监督,但仍可出现在风险登记册中供参考。

②开拓策略。如果组织想把握住高优先级的机会,就可以选择开拓策略。此策略将特定机会出现的概率提高到100%,确保其肯定出现,从而获得与其相关的收益。开拓策略可能包括:把组织中最有能力的人员分配给项目来缩短完工时间,或采用全新技术或技术升级来节约项目成本并缩短项目持续时间。

③分享策略。通过建立合作关系,与第三方共同承担对机会的管理责任,共同享受相应的收益。必须仔细为已分享的机会安排新的风险责任人,让那些最有能力为项目抓住机会的人担任新的风险责任人。采用风险分享策略,通常需要向承担机会应对责任的一方支付风险费用。

分享措施包括建立合伙关系、合作团队、特殊公司或合资企业等。

④提高策略。识别正面影响的关键驱动因素,采取相应的措施来提高积极风险发生概率。提前采取提高措施通常比机会出现后尝试改善收益更加有效。通过关注机会出现的原因,可以提高机会出现的概率;如果无法提高概率,也可以针对决定其潜在收益规模的因素来提高机会发生的影响。机会提高措施包括早日完成活动而增加资源。

⑤接受策略。承认机会的存在,但不主动采取措施。此策略可用于低优先级机会,也可用于无法以任何其他方式加以经济有效地应对的机会。接受策略又分为主动或被动方式。最常见的主动接受策略是为项目建立应急储备,包括预留时间、资金或资源,以便在机会出现时加以利用;被动接受策略则不会主动采取行动,而只是定期对机会进行审查,确保其未发生重大改变。

3) 应急计划/应急储备

应急计划是指当一个风险事件发生时,项目团队将要采取的预先制定的措施。尽管是在问题发生后才按计划处理,但应急计划需提前完成,这将有助于保证协调、高效和及时地处理问题。一些计划的实施可能需要后备资源,这些后备资源需要事先安排好。在项目团队已经采取了预防措施,但高威胁问题依然存在时,就应该做应急计划。可以设定一个特定的触发点或"扳机",给项目团队一个警报,以启动应急计划的实施。应急计划包括风险的描述、完成计划的假设、风险出现的可能性、风险的影响及适当的反应。

应急储备是指在项目计划中为了应对项目进度风险、项目成本风险和项目质量风险而持有的准备补给物。它可以用来转移项目的风险,比如,当项目采用了劣质的原材料导致项目的质量不过关时,可以动用项目的应急储备购买符合质量要求的原材料。

6.2 项目质量管理计划

6.2.1 质量与等级

质量通常是指产品的质量,广义上还包括工作的质量。产品质量是指产品的使用价值及其属性,而工作质量是产品质量的保证,它反映了与产品质量直接有关的工作对产品质量的保证程度。

PMI 对质量的定义:质量是对一种产品或服务能满足对其明确或隐含需求的程度产生影响的该产品或服务特征和性质的全部。

质量与等级的区别:质量作为实现的性能或成果,是"一系列内在特性满足要求的程度(ISO 9000)"。而等级是设计者针对用户的需求,对用途相同但技术特性不同的可交付成果的级别分类。比如电源插座能否接通电路属于质量问题;而设计制造两相接口、三相接口则属于功能等级问题,通常等级越高,功能越强。项目经理及项目管理团队负责权衡,以便产品同时达到所要求的质量与等级水平。产品的质量水平未到达质量要求肯定是个问题,而低等级不一定是个问题。例如:一个低等级(功能有限)产品具备高质量(无明显缺陷)也许不是问题,该产品适合在一般情况下使用;而一个高等级(功能繁多)产品质量低(有许多缺陷)就必定产生问题,该产品的功能会因质量低劣而无效或低效。

6.2.2 质量管理发展阶段

人类历史上自有商品生产以来,就开始了以商品的成品检验为主的质量管理方法。根据历史记载,我国早在 2400 多年以前就有了青铜武器的质量检验制度。根据质量管理所依据的手段和历史,质量管理发展历史大致划分为以下四个阶段。

1) 传统质量检验阶段

这个阶段从出现原始的质量管理方法,一直到 19 世纪末资本主义的工厂逐步取代分散经营的家庭手工作坊。这段时期受家庭生产或手工作坊式生产经营方式的影响,产品质量主要依靠工人的实际操作经验,靠手摸、眼看等感官估计和简单的度量衡器测量来确定。工人既是操作者又是质量检验、质量管理者,其经验就是"标准"。因此,有人将这个阶段的质量管理称为"操作者的质量管理"。这个阶段的质量标准基本还是实践经验的总结。

2) 质量检验阶段

工业革命改变了一切,机器工业生产取代了手工作坊式生产,劳动者集中到一个工厂内共同进行批量生产劳动,于是产生了对正式的企业管理和质量检验管理技术的需要。由于生产规模的扩大以及职能的分解,为了保证产品的正确生产,独立的质量部门承担了质量控制职能。检验工作是这一阶段质量部门执行质量控制职能的主要内容。质量检验所使用的手段是各种各样的检测设备和仪表,方式是严格把关,进行百分之百的检验。有人称这个阶段的质量管理为"检验员的质量管理",大多数企业都设置了专职的检验部门和人员。从 20 世纪初到 20 世纪 40 年代,质量管理水平一直处于这个阶段。

这种检验方式有其弱点。其一,它属于"事后检验",无法在生产过程中完全起到预防、控制的作用,一经发现废品,就是"既成事实",一般很难补救;其二,它要求对成品进行百分之百的检验,这样做有时在经济上并不合理(增加检验费用,延误出厂交货期限),有时从技术上考虑也不可能(例如破坏性检验),在生产规模扩大和大批量生产的情况下,这个弱点尤为突出。这个时期具有代表性的质量管理大师为泰勒。

质量管理大师

泰勒

弗雷德里克·温斯洛·泰勒(Frederick Winslow Taylor,1856—1915)(图 6-5),美国著名管理学家、经济学家,西方古典管理理论主要代表人物之一,被后世称为"科学管理之父"。其代表作有《科学管理原理》(1911)和《科学管理》(1912)。泰勒在两部书中阐述的科学管理理论,使人们意识到管理是建立在明确的法规、条文和原则之上的科学,它适用于人类的各种活动,从最简单的个人行为到经过充分组织安排的大公司的业务活动。在《科学管理原理》一书中,他明确提

图 6-5 泰勒

出将质量检验作为一道工序,从产品生产过程中独立出来。质量检验的目的是避免次品和废品进入流通领域和消费领域,这对提高产品的质量有一定的推动作用,但它属于一种事后的管理方法。

检验质量管理主要分为:

(1) 操作者的质量管理,20世纪前,产品质量主要依靠操作者本人的技艺水平和经验来保证。

(2) 工长的质量管理,20世纪初,质量检验从加工制造中分离出来,质量管理的职能由操作者转移到工长。

(3) 检验员的质量管理,企业开始设置检验部门,有的直属厂长领导。

3) 统计质量控制阶段

从20世纪40年代到20世纪50年代末,以休哈特、戴明为代表提出了抽样检验的概念,最早把数理统计技术应用到质量管理领域。此阶段运用数理统计方法,从产品的质量波动中找出规律性,采取措施消除产生波动的异常原因,将生产的各个环节控制在正常状态,从而更经济地生产出品质优良的产品。这种方法最先在美国国防部使用,其后在民用工业上得到应用。这一阶段的特征是数理统计方法与质量管理的结合。由于采取质量控制的统计方法给企业带来了巨额利润,第二次世界大战以后,很多国家开始积极开展统计质量控制活动,并取得了成效。利用数理统计原理,预防产出废品并检验产品质量的工作,由专职检验人员转移给专业的质量控制工程师承担。这标志着事后检验的观念改变为预测质量事故的发生并事先加以预防的观念。

但是这个阶段过分强调质量控制的统计方法,忽视组织管理工作,使得人们误认为"质量管理就是统计方法",而专业的数理统计方法又比较深奥,因此质量工作成了"质量管理专家的事情",人们对质量管理产生了一种"高不可攀、望而生畏"的感觉。这在一定程度上限制了质量管理统计方法的普及和推广。

质量管理大师

休哈特

沃特·阿曼德·休哈特(Walter A. Shewhart,1891—1967)(图6-6),现代质量管理的奠基者,美国工程师、统计学家、管理咨询顾问,被人们尊称为"统计质量控制(SQC)之父"。

休哈特重要的著作是《产品生产的质量经济控制》(Economic Control of Quality of Manufactured Product),该书在1931年出版后被公认为质量基本原理的起源,对质量管理做出了重大贡献。

休哈特认为"变异"存在于生产过程的每个方面,但是可以通过使用简单的统计工具如抽样和概率分析来了解。1924年,休哈特向上级正式提出了使用控制图(control chat)的建议。控制图是一种有控制界限的图(见图6-7),用来区分引起

图6-6 休哈特

质量波动的原因是偶然的还是系统的,可以提供系统原因存在的信息,从而判断生产过程是否处于受控状态。

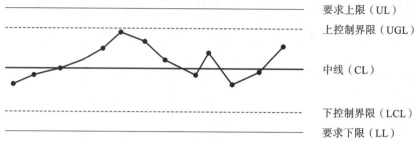

图 6-7　控制图

4) 全面质量管理阶段

第二次世界大战以后,社会生产力迅速发展,科学技术日新月异,质量管理的理论也得以发展。最早提出全面质量管理概念的是美国通用电气公司质量经理费根堡姆。1961 年,他的著作《全面质量管理》出版,该书强调执行质量职能是公司全体人员的责任,应该使公司的全体人员都具有质量意识和承担质量的责任。而朱兰、戴明等美国专家在日本的努力则真正掀起了一场质量革命,使得全面质量管理的思想最先在日本蓬勃发展起来。

质量管理大师

朱兰

图 6-8　朱兰

约瑟夫·朱兰(Joseph M. Juran, 1904—2008)(图 6-8)是举世公认的现代质量管理的领军人物,被誉为"现代质量管理大师"。他创立了许多现代质量管理的概念和方法,如质量计划、质量控制、质量改进(朱兰三部曲)等,并将这些方法成功地应用于工业生产和服务行业。他最早把帕累托原理引入质量管理。由朱兰博士主编的《质量控制手册》(*Quality Control Handbook*)被称为当今世界质量控制科学的名著,为奠定全面质量管理(TQM)的理论基础和基本方法做出了卓越的贡献。

1. 适用性质量

朱兰认为,质量的本质内涵是"适用性",而所谓适用性(fitness for use),是指产品在使用期间能满足使用者的需求。朱兰提出,质量不仅要满足明确的需求,也要满足潜在的需求。这一思想使质量管理范围从生产过程中的控制进一步扩大到产品开发和工艺设计阶段。

2. 朱兰三部曲

朱兰博士在 82 岁高龄时发表了一篇著名论文《质量三部曲》,其副标题为"一种普遍适用的质量管理方法",这就是被世界各国广为推崇的"朱兰三部曲"(见表 6-6)。质量三部曲指质量计划、质量改进和质量控制,通过识别顾客的要求,开发出让顾客满意的产品,并使产品的特征最优化,同时优化产品的生产过程。这样不但能够满足客户的需求,也能满足企业的需求。

表6-6 朱兰三部曲

质量计划	质量控制	质量改进
识别客户及其需求,基于客户需求制定质量要求,并据此选择质量控制方法以达到要求	确定控制内容,建立测度系统,设立每项标准,将实施情况与标准进行对比,找出偏差并更正	支持质量改进,说明改进原因和策略,并对改进过程进行一定的控制

3. 质量螺旋

朱兰博士提出,为了获得产品的合用性,需要进行一系列的活动。也就是说,产品质量是在市场调查、开发、设计、计划、采购、生产、控制、检验、销售、服务、反馈等全过程中形成的,同时又在这个全过程的不断循环中螺旋式提高。由于每项环节具有相互依存性,符合要求的全公司范围的质量管理需求巨大,高级管理层必须在其中起着积极的领导作用。

4. 80/20原则

朱兰博士尖锐地提出了质量责任的权重比例问题。他依据大量的实际调查和统计分析认为,企业产品或服务质量问题,追究其原因,只有20%来自基层操作人员,而有80%的质量问题都是由领导责任所引起的。在国际标准ISO 9000中,与领导责任相关的要素占有重要地位,在客观上证实了朱兰博士的"80/20原则"所反映的普遍规律。

20世纪80年代以后,全面质量管理的思想逐步被世界各国所接受,并且各国在运用时各有所长。全面质量管理在日本被称为全公司的质量控制(CWQC)或一贯质量管理(新日本制铁公司),在加拿大被总结为4级质量大纲标准(即CSA Z299),在英国被总结为3级质量保证体系标准(即BS 5750)等。1987年,国际标准化组织又在总结各国全面质量管理经验的基础上,制定了ISO 9000《质量管理和质量保证》系列标准。现今,全面质量管理思想在企业发展中发挥着巨大的作用。

> 质量管理大师

戴明

威廉·爱德华兹·戴明(William Edwards Deming,1900—1993)(图6-9)是世界著名的质量管理专家,他因对世界质量管理发展做出的卓越贡献而享誉全球。"戴明奖"至今仍是日本品质管理的最高荣誉。

戴明提出了著名的PDCA循环管理法。PDCA即plan(计划)、do(执行)、check(检查)、action(处理),其循环过程见图6-10。计划包括方针和目标的确定以及活动计划的制订;执行就是具体运作,实现计划中的内容;检查就是总结执行计划的结果,分清哪些对了,哪些错了,明确效果,找出问题;最后对检查的结果进行处理,成功的经验加以肯定,并予以标准化,或制定作业指导书,便于以后工作时遵循,对失败的教训

图6-9 戴明

也要总结,以免重现。对于没有解决的问题,应在下一个 PDCA 循环中去解决。

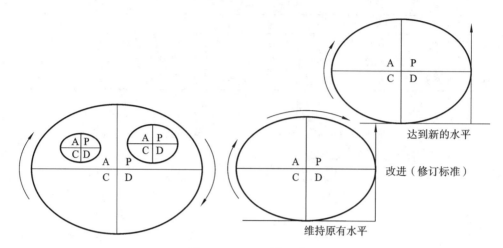

图 6-10　PDCA 循环过程

PDCA 特点:

(1) 每一个循环系统过程包括计划、执行、检查、处理四个阶段,靠工程管理组织系统推动,周而复始地运动,中途不得中断。

(2) 大循环套中循环,中循环套小循环,环环扣紧;小循环保中循环,中循环保大循环,推动循环有效运行。把整个工程管理工作有机地联系起来,相互紧密配合,共同协调发展。

(3) PDCA 循环是呈螺旋式上升和发展的。

质量管理大师

克劳士比

菲利浦·克劳士比(Philip Crosby,1926—2001)(图 6-11)被美国《时代》杂志誉为"本世纪伟大的管理思想家""品质大师中的大师""零缺陷之父""一代质量宗师",他开创了现代管理咨询在质量竞争力领域的新纪元。在半个多世纪的质量管理文献中,克劳士比是被引用得最多的作者之一。哈佛商学院、沃顿商学院、耶鲁大学管理学院等专门开设了"克劳士比管理哲学(Crosbyism)"课程。克劳士比率先提出"第一次就做对"理念,掀起了一个时代自上而下的零缺陷运动。

克劳士比的信念是"质量是免费的(quality is free)",认为第一次就把事情做对远比返工和返修付出的代价要小得多。他提出了质量管理四条基本原则:

原则一:什么是质量? 质量的定义是符合要求(既包括产品的要求,又包括客户的要求),而不是"好""卓越"等主观和含糊的描述。

原则二:质量是怎样产生的? 产生质量的系统是预防,而不是检验。检验是在过程结束后把不符合要求的挑选出来,而不是促进、改进。预防发生在过程的设计阶段,包括沟通、计划、验证以及逐步消除出现不符合项的可能性。

第6章
项目计划:预估风险,保证质量

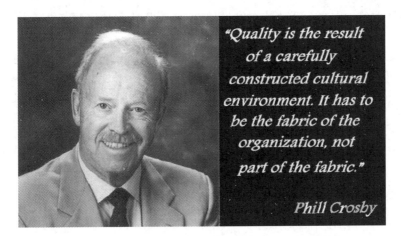

图 6-11 克劳士比

原则三:什么是工作标准?工作标准必须是零缺陷,强调"第一次就把事做对",而不是"差不多就好"。

原则四:怎样衡量质量?质量是用不符合要求的代价(金钱)来衡量的。所谓不符合要求的代价,是指所有做错事情的花费,这一花费累计起来是十分惊人的,"在制造业公司约占总营业额的20%以上,而在服务业更是高达35%"。

质量管理大师

石川馨

石川馨(Ishikawa Kaoru,1915—1989)(图 6-12),QCC之父、日本式质量管理的集大成者。石川馨的突出贡献是一直致力于日本全面质量管理方法的研究,开发出了石川图(因果图)。

基本质量思想:①质量,始于教育,终于教育;②了解顾客需求是质量改进的第一步;③当质量监督检验不再是必需的生产环节时,质量控制才达到理想的状态;④治标更要治本;⑤质量控制是企业所有员工的责任,并贯穿于所有环节;⑥不要将目的与手段相混淆;⑦质量优先,关注长期利润;⑧高层管理者应明白质量问题的产生并不都是下属的责任;⑨没有分布信息的数据是不可信的;⑩企业中95%的质量问题可以通过简单的分析工具加以解决。石川馨提出,在公司内部一个单独部门中由非监督人员和领导人组成团队,自发地去研究如何改进他们工作的有效性。

图 6-12 石川馨

石川图(又称鱼骨图或因果图)是由日本质量管理专家石川馨教授于1960年代发明的,它是利用"头脑风暴法",集思广益,寻找影响质量、时间、成本等问题的潜在因素,然后用形似鱼骨的图形形式来表示的一种十分有效的方法,它揭示的是质量特性波动与潜在原因的关系(见图 6-13)。

因果图的 3 个显著特征:①可直观表示对所观察的效应或考察的现象有影响的原因。②这些可能原因的内在关系能被清晰地显示出来。③内在关系一般是定性的和假定的。

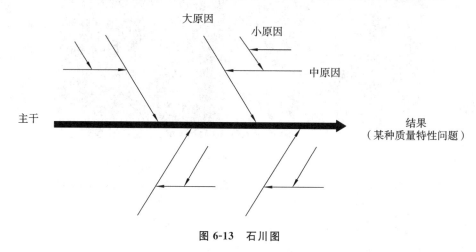

图 6-13 石川图

6.2.3 项目质量管理概述

项目质量管理(project quality management)包括把组织的质量政策应用于规划、管理、控制项目和产品质量要求,以满足相关方目标的各个过程。此外,项目质量管理以执行组织的名义支持过程的持续改进活动。

项目质量管理需要兼顾项目管理与项目可交付成果两个方面,它适用于所有项目,无论项目的可交付成果具有何种特性。质量的测量方法和技术则需要专门针对项目所产生的可交付成果的类型而定,例如,对于软件与核电站建设的可交付成果,需要采用不同的方法和措施进行质量检测。无论什么项目,若未达到质量要求,都会给某个或全部项目相关方带来严重后果。例如,为满足客户要求而让项目团队超负荷工作,就可能导致质量下降、整体项目风险增加,以及员工疲劳、出错或返工。又如,为满足项目进度目标而仓促完成预定的质量检查,就可能造成检验疏漏、利润下降,以及后续风险增加。

项目质量管理流程如图 6-14 所示,包含以下过程:

(1) 规划质量管理——识别项目及其可交付成果的质量要求和/或标准,并书面描述项目将如何证明符合质量要求和/或标准的过程。

(2) 管理质量——把组织的质量政策应用于项目,并将质量管理计划转化为可执行的质量管理活动的过程。

(3) 控制质量——为了评估绩效,确保项目输出完整、正确并满足客户期望,而监督和记录质量管理活动执行结果的过程。

值得注意的是,上述项目管理过程是以界限分明、相互独立的形式出现的,但在实践中可能相互交叠、相互作用。不同行业和公司的质量管理过程可能各不相同。

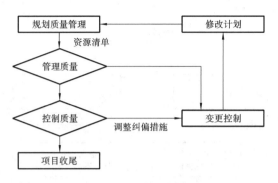

图 6-14 质量管理过程图

6.2.4 项目质量管理计划编制

项目质量管理计划是指在项目计划的初期阶段，为确保项目顺利实施、达到预期目标，对质量管理工作进行计划安排和描述，以及对质量控制方法进行具体说明。这一计划文件需做出如何检验项目质量计划的执行情况、如何确定质量控制规定等计划安排。在编制项目质量管理计划时，可以借助相关工具和方法，制定出质量测量指标和质量核对表。

1) 编制质量管理计划的工具与方法

编制质量管理计划的工具和方法包括成本效益分析、质量成本法、标杆对照法、基本质量工具、实验设计、统计抽样和会议等。比较常用的方法如下。

①成本效益分析。

成本效益分析是用来估算备选方案优势和劣势的一种财务分析工具，以确定可以创造最佳效益的备选方案。成本效益分析可帮助项目经理确定规划的质量活动是否有效利用了成本。达到质量要求的主要效益包括减少返工、提高生产率、降低成本、提升相关方满意度及提升盈利能力。对每个质量活动进行成本效益分析，就是要比较其可能成本与预期效益。任何项目的质量成本都可分为质量保证成本和质量纠偏成本，两者的关系是：质量保证成本越高，质量纠偏成本越低，反之亦然。

②质量成本法。

质量成本指为达到质量要求所花费的所有成本，包括在产品生命周期中为预防不符合要求、评价产品或服务是否符合要求，以及因未达到要求而返工所发生的所有成本。失效成本常分为内部和外部两类，也称为劣质成本。图 6-15 给出了质量成本的主要分类。

一致性成本是预防性的，是为保证和提高产品/服务质量而发生的成本。一致性成本包括计划编制、培训指导、过程控制、实地测量、设计确认、过程确认、成果测试与评价、质量审计、维护与校准等过程发生的质量成本。

非一致性成本是指质量缺陷造成的成本。非一致性成本包括残次品处理、返工、额外材料与库存、返修、责任判定、投诉处理、现场服务、保修或服务业务流失等过程发生的质量成本。

除此之外，项目质量成本一般可分为预防成本、评估成本、内部失效成本、外部失效成本。

预防成本——计划和执行一个项目，以使项目无差错或使差错保持在一个可接受范围内的成本。例如，培训、对供应商进行调查等行为引起的成本都属于预防成本。

评估成本——评估各种过程及其成果所发生的成本，其目的在于确保一个项目无差错或使差错保持在一个可接受范围内。例如，产品检查和测试，设备检查、测试和维护，处理和报告测

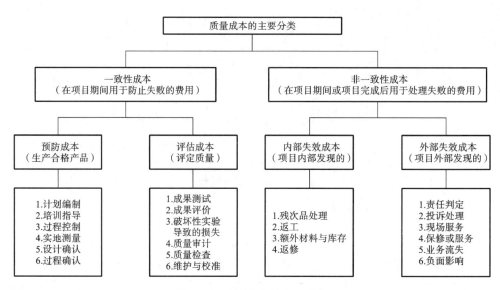

图 6-15 质量成本的主要分类

试数据等行为引起的成本都属于评估成本。

内部失效成本——在客户收到产品之前,纠正已识别出的缺陷所引起的成本。返工成本、延期付款发生的成本、由产品缺陷而直接导致的存货成本、工程变动成本、因纠正设计错误而引起的设计变更成本、纠正文档的成本等都属于内部失效成本。

外部失效成本——在产品交付客户之后,因产品缺陷而产生的一切成本。现场服务人员培训、产品责任诉讼、投诉处理、未来经营损失等所引发的成本都属于外部失效成本。

③七种基本质量工具。

七种基本质量工具也称7QC,包括因果图、流程图、核查表、帕累托图、直方图、控制图、散点图,详见第9章。

④标杆对照法。

标杆对照法的基本思想就是将实际或者计划的项目实践与竞争者或者行业领先者的项目实践进行比较,以便识别最佳实践,形成改进意见,并为绩效考核提供依据。简单来说,标杆就是榜样,这些榜样在业务流程、制造流程、设备、产品和服务方面所取得的成就,是后来者瞄准和赶超的目标。

概括而言,标杆对照就是一个不断和竞争对手及行业中最优秀的公司比较实力、衡量差距的过程,实质上是将我们的注意力由削减价格、控制支出的方面移向外部,去了解和关注那些真正为消费者所注重的内容。其关键在于选择和确定被学习和借鉴的对象和标准。作为标杆的项目可以来自执行组织内部,也可以来自执行组织外部,可以是同一个应用领域的项目,也可以是其他应用领域的项目。

标杆对照法的运用为以下几个步骤:第一步,收集信息,为了选择适当的标杆项目,需要收集有关项目的过去、现在的状态和未来的发展趋势的信息;第二步,分析信息,对了解到的信息进行分析、研究,以确定问题的关键点;第三步,找出差距,将本项目与标杆项目进行比较,以确定所存在的差距;第四步,制定对策,根据所存在的差距制定相应的对策,包括提高项目质量水平、改善项目特征、完善质量管理措施等。

2) 质量管理计划

质量管理计划是项目管理计划的组成部分,描述如何实施组织的质量政策,以及项目管理团队准备如何达到项目的质量要求,包括项目的质量管理、质量控制和持续过程改进方法。应在项目早期对质量管理计划进行评审,以确保决策基于准确信息,从而减少因返工而造成的成本超支和进度延误。质量管理计划模板如图 6-16 所示。

质量管理计划	
角色	职责
质量规划方法:	
质量管理方法:	
质量控制方法:	
质量改进方法:	

图 6-16 质量管理计划模板

3) 质量测量指标

质量测量指标用于描述项目或产品属性,以及质量控制过程将如何验证符合程度。质量测量指标包括按时完成的任务的百分比、以 CPI 测量的成本绩效、故障率、识别的日缺陷数量、每月总停机时间、每个代码行的错误、客户满意度分数,以及测试计划所涵盖的需求的百分比(即测试覆盖度)。

4) 质量核对表

质量管理计划编制过程中的一个重要输出是质量核对表。如果在项目执行过程中随意变更项目每一项活动的内容,则一定无法完成符合要求的项目。因此,制订质量管理计划的时候就必须将作业流程、作业方法、作业条件标准化。根据这些工作标准所制定的表格就是质量核对表。质量核对表通过具体列出各项内容,用来核实所要求的一系列步骤是否已经执行,应包括质量核对评定用的表格、核对质量分布状态用的表格、可交付成果缺陷部位的核对表、影响可交付成果质量主要原因的核对表。通过具体列出各项内容,用来核实所要求的一系列步骤是否已经执行,用于质量控制过程。

知识扩展

世界三大质量奖

(1) 美国马尔科姆·波多里奇国家质量奖(Malcolm Baldridge National Quality Award,MBNQA)。

美国前总统里根于 1987 年签发了"公共法案 100～107号",确立了马尔科姆·波多里奇国家质量奖(图 6-17)。马尔科姆·波多里奇于 1981 年至 1987 年任美国商业部部长,他长期致力于美国质量管理工作,在促进美国国家质量管理的改进和提高上做出了突出贡献。为此,在他去世后,美国通过了国家质量改进法案,建立了以他的名字命名的国家质量奖。

美国商务部是美国马尔科姆·波多里奇国家质量奖的主管部门,美国国家标准与技术研究院(NIST)被商业部授权管

图 6-17 美国马尔科姆·波多里奇国家质量奖

理该奖。美国质量学会(ASQ)在NIST的指导下,负责国家质量奖的日常工作,并在质量奖有关的质量概念、原理和技术上不断发展、改进和提高。为保证评奖工作正常、有序地进行,美国质量学会组织成立了监督委员会和评审委员会。监督委员会由全美各领域的卓越领导者组成,由商务部部长任命,是商务部质量工作的顾问组,保证评价标准的充分性、评审过程的正确性,以及质量奖评审工作给美国经济发展带来的效益。该委员会通过向商务部部长和NIST执行官提交报告来促进评奖工作的改进和提高。评审委员会由美国商业、健康卫生和教育等组织的领导、专家组成,负责对质量奖的申请组织进行评审,提出具体评审报告。

美国马尔科姆·波多里奇国家质量奖评奖标准的核心价值观体现在领导力、战略策划、以顾客和市场为关注焦点、测量分析和知识管理、人力资源开发和管理、过程管理以及经营绩效等方面。美国质量学会每年组织对该奖的评奖标准进行修订,评审工作日臻完善,在美国质量界和企业中都享有极高声誉。

(2) 戴明奖(Deming Prize)。

戴明奖是日本质量管理的最高奖(图6-18)。世界范围内影响较大的质量奖中,世界三大质量奖项之一的日本戴明奖是创立最早的一个。它始创于1951年,是以美国统计专家、质量控制技术先驱戴明博士的姓氏命名的,是为了纪念他为日本战后统计质量控制的发展所做出的巨大贡献。

图 6-18 戴明奖

戴明奖分为3个类别:戴明个人奖、戴明应用奖和工厂质量控制奖。其中戴明应用奖授予私营或国有小企业、大企业的部门,并于1984年向海外公司开放。每个年度对获奖企业的数量并没有限制。戴明奖的评审并不要求参选组织达到评审委员会提出的质量管理成功范例的标准,而是要求参选组织能够根据自身的实际需求,制定出相应的课题和目标,通过创新与改善活动不断提高质量管理水平,并能够对未来的发展起到积极有效的作用。评审委员们会尽力对参选组织能否制定合理的改善目标,为达成这些目标所付出的努力,以及预期可能达成的改善效果进行评价。持续改进不是轻易就能获得的,没有哪一个企业仅靠解决别人提出的问题就能获得卓越的业绩。它们需要自己思考、创新和变革,制定自己的质量战略目标和经营战略目标,并为此而努力。在这样的企业中,戴明奖被作为一种持续改进和进行企业创新和变革的工具。

(3) 欧洲质量奖(European Quality Award)。

日本戴明奖和美国马尔科姆·波多里奇国家质量奖在推动和改进制造业和服务业方面所取得的质量成效,使欧洲企业有所感悟。它们认为欧洲有必要开发一个能与之相媲美的欧洲质量改进的框架。时任欧洲委员会主席雅克·戴勒指出:"为了企业的成功,为了企业的竞争的成功,我们必须为质量而战。"

1991年10月,在法国巴黎召开的欧洲质量管理基金会年度论坛上,欧洲委员会副主席马丁·本格曼正式提出设立欧洲质量奖(图6-19)。欧洲质量奖是由欧洲委员会、欧洲质量组织(EOQ)和欧洲质量管理基金会(EFQM)共同发起的。1992年10月,首届欧洲质量奖颁奖典礼在西班牙马

图 6-19 欧洲质量奖

德里举行,西班牙国王朱安·卡洛斯向获得首届欧洲质量奖的组织颁奖。

欧洲质量奖是欧洲最具声望和影响力的用来表彰优秀企业的奖项,代表着 EFQM 表彰优秀企业的最高荣誉。该奖项一共设有 4 个等级,分别是欧洲质量优胜奖、欧洲质量金奖、欧洲质量决赛奖和欧洲质量优秀表现奖。

欧洲质量奖授予欧洲全面质量管理最杰出的和有良好业绩的企业,只有营利性企业才能申请,非营利性企业被排除在外。它对企业的所有权的类别和企业所有者的国籍并无要求,但申请企业的质量管理活动必须在欧洲发生。

欧洲质量奖的企业卓越观念体现在:以顾客为中心;结果导向;领导和坚定的目标;过程和事实管理;人员开发和参与;不断学习,创新和改进;发展伙伴关系;公共责任。

习　题

一、单选题

1. 以下哪项不是项目风险管理的特点?(　　)
A. 风险的客观性　　B. 风险的普遍性　　C. 风险的偶然性　　D. 风险的整体性

2. 下列有关风险的陈述不正确的是(　　)。
A. 风险是指某种风险发生的可能性
B. 项目风险管理是一个动态反复、适时修正、持续改进的过程
C. 风险管理的目标在于提高项目成功的可能性
D. 风险是不可以转移的

3. 风险识别的作用在于(　　)。
A. 记录现有的单个项目风险以及整体项目风险的来源
B. 制定可能的应对措施
C. 更新相关的管理计划
D. 确认项目风险的存在及性质

4. 利用已识别风险的发生概率、风险对项目目标的相应影响以及其他因素,对已识别风险的优先级别进行评价,这是(　　)的目的。
A. 建立项目风险管理体系　　　　B. 进行定性风险分析
C. 进行定量风险分析　　　　　　D. 制订风险应对计划

5. 风险定性分析的方法不包括(　　)。
A. 风险数据质量评估　　　　　　B. 风险概率和影响矩阵
C. 灵敏度分析　　　　　　　　　D. 风险概率和影响评估

6. 风险事件的(　　)是风险定量分析的基础。
A. 风险因素分类　　　　　　　　B. 项目风险分类
C. 发生概率和概率分布　　　　　D. 损失程度和发生的可能性

7. 风险定量分析使用的技术一般不包括(　　)。
A. 概率和影响矩阵　　B. 模拟　　C. 决策树分析　　D. 敏感性分析

8. ( )是一种图解问题的表示方法,反映了变量和结果之间因果关系的相互作用、事件时间顺序及其他关系。

   A. 鱼刺图   B. 石川图   C. 影响图   D. 流程图

9. 风险识别的过程不包括( )。

   A. 确定风险来源   B. 制定风险对策   C. 描述风险特征   D. 确定风险条件

10. 决策树分析法的主要优势是( )。

   A. 考虑决策者对风险的态度   B. 考虑了每个结果的概率

   C. 帮助识别和假定了项目风险的情况   D. 显示了多个风险结合出现的情况

11. 大多数对预算、时间表、资源分配的统计模拟利用了哪种方式?( )

   A. 计划评审技术   B. 决策树   C. 现值分析   D. 蒙特卡洛分析

12. 下列哪种分析模型不适用于整体项目风险的来源分析?( )

   A. PESTLE(政治、经济、社会、技术、法律、环境)

   B. TECOP(技术、环境、商业、运营、政治)

   C. VUCA(易变性、不确定性、复杂性、模糊性)

   D. Delphi 技术

13. 风险是不以人的意志为转移的,这句话体现了风险的( )。

   A. 客观性   B. 突发性   C. 渐变性   D. 阶段性

14. 项目风险管理过程包括风险识别、风险分析、( )、风险控制四方面。

   A. 风险回避   B. 风险转移   C. 风险应对   D. 风险自留

15. 蒙特卡洛分析用于( )。

   A. 估算任务的历时

   B. 模拟单个项目风险和其他不确定性来源的综合影响

   C. 促使任务发生的顺序

   D. 向管理层证实增加额外的员工是必要的

16. 下列哪一项不属于风险管理的过程?( )

   A. 风险收集   B. 风险识别   C. 风险应对   D. 风险评价

17. 敏感性分析的结果通常用什么来表示?( )

   A. 龙卷风图   B. 鱼刺图   C. 决策树   D. S 曲线

18. 风险应对策略不包括( )。

   A. 规避风险   B. 转移风险   C. 接受风险   D. 识别风险

19. 在项目开始时,项目经理召开了一次由项目团队和关键客户相关方参加的风险主题会。主题会结束后,他们制作了一个由多个风险及其发生概率和对项目的影响组成的矩阵。请问在专题会上执行了什么类型的风险分析?( )

   A. 定性风险分析   B. 定量风险分析

   C. 分类风险分析   D. 德尔菲法风险分析

20. 按风险的状态,可将风险分为静态风险和( )。

   A. 动态风险   B. 已知风险   C. 管理风险   D. 自然风险

二、多选题

1. 项目风险的特点包括( )。

A. 风险的普遍性　　B. 风险的客观性　　C. 风险的偶然性
D. 风险的阶段性　　E. 风险的可变性

2. 风险的发展包含哪几个阶段？（　　）
A. 潜在风险阶段　　B. 风险消退阶段　　C. 风险发展阶段
D. 造成后果阶段　　E. 风险控制阶段

3. 风险识别的过程包括（　　）。
A. 确定风险发生条件　　　　　　B. 识别风险来源
C. 描述风险特征　　D. 进行风险控制　　E. 评价风险影响

4. 风险定性分析的方法有哪些？（　　）
A. 风险概率和影响评估　　　　　B. 概率和影响矩阵
C. 敏感性分析　　D. 层级图　　E. 蒙特卡洛分析

5. 风险定量分析的方法有哪些？（　　）
A. 风险概率和影响评估　　　　　B. 概率和影响矩阵
C. 决策树　　　　D. 敏感性分析　　E. 蒙特卡洛分析

6. 下列说法正确的有（　　）。
A. 模拟通常采用蒙特卡洛分析
B. 敏感性分析有助于确定哪些单个项目风险或其他不确定性来源对项目结果具有最大的潜在影响
C. 敏感性分析的结果通常用龙卷风图来表示
D. 影响图是确定条件下决策制定的图形辅助工具
E. 风险事件发生的概率和概率分布是风险分析的基础

7. 风险应对的策略包括（　　）。
A. 规避风险　　B. 转移风险　　C. 上报风险
D. 接受风险　　E. 后备措施

8. 项目风险管理是一个（　　）的过程。
A. 动态反复　　B. 适时修正　　C. 固定不变
D. 持续改进　　E. 不可应对

9. 项目风险的来源可分为（　　）。
A. 技术、性能、质量方面的风险
B. 项目外部风险　　　　　　　　C. 商业方面的风险
D. 确定性风险　　　　　　　　　E. 管理方面的风险

10. 项目风险管理的特点包括（　　）。
A. 风险的突变性　　B. 全过程管理　　C. 风险的渐进性
D. 全员管理　　　　E. 全要素管理

三、判断题

1. 按照风险的潜在损失形态，可将风险分为财产风险、人身风险和静态风险。（　　）
2. 按风险事故的后果，可将风险分为纯粹风险和投机风险。（　　）
3. 项目风险全员管理即全员参与对项目风险的管理。（　　）
4. 风险事件发生的概率和概率分布是风险分析的基础。（　　）

5. 风险定性分析的主要作用是重点关注高优先级的风险。（   ）

6. 接受风险是指项目团队无须对项目风险进行关注，直接承受风险带来的后果即可。（   ）

7. 敏感性分析的结果通常用 S 曲线来表示。（   ）

8. 影响图是不确定条件下决策制定的图形辅助工具。（   ）

9. 项目风险的阶段性是指项目风险的发展是分阶段的，而且这些阶段都有明确的界限、里程碑和风险征兆。（   ）

10. 项目风险管理的目标在于提高正面风险的概率和（或）影响，降低负面风险的概率和（或）影响，从而提高项目成功的可能性。（   ）

四、简答题

1. 简述项目风险的特点。
2. 简述项目风险管理的特点。
3. 简述风险应对的工具和方法。
4. 简述项目风险识别的含义。
5. 简述风险定量分析的工具和方法。

五、案例分析

某机械设备厂生产发动机，现有两种方案可供选择。一种方案是继续生产原有的全自动型老产品，但是需要对其进行维修，维修费用为 5 万元，另一种方案是生产一种新产品，生产新产品需引进新的设备，需花费 15 万元。据数据分析，如果市场需求量大，生产老产品可获利 20 万元，生产新产品可获利 50 万元，如果市场需求量小，生产老产品可获利 10 万元，生产新产品将亏损 5 万元（以上损益均指一年的情况）。另据市场分析可知，市场需求量大的概率为 0.8，需求量小的概率为 0.2。请用决策树分析法确定哪一种生产方案可使企业年获利最多。

第7章 项目实施：依计而行，团队协作

我们应该将行动纳入决策中，否则就是纸上谈兵。

——彼得·德鲁克

A decision will not become effective unless the action commitments have been built into the decision from the start.

——Peter F. Drucker

学习要求

☆ **了解**：如何选择合适的团队成员，团队沟通的概念。
☆ **掌握**：项目实施组织结构，项目团队发展阶段，项目冲突来源及解决方法。
☆ **熟悉**：如何管理团队成员。
☆ **核心概念**：组织结构、项目团队、项目沟通、冲突管理。

从"火神山"医院的建设看项目实施

举世瞩目的火神山医院，从开始建设到投入使用，仅用了十天时间，这样的速度让世界惊叹！这样的施工进度究竟是怎么做到的呢？我们先看看下面这组数据。

材料：4800套钢构件、3500套集成房、4900余个集装箱、2000余台电脑及配套设备、通风管道8.4万多米、电线电缆400多万米、配电柜1500余台、卫生洁具1600余套等。

这么庞大的一组数据，需要在十天内把它们转化成一所能投入使用的三级医院，是如何做到的呢？我们再看看下面的施工条件。

方案及图纸设计：1小时内召集60名设计人员，联络全国数百名BIM设计师共同参与，24小时制定设计方案，60小时内与施工单位协商敲定施工图纸。

作业人员：管理人员4000余人，参与人员35000余人。

机械：大型机械车辆2500余台。

参与企业：中建三局牵头，武汉建工、武汉市政、汉阳市政参建，多达上百家企业参与。

最后项目实施结果如下。

火神山医院：总建筑面积3.39万平方，可容纳1000张床位。

通过云监工看施工现场，令人震撼，项目现场实施图如图7-1所示。火神山项目的成功建设离不开以下几点保障：

图7-1 火神山医院现场实施图

（1）强有力的核心领导和组织结构。以中建三局为核心的领导机构，是保证项目进度的先决条件，没有优秀的管理组织结构，就无法实施管理职能。

（2）适合特定情况的项目管理计划安排，明确进度计划和进度目标。合理交叉施工作业、流水作业，适时调整进度安排，在施工过程中大幅度节约施工时间。在总目标明确的情况下，分解目标，以小时为单位实施进度计划，分段式流水作业的场面在直播视频中清晰可见。在整个过

第7章
项目实施：依计而行，团队协作

程中需要管理团队及时调整进度，安排各种资源。

（3）素质过硬的施工人员及先进的施工管理技术。施工人员的素质决定了建设工程项目的质量和进度。

（4）优秀的组织协调能力和沟通管理能力。上百家企业的协调，几万工人的管理，几百道工序的衔接，无数的材料调配、验收，设备测试、调试、检测。在项目施工过程中，一家施工单位在晚上准备开挖现场施工道路铺设排污水管，该施工道路是现场施工材料和设备进出的主路，挖断了现场箱式房吊装施工就会中断，严重影响项目施工建设，另一家施工单位管理人员遂上前阻止，双方施工人员因此发生了冲突。但通过项目指挥部的协调与沟通，现场很快就完全恢复正常施工了。

（5）高度信息化管理。医院建造全过程应用BIM技术，通过统一排布和模拟实现虚拟建造，借助智慧工地数字化管理平台，对"人、机、料、法、环"等各生产要素进行实时、全面、智能的监控和管理，通过监控机器设备的使用状态，保障项目高效运转。

（6）中国建筑工人高度的使命感和责任感，不怕牺牲、顽强拼搏的中国精神。在疫情肆虐的时刻，挺身而出的中国建筑工人为挽救新冠病毒患者赢得时间，二十四小时施工，没有责任感、使命感和中国精神是无法做到的，想完成任务更是不可想象。

思考：为什么"火神山"项目能够顺利实施？

项目实施是指当项目的立项以及论证完成之后，项目执行者运用所具备的人力、财力、物力将项目付诸实际的过程。实施阶段是项目管理的关键点，因为它将帮助每个人确定他们的努力是否最终会有成效。简单来说，再周密完美的计划，也仅仅只是计划，还需要切实地执行。有计划、有组织地实施项目才是实现项目的根本。

项目的成功实施离不开物资的保障和人力资源的保障。正如古语所云"兵马未动，粮草先行"，物资的及时供应是项目顺利实施的先决条件，而人是项目能否成功实施的关键。人的行为常常会受到项目组织和项目团队的影响。好的项目组织不仅能充分发挥项目管理职能，还能合理配置资源、提高团队效率。高效的项目团队可以使得团队成员通过交流与沟通保持目标、方法、手段的高度一致，充分发挥主观能动性，运用集体智慧将团队的人力、物力、财力集中于某一方向，形成比原组织更强的战斗力，更高效地完成任务。

7.1 项目组织结构

项目组织是指为了完成某个特定的项目任务而由不同部门、不同专业的人员所组成的一个特别的临时性组织，该组织通过计划、组织、领导、控制等活动，对项目的各种资源进行合理配置，以保证项目目标的成功实现。

依据项目的大小、规模、跨专业程度以及所在公司的需要，主要的项目组织结构形式有职能式组织结构、项目式组织结构、矩阵式组织结构、混合式组织结构和网络式组织结构。

7.1.1 职能式组织结构

职能式组织结构(functional organization structure)将组织按照职能的不同进行划分,各职能部门都有相应的职能经理进行管理,每个职能部门内部分为多个层级,每个职员具有明确的职责和分工,且只有一位上司,即从企业高层到基层,均把承担相同职能的管理业务及其人员组合在一起,设置相应的管理部门和管理职务(见图7-2)。

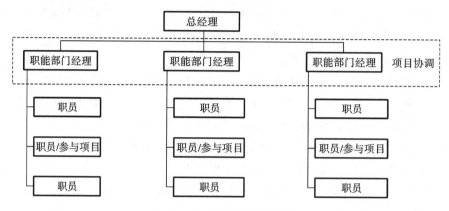

图 7-2 职能式组织结构图

职能式组织结构中的各级管理机构和人员实行高度的专业化分工,各自履行一定的管理职能,并且实行直线参谋制的管理模式,企业管理权力高度集中。由于各个职能部门和人员都只负责某一个方面的职能工作,只有最高领导层才能纵观企业全局,因此企业生产经营的决策权必然集中于最高领导层。

职能式组织结构的优点:有利于同一部门的专业人员在一起交流知识经验,促进技术创新;技术专家可同时被不同项目所使用;可保持项目的连续性。

职能式组织结构的缺点:责任不明确,项目成员积极性不高;各职能部门之间缺乏交流;不能保证项目所需的资源;不利于培养复合型人才。

7.1.2 项目式组织结构

项目式组织结构(project organization structure)是按照项目的目标,由不同部门、不同专业的人员所组成的特别工作结构,如图7-3所示。它不受现存的职能组织构造的束缚,但也不能代替各种职能组织的职能活动。

项目式组织与一般的组织一样,具有相应的领导(即项目经理)、组织的规章制度(即项目章程)、配备的人员(即项目团队)及组织文化等。与传统的组织结构有所不同,项目式组织结构更强调项目负责人的作用,强调团队的协作精神,其组织结构形式具有很大的灵活性。

项目式组织结构的优点:项目经理拥有足够的权限,对项目全权负责;能够充分发挥团队精神;沟通高效,决策迅速,命令统一。

项目式组织结构的缺点:会产生不必要的资源浪费,对项目成员的要求较高,项目结束后成员难以安排,组织规章制度执行不一致。

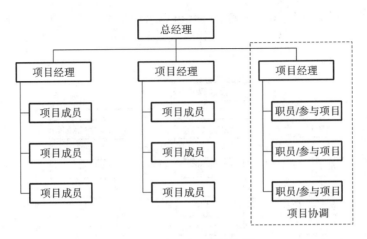

图 7-3 项目式组织结构图

7.1.3 矩阵式组织结构

矩阵式组织结构(matrix organization)是职能式组织结构和项目式组织结构的混合体,既具有职能式组织结构的特征,又具有项目式组织结构的特征。该组织结构将按职能划分的部门和按产品(或项目、服务等)划分的部门结合起来组成一个矩阵,使同一个员工既能够同原职能部门保持组织与业务的联系,又能够参加产品或项目小组的工作,即在直线职能式组织结构的基础上,再增加一种横向的领导关系。为了保证完成一定的管理目标,每个项目小组都设有负责人,在组织最高主管的直接领导下进行工作。根据项目组织中项目经理与职能式组织中职能部门经理权限的大小,可以将矩阵式组织结构分为弱矩阵式、平衡矩阵式和强矩阵式三种类型,在不同的组织结构类型当中,项目经理的权限不尽相同。

弱矩阵式组织结构(weak matrix organization structure):弱矩阵式组织结构基本保留了职能式组织结构的主要特征。在该组织结构中,项目经理的权力小于职能部门经理的权力,如图7-4 所示。

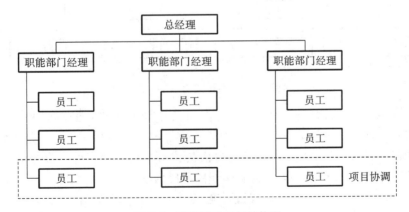

图 7-4 弱矩阵式组织结构图

平衡矩阵式组织结构(balanced matrix organization structure):平衡矩阵式组织结构介于弱矩阵式组织结构和强矩阵式组织结构之间,在该组织结构中,项目经理的权力与职能部门经理的权力大体相同,如图7-5所示。平衡矩阵式组织结构主要取决于项目经理和职能部门经理的权力的平衡程度,而平衡矩阵很难维持,容易发展成为弱矩阵式组织结构或强矩阵式组织结构。

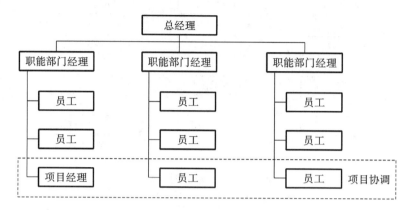

图 7-5 平衡矩阵式组织结构图

强矩阵式组织结构(strong matrix organization structure):强矩阵式组织结构基本保留了项目式组织结构的主要特征,在该组织结构中,项目经理对项目资源的调配权力大于职能部门经理的权力,如图7-6所示。一般情况下,项目经理对项目管理部门经理或总经理负责,对项目资源实施全权管理。职能部门经理的主要任务是辅助项目经理工作,对项目没有直接的影响力。

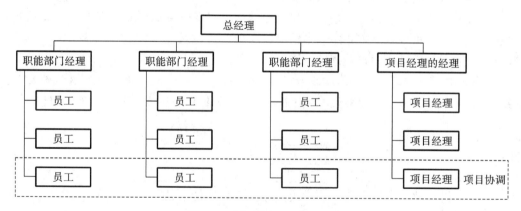

图 7-6 强矩阵式组织结构图

强矩阵式组织结构的关键是项目经理需要具备良好的谈判和沟通技能,项目经理与职能部门经理之间建立友好的工作关系,项目成员需要适应于两个上司协调工作。加强横向联结,充分整合资源,实现信息共享,提高反应速度等方面的优势恰恰符合当前的形势要求。这种组织结构适用于管理规范、分工明确的公司或者跨职能部门的项目。

矩阵式组织结构的优点:工作目标较为明确;多个项目之间分享各部门的人才资源;项目结束后成员回到原职能部门或开始新项目,减少了项目成员的后顾之忧;能够对项目中的问题做出快速反应。

矩阵式组织结构的缺点:项目经理之间容易产生摩擦;项目部门与职能部门之间责权不清;项目成员可能有多个"顶头上司",工作中可能无所适从,积极性不高。

7.1.4　混合式组织结构

混合式组织结构(mix organization structure)是指将两种或三种组织结构结合起来设置分部而形成的组织结构,如图7-7所示。混合式组织结构可以看作矩阵式组织结构和业务单元式组织结构的结合,在这种组织结构中,企业可以根据产品、客户或市场的不同,设置一系列相对独立的业务单元,此外,在设计中往往将一些共用的职能(如客户服务、采购、人事、财务等)集中,由上级直接委派,以辅助和协调各产品、客户或市场部门,做到资源共享。混合式组织结构旨在发挥某些职能部门的专长,使这些职能部门的作用得到加强。

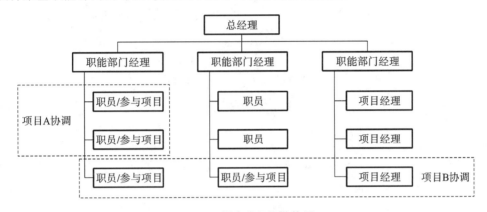

图7-7　混合式组织结构图

混合式组织结构的优点:有利于企业根据特殊需要和业务重点,选择不同的组织结构形式,灵活性强;组织可以根据外部环境和业务活动的变化及时调整自身结构。

混合式组织结构的缺点:组织结构不规范,容易造成管理上的混乱;所设各部门之间的差异较大,不利于协调与合作,也不利于在全球树立完整的企业形象。

7.1.5　网络式组织结构

网络式组织结构(network organization structure)是利用现代信息技术手段而建立与发展起来的一种新型的组织机构,如图7-8所示。在网络式组织结构中,组织的大部分职能从组织外"购买",这给管理者提供了高度的灵活性,并使组织集中精力做它们最擅长的事。而且,项目成员之间不再相对独立,而是以联盟的形式相互协作,交换信息和资源。

网络式组织在结构上有一个很小的中心小组,周围围绕着众多独立的组织单位,这些组织单位有紧密的横向和纵向联系,并由中心小组进行协调调度,进而形成了一种网络结构。

(1) 网络式组织结构的优点。

①降低了企业的管理成本,提高了管理效益,实现了企业全世界范围内供应链与销售环节的整合。

②组织结构具有更大的灵活性和柔性,以项目为中心的合作可以更好地结合市场需求来整合各项资源,而且容易操作,网络中的各个价值链部分也随时可以根据市场需求的变动情况增加、调整或撤并。

③组织结构简单、精炼,由于组织中的大多数活动都实现了外包,而这些活动更多地靠电子商务来协调处理,组织结构可以进一步扁平化,从而提高工作效率。

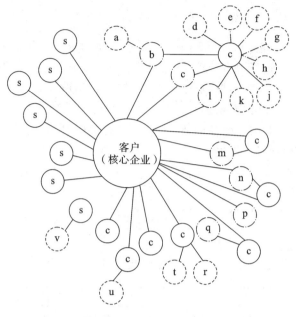

图 7-8 网络式组织结构图

注：○ 表示客户方的直接合作者(s=服务商；c=客户)；

　　○ 表示面对客户方和直接合作者的第三方组织；

　　○ 表示客户方的非直接合作者；

　　—— 表示与客户方的直接关系或者与第三方组织之间的直接相互作用；

　　---- 表示与第三方组织的非直接相互作用。

（2）网络式组织结构的缺点。

①可控性较差，这种组织的运营是通过与独立的供应商广泛而密切的合作来实现的，由于存在道德风险和逆向选择性，一旦组织所依存的外部资源出现问题，组织将陷入非常被动的境地。

②由于外部合作组织都是临时的，如果某个组织中的某一合作单位因故退出且不可替代，组织将面临解体的危险。

7.1.6 项目组织结构形式的选择

主要项目组织结构形式的特点如表 7-1 所示。

表 7-1 主要项目组织结构形式的特点

项目组织结构形式	职能式	矩阵式			项目式	混合式	网络式
		弱矩阵式	平衡矩阵式	强矩阵式			
项目经理的权限	很少或没有	有限	小到中等	中等到大	很高甚至全权	有限	小到中等
全职工作人员的比例	几乎没有	0～25%	15%～60%	50%～95%	85%～100%	0～25%	几乎没有

续表

项目组织结构形式	职能式	矩阵式			项目式	混合式	网络式
		弱矩阵式	平衡矩阵式	强矩阵式			
项目经理的任务	兼职	兼职	全职	全职	全职	兼职	兼职
项目经理的常用头衔	项目协调员	项目协调员	项目经理	项目经理	项目经理	项目协调员	项目协调员
项目管理行政人员	兼职	兼职	兼职	全职	全职	全职	兼职

以上项目组织结构形式各有其使用范围、使用条件和特点,不存在唯一的适用于所有组织或所有情况的最好的组织结构,即不能说哪一种项目组织结构先进或落后,好或不好。

因此,在选择项目组织结构形式时,必须考虑如下因素:

(1) 项目自身的情况,如规模、难度、复杂程度、项目结构状况、子项目数量和特征。

(2) 上层系统(企业)组织状况,以及同时承担的项目数量或项目任务范围。

(3) 项目对效率与成本的需要,通常情况下,可采用高效率、低成本的项目组织形式,采用简便、快速的决策形式,使项目各方面能高效运行。

(4) 不同的项目阶段对组织结构形式的需求可能不一样。如项目设计阶段可能采用项目式组织结构,或由一职能经理负责进行项目规划和设计以及合同谈判;在施工阶段,组织的职能以生产管理为主,往往采用矩阵式组织结构;在价值评估阶段,需要各层次人员参与,通常又回到项目式组织结构。

选择项目的组织结构,要充分考虑项目的具体特性、各种组织结构的特点以及公司的文化氛围,公司应视项目的特点做出最优的选择,采取适当的组织结构形式。

7.2 项目团队

任何项目的实施都离不开团队。项目团队是为了适应项目的实施及有效运作而建立的团队。项目团队的具体职责、组织结构、人员构成和人数配备等方面因项目性质、复杂程度、规模大小和持续时间长短而异。如果简单地把一群人调集在一个项目中一起工作,并不一定能形成团队,就像公共汽车上的一群人不能称为团队一样。项目团队不仅是指被分配到某个项目中工作的一组人,更是指一组相互联系的人员同心协力地进行工作,以实现项目目标,满足客户需求。不难看出,项目团队由来自不同组织或部门的成员组成,还常常涉及外部的合作方。要使这些人员发展成为一个高效协作的团队,一方面需要项目经理做出努力,另一方面需要团队成员积极投入到项目建设中。一个高效的团队不一定能决定项目的成功,而一个效率低下的团队注定要使项目失败。要想打造一个高效的团队,就需要了解项目团队特点及类型,选择合适的团队成员并组建团队,了解项目团队发展阶段及其特点。

7.2.1　项目团队的特点及类型

1）项目团队的特点

①项目团队有明确的目标。项目是有明确目标的,也就是说,项目团队有明确的目标需要实现,目标实现了,项目也就结束了。这一点与运营工作不同,运营工作不停地用新的目标代替旧的目标,永远没有终止。

②项目团队是临时组织。项目的临时性决定了项目团队的临时性,随着项目的收尾和完工,项目团队将被解散,团队成员回到自身所在职能部门或者从事新的项目。

③项目团队的领导是项目经理。在一个项目团队中,项目经理是最高的决策者和管理者。一般来说,项目的成败与项目经理的能力有着密切的关系。

④项目团队强调团队协作精神。项目团队包括项目经理和项目团队成员,不同的项目团队具有不同的团队结构和团队风貌,但都需要具备团队协作精神。

⑤项目团队成员的增减具有灵活性。项目团队在组建初期,其成员数量可能较少。随着项目进展的需要,项目团队人数会逐渐增加,而且团队成员的选择标准也会随着项目的发展而进行相应调整。

⑥项目团队的建设和管理是项目成功的保障。任何项目的成功实现都离不开团队的建设和管理。

2）项目团队的主要类型

①跨职能团队(cross-functional teams)。跨职能团队是指把各种工作领域具有不同知识、技能的人员组合起来以识别和解决共同问题的团队。跨职能团队的成员通常来自不同部门,任务是解决需要各个部门共同协作才能解决的问题。由于团队成员有不同的背景,时常会因为每个人看待问题角度的不同而产生误解。项目经理是解决这些误解的关键人物,因此项目经理需要提升与各种各样的技术专家交流与沟通的能力。项目经理可以不是专家,但必须理解专家,并与专家交流,使专家相信其判断和决定。

②集中办公团队(colocation teams)。集中办公团队是指把主要团队成员安排在同一个物理地点工作的团队。当项目频繁地出现不方便下达正式文件或使用电话沟通的情况时,就需要集中办公,以便进行信息的传达。集中办公可以面对面地沟通,加强团队建设,提高团队绩效。集中办公既可以是临时的(如仅在项目特别重要的时期),也可以贯穿整个项目。

③虚拟项目团队(virtual project teams)。虚拟项目团队有时被称为成员分散在不同地理位置的团队,是指一群跨越空间、跨越时区和组织边界的人们通过先进的通信技术(Internet、电话、邮件、视频会议等),为了实现共同的目标而在有限的时间范围内协同工作的团队。虚拟团队面临的两大主要挑战为建立信任和确立最好的交流模式。

7.2.2　选择合适的项目团队成员

组建项目团队是招募项目所需要的人力资源的过程。总体而言,项目团队成员有两个来源:组织内部和外部。对于组织内部的人员,可以通过预分配或者商谈的方式进行分配。预分配是指在某些情况下预先将人员分配到项目中,如项目章程中规定的必须要分配的某些特定人员。大多数项目的人员分配需要进行商谈,商谈的对象可能有职能部门经理、组织中其他项目的项目经理、外部组织(如供应商)。当组织内部的人力资源现状不能满足项目需求时,就需要从外部招募所需要的人员,招募手段包括聘用或分包。

选择合适的团队成员对于组建高效的项目团队而言是至关重要的,找到了合适的人就等于成功了一半。通常而言,一名合适的团队成员应该满足以下五点要求:

(1) 乐于合作。乐意与他人一起工作,例如愿意分享资源,能够适应团队其他成员的需求和偏好。

(2) 善于协调。具有良好的协调能力,让整个团队有更好的表现,比如不仅了解自己的工作安排,还了解其他人的工作安排,能够把大家的工作进行很好的整合,协调大家的工作。

(3) 善于沟通。好的团队成员一定是一个积极倾听同事的想法,并且能够使用合适的方式和语言跟他人坦诚而高效地进行沟通的人。

(4) 能够慰藉他人。能够帮助同事和团队保持积极健康的状态,比如能够对同事表示理解,帮助同事建立信心,能够鼓舞团队士气。

(5) 善于解决冲突。团队当中一定会有冲突,一个好的团队成员应具有解决团队分歧的技巧,能够识别冲突并且高效地予以解决。

在挑选组织内部的人员作为项目团队成员时,我们可以根据其对组织价值观的认同情况和能力,将组织内部的人员分成四类,如图 7-9 所示。有关这四类人员的使用原则如表 7-2 所示。

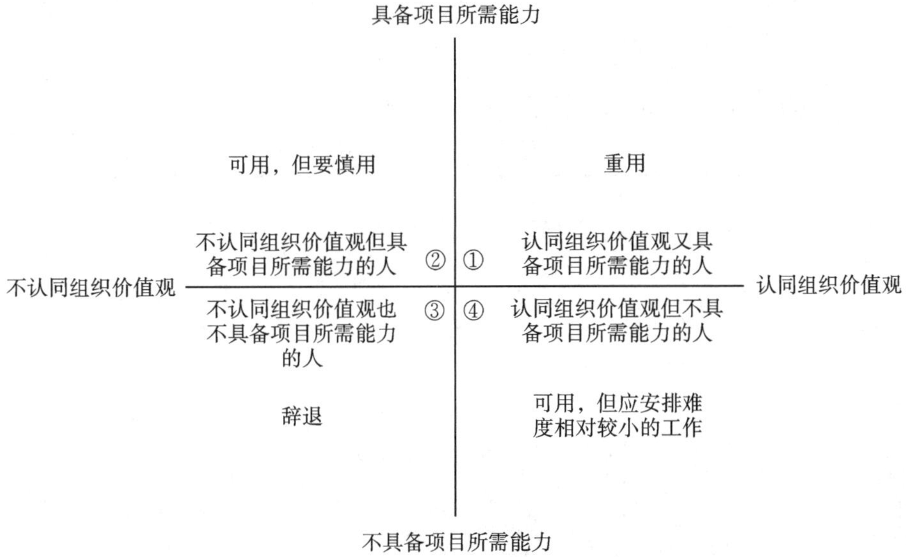

图 7-9 组织内部的人员分类

表 7-2 组织内部四类人员使用原则

类别	特点	如何使用	代表
第一类	认同组织价值观又具备项目所需能力的人	重用	组织中的贤人
第二类	不认同组织价值观但具备项目所需能力的人	慎用	新来的"空降兵"
第三类	不认同组织价值观也不具备项目所需能力的人	辞退	—
第四类	认同组织价值观但不具备项目所需能力的人	让其发挥余热,安排难度较小的工作	老职工

对于项目而言,应该尽量选择第一类人,即既认同组织价值观又具备项目所需能力的人。

7.2.3 项目团队的发展阶段

项目团队的发展是有关项目团队建设的过程,布鲁斯·塔克曼(Bruce Tuckman)提出的著名的团队发展阶段模型可以被用来辨识团队构建与发展中的关键性因素,并对团队的历史发展给以解释。团队发展的五个阶段是形成阶段、震荡阶段、规范阶段、执行阶段和解散阶段,如图7-10所示。

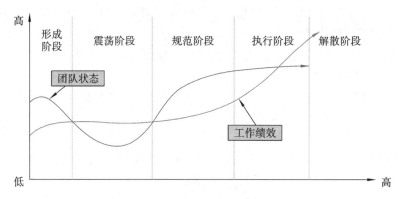

图 7-10 塔克曼团队发展阶段模型

团队建设的各个阶段具有不同的特征,如表7-3所示。

表 7-3 项目团队建设的阶段及特征

	形成阶段	震荡阶段	规范阶段	执行阶段	解散阶段
团队成员的关系状态	成员开始相互熟悉,感到兴奋,但持有怀疑态度	成员开始表达个人意见,并表现出偏见,出现冲突	成员在操作程序上达成一致,成为团队的一分子	团队成员一起分工协作,完成各自的任务	团队随着项目的完成或团队成员的重新分配而解散
团队成员尝试做什么	为项目和团队制定基本规则,了解工作与权力结构	用尽方法争取权力,提出更多的问题	寻求共同工作,彼此间建立起密切关系,致力于项目的进展	提升自己,防止出现问题并及时解决问题	高调地完成项目,与队友保持联系
提升组织需求的项目管理策略	形成业务建议书和接受标准	形成相关方分析、沟通计划、预算和质量计划	管理并权衡每个相关方的期望	与团队成员分享自己掌握的知识,向相关方报告进展	保证顾客接受交付物,评价团队成员,为用户提供持续的支持
提升项目需求的项目管理策略	形成范围概述、里程碑进度计划、风险管理计划	形成范围说明书、WBS、进度和风险清单	根据需求增加专家,授权工作,改进工作过程	根据计划监控项目,需要时更新计划	检验项目交付物,保证团队成员认可交付物

续表

	形成阶段	震荡阶段	规范阶段	执行阶段	解散阶段
提升团队成员需求的项目管理策略	形成团队运作方法和承诺,帮助成员建立联系	阐明项目成员的职责,鼓励所有成员参与	使每个成员的职责个性化,评估并开发成员和团队能力	掌握需要使用的知识,改进会议和时间管理	庆祝成功,奖励团队成员,帮助团队成员获得后续工作

① 形成阶段。

在这一阶段,项目团队成员刚刚在一起工作,团队缺乏清晰的工作目标,工作职责与标准不明确,缺乏流畅的工作程序,成员之间缺乏沟通与交流,成员的角色定位也不明确。形成阶段的主要工作是明确方向、确定职责、制定工作规范与标准、进行员工的培训等。项目经理需要进行团队的指导和构建工作,向团队成员说明工作目标、工作范围、质量标准、预算和进度计划的标准;鼓励成员探讨工作计划,消除团队成员的困惑与顾虑,确保团队成员之间建立起一种互信的工作关系,建立起共同的愿景,激励团队成员。

② 震荡阶段。

经过形成阶段以后,团队获得了发展的信心,但同时形成了各种观念碰撞的局面,出现了人际冲突与分化。团队成员面对其他成员的观点、见解,更想要展现个人性格特征,对团队目标、期望、角色以及责任的不满和挫折感逐渐表露出来。项目经理需要利用这一时机,创造出一个彼此理解和支持的环境,允许成员表达不满,并且做好导向工作,努力解决问题和矛盾。同时,这个阶段要准备建立工作规范,没有工作规范和工作约束标准,就会造成一种不均衡的层面,这就要求项目经理在规范管理的过程中以身作则。

③ 规范阶段。

经过震荡阶段的磨合,团队进入规范阶段,规则、价值观、行为、方法、工具均已建立,团队成员开始慢慢提升自己的工作技能并慢慢掌握新技术,团队效能得以提高,团队开始形成自己的身份识别。团队成员的目光重新聚焦到工作上来,成员调适自己的行为,使得团队发展更加自然、流畅,成员会有意识地去解决问题,实现组织和谐。在这一阶段,项目经理要尽量减少指导性工作,鼓励成员发挥个性,培育团队文化,培养成员对团队的认同感和归属感。

④ 执行阶段。

在这一阶段,团队的结构完全功能化并且得到认可,项目团队实施整体运作模式,工作能够顺利、高效地完成,没有任何冲突,不需要外部监督。团队成员对于任务层面的工作职责有清晰的理解,团队成员之间相互协作。即便在没有监督的情况下,成员自己也能做出决策,随处可见"我能做"的积极工作态度。项目经理在这一阶段应该授予团队成员更大的权力,发挥成员的潜力,帮助团队执行项目计划,做好对项目成员的培训工作,以保证项目目标的实现。

⑤ 解散阶段。

项目团队经过了前面几个阶段后,已成为相互理解、高效沟通、密切配合的高绩效团队。项目任务一旦完成,项目团队就会解散,项目成员也会被调到新的工作岗位。团队成员的动机水平下降,关于团队未来的不确定性开始回升。在这一阶段,需要对团队成员做好思想指导,让员工认同组织调整的决定。

▶ 小链接 7-1

从塔克曼团队发展理论看西游团队的发展

我们结合《西游记》再来看看团队发展的各个阶段：

形成阶段：项目发起人观音确定项目经理唐僧，三个徒弟陆续加入的时期。

震荡阶段：集中表现为唐僧与孙悟空的三观不合，关键事件是三打白骨精。三打白骨精事件是团队矛盾的集中体现，孙悟空情绪大爆发，一定要打死白骨精，唐僧则强势展现自己的"佛系"价值观，靠念紧箍咒维护人间正道。

规范阶段：三打白骨精后团队进入规范阶段。表现在孙悟空打妖精时再也没有过激表现，而是一试二求救三打听背景；对唐僧唯命是从，彻底悔过自新，从我行我素的孙大圣转变为一名合格的佛系弟子。

执行阶段：这个时期整个团队磨合得越来越好，不仅是唐僧和孙悟空，猪八戒也与团队休戚与共，很少提及回高老庄的事情。小白龙在团队面临危难的时候也化为人形，挺身而出。整个团队战斗力爆棚，真正做到"上下同欲者胜"。

解散阶段：取经成功，团队成员受封受赏，项目圆满结束，各自到新岗位就职。

（资料来源：于兆鹏，《看四大名著学项目管理》，中国电力出版社，2020）

7.2.4 打造高效的项目团队

组建好项目团队之后，我们就要对项目团队进行管理。项目团队管理是指在项目运作过程中观察和了解所有团队成员的行为和工作状态，提取和积累有用的信息，评估团队成员的绩效，发现和解决问题，并协调好各方面的关系，从而提高个人、小组、团队乃至整个项目的绩效。

1）高效项目团队的特点

高效的项目团队具有以下特点，如图 7-11 所示。

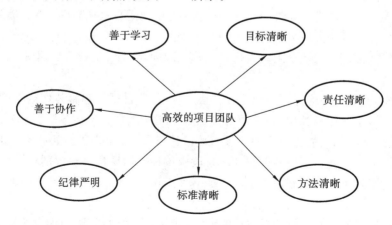

图 7-11 高效的项目团队特点

①目标清晰。团队的整体目标明确，团队成员清楚自己的工作对目标的贡献。

②责任清晰。团队的组织结构清晰，团队成员明确自己的岗位，明确自己的责任。

③方法清晰。团队有成文的或惯用的工作流程和方法，而且流程简明有效。

④标准清晰。针对每一项工作有明确的完成标准。针对每一位成员有明确的考核标准，考核结果公开公正。

⑤纪律严明。共同制定团队纪律规章制度并严格执行。

⑥善于协作。成员之间相互协作。

⑦善于学习。团队成员善于从工作中总结经验教训并不断改进。

> 小链接 7-2

拿破仑的名言

世界闻名的军事家拿破仑描写过骑术不精但有纪律的法国骑兵和当时最善于单个格斗但没有纪律的骑兵——马木留克兵之间的战斗，他写道："两个马木留克兵绝对能打赢三个法国兵，一百个法国兵与一百个马木留克兵势均力敌，三百个法国兵大都能战胜三百个马木留克兵，而一千个法国兵总能打败一千五百个马木留克兵。"大家都知道，中东地区的马木留克军队大多由体格强壮的高加索人组成，曾经歼灭了不可一世的蒙古骑兵，也屡次打败装备精良的欧洲十字军。马木留克兵虽然个人素质超强，但协同能力不如拿破仑的法国军队。这里面究竟有何奥秘？正如恩格斯在《反杜林论》中指出的那样："许多人协作，许多力量融合成一个总的力量，用马克思的话来说，就产生'新的力量'，这种力量和它的单个力量的总和有本质的差别。"也就是说，一个连、一个营、一个团的战斗力决不等于全连、全营、全团官兵战斗力简单相加的总和。这里就体现出组织管理的目的是要达到1+1＞2的效果，即通过高效的团队管理，实现个人和团队整体绩效的提升。反过来，如果团队管理不好，就会出现1+1＜2的恶果，譬如"一个和尚挑水吃，两个和尚抬水吃，三个和尚没水吃"的现象。

（资料来源：https://baijiahao.baidu.com/s?id=1719204728061341224&wfr=spider&for=pc）

2）打造高效项目团队的方法

①明确目标。

无论做什么事情，没有一个正确的方向都是难以取得成功的，所以一个团队有无正确的指导方向（也就是目标）很重要。目标应该是重要的、具体的、具有行动导向并且能鼓舞人心的。如果目标是务实的，会让团队成员明白努力的目的，也会让他们找到日常工作的焦点；短期目标一定要明确具体，有清晰的执行优先级，要让员工把精力放在最有价值的事情上。

②做好规划。

项目实施过程中之所以出现过度加班的情况，一方面是因为团队做事效率低，另一方面是因为工作安排不合理。这就要求项目管理者做好项目规划、统筹安排工作。项目经理可以利用甘特图来制订进度计划、跟踪项目进度，避免项目出现延期，减少加班的情况。

③明确分工。

管理者应根据每个人不同的能力和性格，每个岗位不同的环境和要求，对团队成员的工作做出相应调整，让每个人都了解自己的地位，充分发挥每个人的作用。

④分配任务并授权。

管理者要给下属分配任务并适当放权。管理者可以通过甘特图制订计划、分配任务。管理者和下属要根据个人能力和任务难度来分担解决问题的任务。

⑤让员工参与进来。

管理者应成为伯乐,员工则是待挖掘的千里马。员工不希望自己只是简单地执行命令和指示,他们希望在工作中起到更重要、更有意义的作用。管理者需要让员工参与同他们切身利益相关的计划和决策,需要给员工更多施展才华的机会,需要尊重员工的想法。

⑥管理者以身作则。

正人先正己,管理者要想管理好下属就必须以身作则,树立榜样。一方面要言行一致,不要让员工对自己失去信任;另一方面要勇于承认错误,并且表示歉意。

⑦沟通到位。

良好的团队沟通必须是无缝的。不管有什么问题和困难,在良好的团队管理中,一定会有足够的沟通,通过大家的共同努力解决问题,最后以最低的成本获得最佳的解决方案。

⑧建立有效的团队激励机制。

一个团队的激励机制往往决定了团队的士气,好的激励机制可以提高团队凝聚力。可以把物质激励和精神激励结合起来,也可以把奖励和个人的绩效有效地结合起来,为每个人提供成长的机会,工作的自主权、参与权、决策权,让每个人都有自己的角色,都能获得成就感。

7.3 项目沟通与冲突处理

项目在实施过程中并不总是一帆风顺的,项目的临时性和一次性特征使其在调配人员和资源时会面临与其他任务之间的冲突。而有效的沟通和协调会大大减少项目的风险。

7.3.1 项目沟通的概念

沟通就是借助一定的符号载体进行信息发布以及信息接收的一种信息交换行为,是人们彼此交换信息、获取信息的主要方式。而项目沟通是指项目实施过程中为实现项目目标而进行的各种不同方式和不同内容的信息交流活动,以及确保项目团队的相关信息能及时、正确地产生、发布、储存且最终得到妥善处理所需的各个过程。图 7-12 是项目沟通的一般过程。

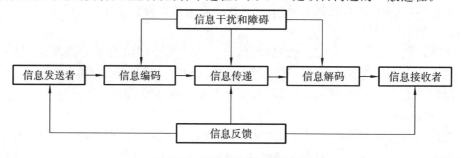

图 7-12 项目沟通的一般过程

7.3.2 项目沟通的类型

1) 正式沟通与非正式沟通

①正式沟通。正式沟通指组织中依据规章制度明文规定的原则和渠道进行的沟通,例如组织间的公函来往,组织内部的文件传达、指示发布、情况汇报、书面报告、一对一的正式会见等。正式沟通的优点是沟通效果好,约束力强,易于保密,可以使信息沟通保持权威性。其缺点是沟通速度慢,此外存在信息失真或扭曲的可能。

②非正式沟通。非正式沟通指的是正式沟通渠道以外的信息交流和传递方式。非正式沟通是非正式组织的副产品,它一方面满足了员工的需求,另一方面补充了正式沟通系统的不足,是正式沟通的有机补充。在许多组织中,决策时利用的情报大部分是由非正式信息系统传递的。非正式沟通的优点是沟通形式灵活,直接明了,速度快,省略了许多烦琐的程序,可及时了解到正式沟通难以提供的信息,能真实地反映员工的思想、态度和动机。其缺点是难以控制,传递的信息不确切,容易失真、被曲解,并且可能促进小集团、小圈子的建立,影响员工关系的稳定和团体的凝聚力。

> **小链接 7-3**

通用电气的沟通管理

美国通用电气公司(General Electric Company,GE)是世界上最大的提供技术和服务业务的跨国公司,从飞机发动机、发电设备到金融服务,从医疗造影、电视节目到塑料,GE公司致力于通过多项技术和服务创造更美好的生活。GE在全世界100多个国家开展业务,在全球拥有超过17万名员工。

韦尔奇在执掌通用电气之初,GE公司内部官僚风气严重,等级制度森严,结构臃肿,人浮于事,公司效率低下。于是,韦尔奇决定大刀阔斧进行内部改革,在公司内部引入非正式沟通的管理理念。杰克•韦尔奇有句经典的话:管理就是沟通、沟通再沟通。因此韦尔奇经常与员工面对面地沟通,与员工进行辩论,通过真诚的沟通直接诱发同员工之间的良性冲突,从而不断发现问题、改进管理,也在GE公司建立起非正式沟通的企业文化,使通用电气成为市场价值最高的企业之一,自己也成为最有号召力的企业家之一。

2) 上行沟通、下行沟通和平行沟通

上行沟通、下行沟通和平行沟通的沟通方式如图7-13所示。

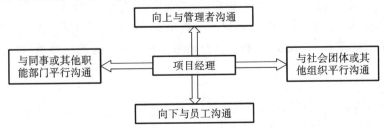

图7-13 上行沟通、下行沟通和平行沟通的沟通方式

①上行沟通。上行沟通是指下级向上级报告工作情况,提出建议、意见,或表达自己的意愿等。上行沟通是领导者了解和掌握组织和团体全面情况的重要途径,集体决策实际上要靠上行沟通的信息为依据。在上行沟通中,领导者可以及时了解下属和成员的状况,及时做出正确的决策,下属也能够获得一定的参与感。但也存在下级害怕被领导"穿小鞋"的现象,导致下属不愿意反映真实情况。

②下行沟通。下行沟通是指管理者对员工进行的自上而下的信息沟通,一般以命令的方式传达上级组织的决策和计划之类的信息。下行沟通的目的是控制、指示、激励及评估。下行沟通能够为员工指明工作目标,明确其职责和权力,增强员工归属感,也可以协调组织中各个层次的活动。但长期使用下行沟通,会形成一种"权力气氛",也会使下级依赖上级,导致员工缺乏工作积极性和创造性。

③平行沟通。平行沟通又称横向沟通,指的是与平级间进行的与完成工作有关的交流,如员工间的沟通,管理者内部之间的沟通。平行沟通可以使办事程序、手续简化,提高工作效率,可以使企业各个部门之间相互了解,有助于培养整体观念和合作精神。但平行沟通头绪过多、信息量大,容易造成混乱。

3) 单向沟通与双向沟通

单向沟通与双向沟通的沟通方式如图 7-14 所示。

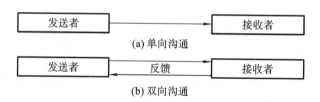

图 7-14　单向沟通与双向沟通的沟通方式

①单向沟通。单向沟通是指信息发送者只发送信息,接收者只接纳信息的沟通,如上级向下级发布命令、指示,做报告,发表演说等。这种方式的沟通速度快、信息发送者的压力小。但是信息接收者无法做出反馈,会产生不平等感,不利于增强信息接收者的自信心和责任感。

②双向沟通。双向沟通与单向沟通相对,指信息的发送者和接收者的位置不断变换,信息可以在发送者和接收者之间互相传播。双向沟通的信息准确性较高,接收者有反馈意见的机会,可以增强自信心和责任心,产生平等感与参与感。但信息传递过程很容易受到干扰,对信息发送者的要求较高,信息传递的速度也较慢。

7.3.3　项目冲突的来源

项目冲突是组织冲突的一种特定表现形态,是项目内部或外部某些关系难以协调而导致的矛盾激化和行为对抗。在项目环境中,冲突不可避免,会因各种原因而产生。在某种程度上,项目经理就是冲突的管理者。认识冲突的起因和来源有助于更好地解决冲突,以下是几种常见的项目冲突。

1) 进度冲突

企业项目之间争夺最为激烈的资源是时间。在项目质量符合要求的基础上,项目经理在项目进度方面存在着最大的压力。进度冲突之所以被认为是强度最大的冲突,是因为项目其他方面的冲突最终都会反映在进度上。

2）项目优先权冲突

所谓项目优先权,是指在项目资源不足的情况下,企业在多个项目之间对资源分配的优先顺序。有时候,企业因为缺乏对项目优先权定义的经验,会导致关键项目延期,也会导致各部门、团队之间的资源争夺情况愈演愈烈。

3）项目人力资源冲突

这种冲突往往来自项目团队和职能部门之间对人力资源的争夺,如果组织不进行合理的调整,或者无法适应灵活机动的要求,就很难消除人力资源方面发生的问题。

4）技术冲突

一个项目的团队往往是由具有不同技术的人员组建而成的,这些人员看待项目的角度有所不同,对实施方案所需的技术也会有不同的理解。这些不同的技术或对技术的不同理解,将导致项目集成的困难。

5）管理程序冲突

每一个项目都具有独特性,这就要求项目团队采取不同的管理程序来应对项目。这是一种无形的挑战,应引起团队管理者的重视,如果将企业管理运营和项目管理运营混杂在一起,很可能会造成很多的问题。

6）项目团队成员之间个性冲突

在面对同一件事情时,人们个性上的差异会导致处理方式千变万化,这时候冲突就产生了。虽然个性冲突没有其他冲突那么激烈,但处理这些冲突往往比较困难。很多时候,个性问题容易被当成技术问题、沟通问题,例如技术人员之间对技术问题的争执,背后真正的原因是个性冲突,而非技术或沟通问题。

7）项目费用冲突

项目费用冲突包含两种情况:一是没有足够的、专门的项目费用;二是项目费用被挪用,不能及时到位。

7.3.4 解决冲突的方法

虽然导致冲突的因素多种多样,但还是有一些通用的方法和策略。以下是五种常用的解决冲突的方法,如图7-15所示。

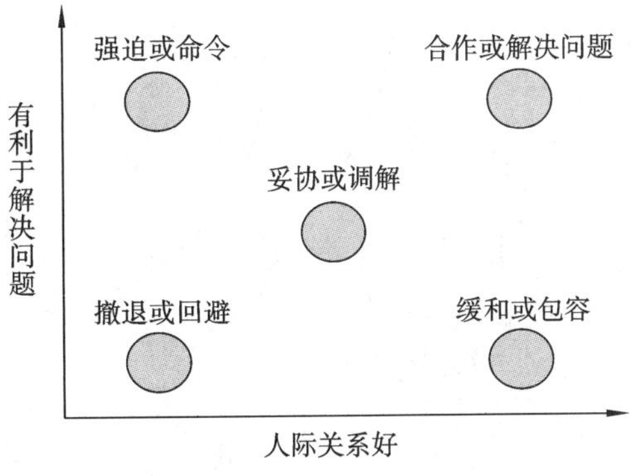

1）撤退或回避

从实际或潜在冲突中退出,将问题推迟到准备充分的时候,或者将问题交给其他人员解决。

2）缓和或包容

强调一致而非差异,为维持和谐的关系而退让一步,考虑其他方的需要。

图 7-15 解决冲突的五种方法

3）妥协或调解

为了暂时或部分解决冲突,寻找能让各方都在一定程度上满意的方案,但这种方法有时会导致"双输"局面。

4) 强迫或命令

以牺牲其他方为代价,推行某一方的观点,通常是利用权力来强行解决紧急问题,这种方法通常会导致"赢输"局面。

5) 合作或解决问题

综合考虑不同的观点和意见,采用合作的态度和开放式对话引导各方达成共识,这种方法可以带来双赢局面。

成功的冲突管理可提高生产力,改进工作关系。同时,如果管理得当,意见分歧有利于提高创造力和改进决策。假如意见分歧成为负面因素,首先应该由项目团队成员负责解决;如果冲突升级,项目经理应提供协助,促成满意的解决方案,采用恰当的方式,尽早解决冲突;如果破坏性冲突继续存在,则可使用正式程序,包括采取惩戒措施。

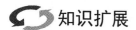

项目团队建设常用方法

1. 团队活动

团队活动是项目团队建设的重要环节。团队活动能把人们聚在一起,使他们更好地了解对方,可以通过社交聚合的方式做到这一点。

2. 团队能力建设

项目团队能力的建设可以视为一个学习循环,在循环中团队使用创造力来共同发展。可以使用计划-实施-检查-改进(PDCA)模型来理解学习循环,如图 7-16 所示。

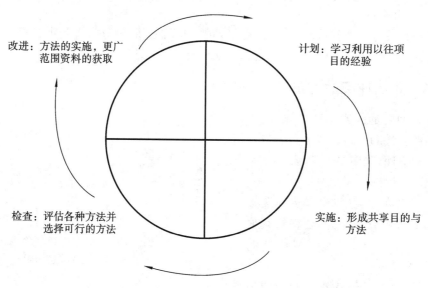

图 7-16　基于 PDCA 模型的学习循环

3. 奖励与表彰制度

奖励和表彰制度是激励团队的主要手段。一般来讲,表彰以精神层面为主,奖励以物质层面为主。当项目团队成员作为一个整体为实现共同的目标而工作时,项目才有可能成功。可采用的奖励与表彰方式有:给予弹性的工作时间,给予适当的津贴,给予表扬等。值得注意的是,只有当奖励与表彰达到了增强团队意识、促进团队工作的效果时,奖励与表彰才有意义。

4. 培训

培训是指为使项目团队成员具备完成各自任务所需的知识、技能和能力等所进行的活动。虽然对人员进行培训可能增加项目的成本,但是这远比人员缺乏技能或效率低下导致项目失败所造成的损失要小得多。适当的人员培训不仅可以提高项目团队的工作效率,而且能鼓舞士气、留住人才。

项目人员培训一般包括如下过程:

(1) 培训需求分析。通过考虑员工和组织的绩效来决定培训是否有益,需求分析是测评公司、团队或个人的能力与战略计划所要求的能力的契合度。

(2) 培训目标的确立。必须根据设定的目标来衡量培训是否成功。

(3) 选择适当的培训方式。培训方式的选择必须能反映预估的具体要求,有效的培训方式需要包括学习理念、各种培训方法和法律问题。

(4) 评价培训的效果。评价培训效果是培训实施的最后一个环节,通过评价可以了解培训的内容是否合适、学员对知识的掌握程度以及培训的投入产出,并确定今后培训改进的方向。

习 题

一、单选题

1. 下面的组织结构中,全职人员的比例最高的是( )。
   A. 职能式组织结构　　　　　　　　B. 项目式组织结构
   C. 混合式组织结构　　　　　　　　D. 矩阵式组织结构

2. 下面的组织结构中,项目经理对项目组成员的约束力最小的是( )。
   A. 职能式组织结构　　　　　　　　B. 项目式组织结构
   C. 混合式组织结构　　　　　　　　D. 矩阵式组织结构

3. 下面哪一条不是项目式组织结构的优点?( )
   A. 能发挥业务管理专家的作用　　　B. 避免了多头领导
   C. 横向联系好,便于各部门间合作　D. 责任明确,决策迅速

4. 下面哪种组织结构有紧密的横向和纵向联系,并由中心小组进行协调调度?( )
   A. 职能式组织结构　　　　　　　　B. 项目式组织结构
   C. 网络型组织结构　　　　　　　　D. 混合式组织结构

5. 在以下组织结构中,最机动灵活的组织结构形式是( )。
   A. 项目式组织结构　　　　　　　　B. 职能式组织结构
   C. 矩阵式组织结构　　　　　　　　D. 混合式组织结构

6. 以下组织结构中最容易形成多头领导的是( )。
   A. 矩阵式组织结构　　　　　　　　B. 项目式组织结构
   C. 职能式组织结构　　　　　　　　D. 混合式组织结构

7. 项目管理中应用最广泛的组织结构形式是( )。
   A. 职能式组织结构　　　　　　　　B. 矩阵式组织结构

C. 项目式组织结构 D. 混合式组织结构

8. 职能式组织结构中,项目经理的权限( )。
   A. 很小　　　　　B. 中等　　　　　C. 有限　　　　　D. 很大

9. 项目团队在( )时,工作绩效和团队状态都处于低谷状态。
   A. 形成阶段　　　B. 解散阶段　　　C. 规范阶段　　　D. 震荡阶段

10. 职能式组织结构的缺点是( )。
    A. 工作人员数量较多　　　　　　　B. 职能部门从业者专业性较差
    C. 职能部门职能存在壁垒,协调性差　D. 处理工作耗时长

11. 下面哪项决定了对建设项目团队组织人员的需求的基本特征?( )
    A. 项目的目标和任务　　　　　　　B. 人员分配情况
    C. 人员管理计划　　　　　　　　　D. 项目的特征

12. 项目经理在哪种组织结构中权力最大?( )
    A. 职能式组织结构　　　　　　　　B. 项目式组织结构
    C. 矩阵式组织结构　　　　　　　　D. 混合式组织结构

13. 下列有关矩阵式组织结构情况的描述中,错误的是( )。
    A. 矩阵式组织结构能充分利用人力资源
    B. 项目经理和职能部门经理必须就谁占主导地位达成共识
    C. 项目经理必须是职能部门领导,这样才能取得公司总经理对项目的信任
    D. 矩阵式组织结构能对客户的要求做出快速的响应

14. 你的项目团队来自你公司所有部门。一些来自财务部,一些来自运营部,还有些来自销售和市场部。尽管他们向你汇报项目的问题,但他们仍然需要为自己所在部门花费40%的时间工作。你在你的项目中使用的是什么类型的组织结构?( )
    A. 项目式组织结构　　　　　　　　B. 矩阵式组织结构
    C. 职能式组织结构　　　　　　　　D. 混合式组织结构

15. 项目团队的第三个发展阶段是( )。
    A. 震荡阶段　　　B. 形成阶段　　　C. 规范阶段　　　D. 执行阶段

16. 项目团队工作开始进入有序化状态是在团队发展过程经过( )之后。
    A. 休整阶段　　　B. 形成阶段　　　C. 震荡阶段　　　D. 规范阶段

17. 关于项目团队执行阶段的表述,不正确的是( )。
    A. 团队工作效率提高　　　　　　　B. 成员之间彼此信任
    C. 成员可以自己做出决策　　　　　D. 开始培育团队文化

18. 以下沟通形式,信息发送者只用发送信息,信息接收者只用接收信息的是( )。
    A. 平行沟通　　　B. 下行沟通　　　C. 正式沟通　　　D. 单向沟通

19. 在解决冲突时,下面哪种方法容易造成"双输"的局面?( )
    A. 强迫或命令　　B. 妥协或调解　　C. 撤退或回避　　D. 合作

20. 在项目管理中,下列哪种谈判方式最有利于解决冲突?( )
    A. 强迫或命令　　B. 撤退或回避　　C. 妥协或调解　　D. 合作或解决问题

二、多选题

1. 项目的组织结构形式主要包括( )。

A. 项目式组织结构 B. 公司型组织结构
C. 职能式组织结构 D. 矩阵式组织结构
2. 项目式组织结构的缺点有( )。
A. 每个项目组成员有两个领导
B. 资源配置重复,管理成本高
C. 需要平衡权力
D. 每个项目成员要担心项目结束后自己的去向
3. 职能式组织结构的优点有( )。
A. 技术专家可以同时被不同的项目使用
B. 有利于提高部门的专业化水平
C. 有效利用资源
D. 每个项目成员都有明确的责任
4. 项目团队一般会经过以下哪几个发展过程?( )
A. 形成阶段 B. 规范阶段 C. 震荡阶段
D. 执行阶段 E. 解散阶段
5. 在进行团队组织结构的选择时,会考虑到以下哪些因素?( )
A. 项目自身的情况 B. 上层系统的组织状况
C. 项目对效率与成本的需要 D. 项目阶段对组织形式的不同需要
6. 项目团队的特点主要体现为( )。
A. 项目团队具有一定的目的 B. 项目团队是临时组织
C. 单独解决问题 D. 项目团队成员的增加具有灵活性
7. 项目团队的类型有以下哪几种?( )
A. 跨职能团队 B. 集中办公团队 C. 虚拟团队 D. 自我约束团队
8. 矩阵式组织结构的优点有( )。
A. 共享资源 B. 项目经理权力集中
C. 可减少项目成员在项目结束后的忧虑 D. 实行直线参谋制
9. 在项目管理中,解决冲突的方法有( )。
A. 撤退或回避 B. 缓和或包容 C. 妥协或调解
D. 强迫或命令 E. 合作或解决问题
10. 属于项目管理中冲突的主要来源的有( )。
A. 进度计划冲突 B. 项目优先权冲突
C. 项目人力资源冲突 D. 项目经理冲突

三、判断题

1. 项目组织一旦确定了就不能更改。( )
2. 项目组织具有明确的目标,因此工作的内容也很单一。( )
3. 项目式组织结构与职能式组织结构类似,其资源可实现共享。( )
4. 项目经理的职责比职能部门经理的权力更大。( )
5. 矩阵式组织结构中的职能部门权力高度集中。( )
6. 一般来说,职能式组织结构适用于所用技术标准化的小项目,而不适用于环境变化较大

的项目。（　　）

7. 在职能式组织结构中，团队成员往往优先考虑项目的利益。（　　）

8. 一般而言，项目团队在执行阶段的工作效率最高。（　　）

9. 项目团队在震荡阶段时，团队成员会出现矛盾和争吵的现象。（　　）

10. 在项目环境中，冲突是不可避免的。（　　）

四、简答题

1. 组织结构有哪几种形式？

2. 项目团队的类型主要有哪几种？

3. 项目沟通有哪几种类型？

4. 简述项目管理中冲突的主要来源。

5. 如何进行冲突管理？

五、案例分析

A 公司是一家为快消行业提供 APP 开发解决方案的软件企业。项目经理范工承接了一个开发鲜花配送 APP 的项目，项目需求非常明确，此前 A 公司承接过一个类似的项目，做得很成功，项目结束后人员已经分派到其他项目组。经过认真考虑和反复论证，范工决定采用虚拟团队的方式搭建项目组，项目架构师由一位脚踝骨折正在家休养的资深工程师担任，开发团队依据项目模块的技术特点分别选择了西安和南京的两个有经验的项目小组，测试交给了美国旧金山分部的印度籍测试员 Lisa，其他成员均在北京总部的公司内部选拔。项目经理范工编制了人力资源管理计划并下发给每个成员，以便他们了解自己的工作任务和进度安排。

项目刚进入设计阶段，开发团队在 APP 的测试部署方式和时间上与 Lisa 发生了争执，南京开发团队没有跟项目经理范工沟通，就直接将问题汇报给了当地的执行总经理王总。王总批评了范工，范工虽然觉得非常委屈，但还是立即召集了包括架构师在内的相关人员召开紧急电话会议。会上多方言辞激烈，终于确定了一套开发团队和测试团队都觉得可行的部署方案。

提问：

（1）结合案例，请从项目团队管理的角度说明本项目采用虚拟团队形式的利与弊。

（2）请简述项目冲突的特点和解决的方法。结合案例，你认为项目经理范工采用了哪种方法？

第8章 项目控制：核心控制，随机应变

唯一不变的就是变化。

——项目管理谚语

The only constant is change.

——project management proverb

 学习要求

- ☆ **了解**：项目控制基本概念。
- ☆ **掌握**：项目控制基本流程、挣值分析法、变更管理。
- ☆ **熟悉**：项目范围控制、项目进度控制、项目成本控制。
- ☆ **核心概念**：项目控制、范围控制、进度控制、成本控制。

英国化工厂爆炸事件

1974年6月1日下午，英国弗利克斯伯勒镇，一家化工厂的一套环己烷氧化装置泄漏，泄漏物料形成的蒸汽云发生爆炸，工厂28名工人死亡，36人受伤，社区近600人受伤，事故使该工厂被夷为平地，工厂周围的设施遭到极大破坏，大火燃烧了10天才被扑灭。这么大的事故究竟是什么原因导致的呢？最终调查结果显示，事故是由一次草率的维修活动引起的。事故发生前2个月，工人发现某反应设备上出现了裂纹并有渗漏，于是决定拆除该设备并进行维修。为了继续维持工厂生产，维修人员决定用一套临时管道替代故障设备。负责设计、安装临时管道的维修人员仅仅在车间的地板上用粉笔勾画出草图，就算完成了设计。这些施工人员没有意识到这项工作已经超出了他们的专业能力，在设计、安装临时管道时，他们完全没有考虑到正常生产条件下的各种压力、重量、振动等因素。6月1日16时53分，临时管道上的膨胀节突然破裂，在极短的时间内泄漏了近40吨易燃的工艺物料，随即形成一个直径100～200米的蒸汽云团，与空气形成可燃性的混合物，继而着火并引发爆炸。

思考：通过英国化工厂爆炸事件，你得到什么启示？

在制订项目计划时,很难预见项目实施过程中所有的情况。即使确定了明确的项目目标,制订了详细而周密的计划,由于现实世界存在各种不确定性,项目会受到多种不确定因素的干扰,这就要求项目管理人员在项目实施过程中对项目进行严密的监控,尽可能保证项目顺利实施,最大限度地减少项目计划的变更。即使项目计划发生变更,也需要对变更后的项目进行管理,使项目达到预期目标。

8.1 项目控制概述

8.1.1 项目控制的概念

任何管理活动都必须遵循 PDCA 循环,即计划(plan)、执行(do)、检查(check)和行动(action)。其中,检查和行动本质上就是控制,是为了确保项目按照计划实施,如果发现实施过程偏离了计划,就采取相应的行动进行纠偏。控制是全部管理职能(计划、组织、实施和控制)中的一个重要职能。

项目控制就是监视和测量项目的实际进展,以事先制定的计划和标准为依据,分析、捕捉和报告项目的执行情况,注意预测项目的发展趋势,以预见可能发生的偏差,实施主动控制。若发现项目实施过程中发生偏离计划的情况,就要找出原因,研究对策,采取行动,使项目回到计划之中。所以项目控制是一种有选择的、特定的、能动的动态作用过程,使受控客体根据预定目标运动,改善受控对象的功能,保证预定目标的实现。

项目控制需要有明确的控制目标和目标体系,要能及时地发现项目实施过程中产生的偏差,要考虑项目管理组织实施控制的代价,控制的方法及程序要适合项目实施组织和项目班子的特点。项目控制工作要有重点地进行,项目控制形式及做法要有灵活性,项目控制的过程要便于项目相关人员了解情况。另外,项目控制是一种围绕于项目总目标实现的综合控制,实施项目控制时要有全局观念。

项目控制的主要目标是通过改变行为达成项目目标。为了对项目进行有效的控制,必须遵守以下准则:①项目的执行方案必须以项目计划为依据;②定期测量实际进展情况;③随时监测和调整项目计划;④及时进行有效的信息沟通;⑤详细、准确地记录项目的进展和变化。

8.1.2 项目控制的基本流程

项目控制是一个从项目开始到结束不断进行的循环过程,包括目标的建立、衡量、纠偏、改进和重新度量,项目控制过程如图 8-1 所示。

(1)制订基准计划,设立目标。项目控制的基础是项目的计划,项目计划的基础是项目目标。项目控制的第一步就是明确项目目标。项目目标应该包括项目的范围、进度、成本、质量、风险等目标。范围目标是指功能范围;进度目标包括预期交付时间,与客户达成共识的其他时间要求;成本目标就是项目的预算;质量目标包括性能要求、技术指标、质量要求等;风险目标是指针对项目实际发生的风险与变化所开展的控制活动。以上目标都要在项目启动时就确定好。

第8章

项目控制：核心控制，随机应变

因此，项目控制始于项目开始。在确定项目目标之后，就要制订项目基准计划与实施计划。

（2）执行项目计划并收集实际进度数据，对计划进行监控。控制系统需要有准确的判断机制，通过这种机制对进行中的各种项目的状态进行衡量，在项目控制中，实施中的实际情况通常以实际绩效来衡量。

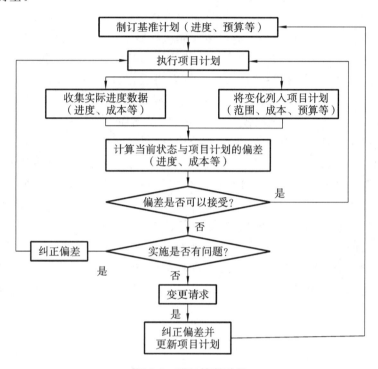

图 8-1 项目控制过程

（3）计算当前状态与项目计划的偏差，进行偏差分析。实际绩效是围绕着项目计划上下波动的，偏差分析就是要分析偏差的类型和原因，如在实施过程中执行层面引起的偏差，管理层面计划制订不合理而引起的偏差。

（4）检查偏差是否可以接受，并判断实施是否有问题。项目控制都是在实施计划中执行的，目的是要将计划与实际绩效之间的偏差控制在合理的范围内。而这个合理的范围，是通过临界值的上限与下限确定的。计划与实际绩效之间的偏差有三种情况，需要分别采取不同措施。第一种情况是偏差不大，围绕计划曲线比较均匀地上下波动，被称为随机偏差，可以忽略，无须采取行动，可继续执行项目并进行监控。第二种情况是偏差比较大，而且偏在计划曲线一边，但是没有超出范围。这种情况属于非随机偏差，说明实施过程出了问题，需要采取纠偏行动。第三种情况是绩效指标严重偏离计划指标，并超出范围，说明不是实施的问题而是计划本身的问题，需要提出变更请求，并修改计划。

（5）采取了纠偏措施后，监控系统再次开始循环。实际上，从项目启动阶段到项目计划阶段，项目经理与项目团队都在制定项目计划目标，建立各种各样的测量指标，这些计划目标或测量指标是项目监控的依据，也是控制的依据。

8.1.3 项目变更控制

管理项目变更是项目控制中的一个重要任务。变更是客观存在的，在项目生命周期里，变更很难杜绝,特别是在项目执行阶段,可能会收到方方面面的变更要求。对于变更,不能抵触,要学会管理变更,对其实施控制。也就是说,尽管我们不能预测将要发生什么样的变化,但是我们可以计划如何处理这些变更。缺乏管理的变更可能导致灾难的发生,正如引例中英国化工厂的爆炸事故。

对于传统的、成熟的项目,比如工程建筑、制造等行业,对变更的基本态度是越少越好,没有最好。比如国家体育场(鸟巢),当初是从全球设计招标的大量方案中选定的,在最后竣工时,我们看到的鸟巢和最初中标的模型几乎没有什么差别。对这类成熟项目中变更的管理一般是两手抓:一是提前做好尽量周密、详尽的计划。计划越完整、全面,项目过程中出现变更的概率就会越小;另一个手段是让变更过程尽量复杂,如果客户提出了变更的要求,就必须按照类似PMBOK®里讲到的"整体变更控制流程"的管理办法,从书面提出变更申请,到全面分析评估,根据评估结果做出决策后还要先修订计划,再通知相关利益相关者,最后才是实施变更的内容。这一套看起来很麻烦的流程,能够有效地将变更对项目过程、结果的影响限制在可控的范围内。有意让变更流程复杂,除了确保严谨,还因为多数人都有怕麻烦的特点,一个复杂的变更流程,往往能打消那些不太重要的、可有可无的变更要求。

项目变更控制(change control)是审查所有变更请求,批准变更,管理对可交付成果、项目文件和项目管理计划的变更,并对变更处理结果进行沟通的过程。本过程审查对项目文件、可交付成果或项目管理计划的所有变更请求,并决定对变更请求的处置方案。其主要作用是确保对项目中已记录在案的变更做综合评审。实施整体变更控制过程贯穿项目始终,项目经理对此承担最终责任。基本的变更控制流程如图 8-2 所示。

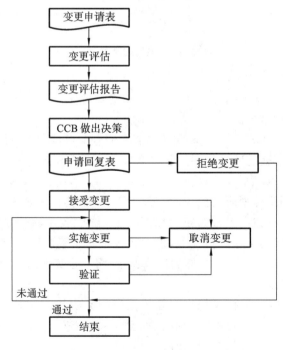

图 8-2 变更控制流程

在基准确定之前,变更无须正式受控于实施整体变更控制过程。一旦确定了项目基准,就必须通过实施整体变更控制过程来处理变更请求。依照常规,每个项目的配置管理计划应规定哪些项目工件受控于配置控制程序。对配置要素的任何变更都应该提出变更请求并经过正式控制,所有变更请求都必须以书面形式记录,并纳入变更管理和(或)配置管理系统中。在批准变更之前,可能需要了解变更对进度的影响和对成本的影响。在变更请求可能影响任何一个项目基准的情况下,需要开展正式的整体变更控制过程。每项记录在案的变更请求都必须由一位责任人批准、推迟或否决,这个责任人通常是项目发起人或项目经理。应该在项目管理计划或组织程序中指定这位责任人,必要时,应该由变更控制委员会(change control board,CCB)来开展实施整体变更控制过程。CCB是一个正式团体,负责审查、评价、批准、推迟或否决项目变更,以及记录和传达变更处理决定。变更请求得到批准后,可能需要新编(或修订)成本估算、活动排序、进度日期、资源需求和(或)风险应对方案分析,这些变更可能要求调整项目管理计划和其他项目文件。

8.2　项目范围控制

项目范围控制是监督项目和产品的范围状态,管理范围基准变更的过程。在进行项目范围控制时,必须在整个项目期间保持对范围基准的维护。

项目范围控制确保所有变更请求、推荐的纠正措施或预防措施都通过实施整体变更控制过程进行处理。在变更实际发生时,也要采用范围控制过程来管理这些变更。范围控制过程应该与其他控制过程协调开展。未经控制的产品或项目范围的扩大(未对时间、成本和资源做相应调整)被称为范围蔓延。变更不可避免,因此在每个项目上,都必须强制实施某种形式的变更控制。

8.2.1　范围蔓延

范围蔓延(scope creep)是指无视对时间、成本和资源的影响,或者在未经客户批准的情况下,增加产品的特性和功能(项目范围)。

项目范围蔓延既可能来自项目团队内部的随意变更,也可能来自团队外部(客户、发起人、其他干系人)的随意变更。如果项目没有实施必要的变更管理控制,将使得项目范围慢慢地发生变化,并逐渐导致项目范围失控。

项目范围蔓延包括范围潜变和镀金。范围潜变通常指来自项目团队外部的随意变更,比如客户今天提出一个看似简单的功能修改,明天又提出一个看似简单的界面改变,日积月累,最后一发不可收拾,项目范围已经面目全非,而变更过程不可追溯。而镀金通常指来自项目团队内部的出于良好愿望的随意变更,比如团队开发人员擅自增加额外的功能、擅自提供更优化的界面、擅自提供质量标准等。镀金是团队内部原因造成的范围蔓延,往往是项目人员为了"讨好"客户而做的不解决实际问题、没有应用价值的项目活动,是项目团队在工作范围之外额外增加了工作量。

不论是范围潜变还是镀金,都应该在项目管理过程中严加禁止。只有严格遵守项目变更控制管理程序,严格管理项目的一切变更,才能确保在有限成本、有限时间和有限资源的情况下成功完成项目。

8.2.2 范围变更控制

由于范围变更通常会引发项目成本和进度的调整,因此范围变更通常需要在综合变更控制系统下进行,以确定每一项改变会对项目的其他方面产生什么影响。一些范围变更以提出改变成本或进度的方式启动,正如一些成本或进度的变更以提出范围变更的方式启动。实际上,项目经理和团队常以主动的方式来进行范围变更控制。

要进行范围变更,必须先有范围基准计划,即得到批准的范围定义和工作分解结构。只有这样,项目团队才能确定提议的范围变更有多大,会产生什么影响,以及如何最好地管理它。偏差分析是一个用来确定实际执行情况和基准线之间的偏差程度以及偏差原因的工具。偏差分析包括确定实际范围和计划范围之间的偏差有多大、偏差的原因,以及是否需要采取行动来解决这个问题。对于范围偏差来说,采取的行动可包括更新范围定义和工作分解结构。范围变更表如表 8-1 所示。

表 8-1 范围变更表

	发 起 人	项 目 编 号
日期		
变更描述		
变更原因		
对项目范围的影响		
对截止日期的影响		
对预算的影响		
对风险的影响		
对团队的影响		
批准日期		
项目经理:	发起人:	客户:

项目范围作为未来项目各阶段起始工作的决策基础和依据,它的萎缩或蔓延有时会带来非常严重的后果,项目范围失去控制是项目不能达到目标的最常见原因之一。因为项目的产品、成果或服务事先不可见,所以在项目逐渐清晰的过程中范围一定会产生相应的变更。如何对项目范围变更进行有效控制是项目经理需要掌握的基本技能之一。

1) 项目范围变更的影响

项目范围变更会影响整个项目计划编制阶段的各种文件,因此要对诸如 WBS 和项目进度计划等文件进行重新评价和更新。被批准的基准范围计划是所有后续计划的基础,基准范围计划是一份经过批准的项目范围计划加上或减去经过批准的范围变更,以此为基础考核项目执行情况的好坏,确定实际绩效是否在可接受的偏差范围内。基准范围计划的变更对整个项目的影响是非常大的,将引起时间、成本、质量、采购供应等计划的连锁反应。因此,基准范围计划一定要经过高级管理层和主要项目干系人的批准。

2) 项目范围变更的原因

项目范围变更的原因因项目而异,一般情况下,造成项目范围变更的主要原因有:

(1) 客户对项目、项目产品或服务的要求发生变化；
(2) 项目外部环境发生变化，如政府政策的变更；
(3) 项目范围计划的编制不够周密详细，有遗漏或错误；
(4) 项目实施组织本身发生变化，如项目团队人事发生变化；
(5) 市场上出现或设计人员提出了新技术、新手段或新方案。

同时，项目范围变更受项目经理素质的影响。高素质的项目经理善于在复杂多变的项目环境中应付自如，做出正确的决策，从而使项目范围的变更不会对项目目标造成不利影响；反之，项目经理往往难以驾驭和控制项目的进展。

3) 项目范围变更控制的内容及过程

项目范围变更控制是指当项目范围发生变化时，对其采取检查和纠偏活动的过程，即用事先确定的项目整体变更控制的组织构架和规范化程序来控制范围变更。

范围变更控制工作通常分为两个活动。第一是发现变更，即项目经理在管理过程中必须通过监督绩效报告、当前进展情况以及一些技术，例如偏差分析，来分析和预测可能发生的变更。第二是对已发生的变更进行控制。

项目范围变更控制的主要工作包括：
(1) 分析和确定影响项目范围变更的因素和条件；
(2) 管理和控制那些能够引起项目范围变更的因素和条件；
(3) 分析和确认各方面提出的项目变更要求的合理性和可行性；
(4) 分析和确认项目范围变更是否已实际发生及其风险和内容；
(5) 当项目范围发生变动时，对其进行管理和控制；
(6) 尽可能使相关变动朝有益的方向发展。

设定严格的计划变更控制程序是范围变更控制的基本方法。一方面，要尽量减少范围计划的变更；另一方面，即使迫不得已必须变更范围计划，也要做到步步为营、进退有序。图8-3展示了范围变更控制程序。

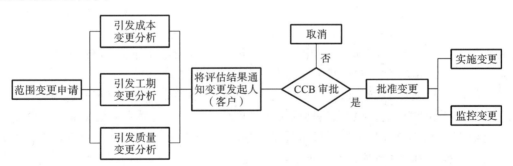

图8-3 范围变更控制程序

值得注意的是，当项目范围发生变更时，项目经理要对其进行严格管理和控制，设法使变更朝有益的方向发展，或努力消除项目范围变更造成的不利影响。此外，项目范围变更控制必须与项目管理的其他控制较好地进行结合，特别是要与项目时间（工期）控制、预算（造价）控制、项目产出物、质量控制等结合起来。

4) 项目范围变更控制的工具和方法

项目范围变更控制的工具和方法主要有以下三种：

（1）项目范围变更控制系统。项目范围变更控制系统是开展项目范围变更控制的主要工具，这一系统包括文档化工作系统、变更跟踪监督系统以及项目变更请求的审批授权系统。在项目的实施过程中，项目经理或项目实施组织利用所建立的项目实施跟踪系统，定期收集有关项目范围实施情况的报告，然后将实际情况与计划的工作范围相比较，如果发现差异，则需要决定是否采取纠偏措施。如果决定采取纠偏措施，那么必须将纠偏措施及其原因写成相应的文件，作为项目范围管理文档的一部分。同时，要将项目范围的变更情况及时通知到项目所有相关利益者，在获得他们的一致认可之后，才可以采取项目范围变更的行动。

（2）项目实施情况的度量。项目范围变更控制的一个重要内容就是识别已发生变更的原因，以及决定是否要对这种变更或差异采取纠偏行动，而这些都需要依赖项目实施情况度量技术和方法。项目实施情况的度量有助于评估已经发生的项目范围变更的偏差大小。

（3）追加计划法。项目范围的变更可能要求对项目工作分解结构进行修改和更新，甚至会要求重新制定替代的项目实施方案。所以，项目范围的变更会引起项目计划的变更，即项目范围的变更会要求项目组织针对变更后的情况制订新的项目计划，并将这部分计划追加到原来的项目计划中去。

8.3 项目进度与成本控制

项目进度控制就是要时刻对每项工作进度进行监督，然后，对那些出现偏差的工作采取必要措施，以保证项目按照原定计划执行，使预定目标按时在预算范围内实现。项目进度控制的主要内容包括对项目进度计划影响因素的分析与识别以及可能影响项目进度计划实施的各种因素的控制（事前控制），对项目进度计划完成情况的绩效度量和对项目实施工期中出现的偏差采取纠偏措施（事中控制），以及对项目进度计划变更的管理控制等工作（因为项目是一次性的，所以没有事后控制）。在项目进度控制中，人们必须定期地将项目实施情况与项目进度计划进行比较，当发现两者之间的差距超过了项目进度控制标准时就必须采取纠偏措施，以保证项目进度计划得以实现。项目经理必须根据项目实际进度和项目的具体情况，定期地改进项目工作或更新项目进度计划，以实现对项目进度的全面有效控制。

成本控制是监督项目状态，以更新项目成本和管理成本基准变更的过程。这个过程的主要作用是在整个项目期间保持对成本基准的维护。项目成本控制就是在项目实施过程中对项目成本进行监督和管理，使项目的实际成本处于受控状态，同时将项目成本控制在预算范围之内的一项管理工作。因为随着项目的实施，项目实际发生的成本会不断变化，所以人们需要不断监督和控制项目的实际花费并修正项目成本估算和预算，同时对项目最终完工时的可能成本进行预测和安排。这些工作都属于项目成本控制的范畴。

8.3.1 挣值分析法

挣值分析法（earned value management，EVM）综合了范围、进度、成本的绩效，是对项目的实施进度、成本状态进行绩效评估的有效手段。挣值分析法既可以用于偏差分析，也可以用于趋势分析，如进度偏差、成本偏差、总时间偏差、预算偏差。采用这种方法，可以根据以往结果预

第8章

项目控制：核心控制，随机应变

测未来绩效、项目时间及成本情况；可以预测项目的进度延误，提前让项目经理意识到，按照既定趋势发展，后期进度可能出现问题。另外，应该在足够早的项目时间进行趋势分析，使项目团队有时间分析和纠正任何异常；可以根据趋势分析的结果，提出必要的预防措施建议。

传统的项目性能统计是将实际的项目数据与计划数据进行比较，计算差值，判断差值的情况。但是，实际的执行情况可能不是这样简单，如果实际完成的任务量超过了计划的任务量，那么实际的花费可能会大于计划的成本，而我们不能称其为成本超支。所以，应该计算实际完成任务的价值，这样就引出了已获取价值的概念，即到目前为止项目实际完成的价值。有了"已获取价值"，就可以避免只用实际数据与计划数据进行简单相减而产生的不一致性。

▶ 案例应用 8-1

武汉阳光佳苑建设有限公司粉刷房间

假设武汉阳光佳苑建设有限公司有 10 间同样的房间，需要在 10 天内粉刷完毕，总预算 2000 元（每天 1 间，每间 200 元）。在第 5 天末实际支出 800 元。能否说该项目"节约了 200 元"呢？

①仅仅将实际发生的成本与总预算相比，容易引起误解，即只要实际成本低于总预算成本就是满意的。

②没有考虑项目的进度，一旦实际成本超过总预算成本，可是还有工作没有完成，为时已晚。

比如：

（1）如果到第 5 天实际支出 1000 元，却只粉刷了 3 个房间。

花了 1000 块钱，只做了 600 块钱的事，亏了！

（2）如果到第 5 天实际支出 1000 元，并且已经粉刷了 6 个房间。

花了 1000 块钱，做了 1200 块钱的事，赚了！

通过上面的例子，我们引入中间变量——挣值（earned value，EV），它是实际完成的工作量及其相应的预算成本，也就是实际完成工作取得的预算成本。

在粉刷房间的例子中，如果用粉刷完的房间所取得的预算成本，而不是 5 天的预算成本 1000 元，与累计实际成本 800 元相比，就能判断项目的执行情况了。如果只粉刷了 3 个房间，EV＝600 元；如果粉刷了 6 个房间，则 EV＝1200 元。

挣值分析法也称为已获取价值分析法，是一种计算实际花在一个项目上的工作量，以及预计该项目所需成本和完成该项目的日期的方法。该方法通过测量和计算已完成工作的预算成本、已完成工作的实际成本和计划工作的预算成本，得到有关计划实施的进度和成本偏差，达到判断项目执行情况的目的，如图 8-4 所示。

1）三个关键变量

①计划价值（planned value，PV）指项目实施过程中某阶段计划要求完成的工作量所需的预算工时（或成本）。计划价值又被称为计划工作的预算成本（budgeted cost for work scheduled，BCWS），在某个给定的时间点，计划价值代表已完成的工作。PV 的总和有时被称为绩效测量基准（performance measurement baseline，PMB），项目的总计划价值又被称为完工预算（budget

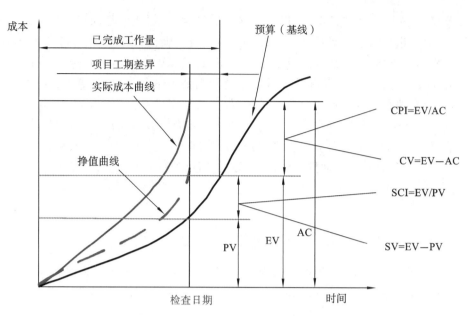

图 8-4 挣值分析法示意图

at completion,BAC)。计算公式:PV=BCWS=计划完成工作量×预算定额。

②项目已完成工作的实际成本(actual cost of work performed,ACWP)表示按照实际发生的成本计算得到的实际已完成工作量的成本。有时又把 ACWP 称为实际成本(actual cost, AC)。AC 没有上限,为实现 EV 所花费的任何成本都要计算进去。计算公式:AC=ACWP=实际完成工作量×实际单价。

③挣值(earned value,EV)指项目实施过程中某阶段实际完成工作量按预算定额计算出来的工时(或成本)。有时又把挣值称为已完成工作的预算成本(budgeted cost of work performed,BCWP)。EV 常用于计算项目完成的百分比。计算公式:EV=BCWP=已完成工作量×预算定额。

2) 四个度量指标

①项目成本偏差(cost variance,CV)表示挣值与实际成本之差,反映项目实际已完成作业量的预算成本(挣值)与实际已完成作业量的实际成本之间的绝对差异。项目结束时的成本偏差,就反映了项目完工预算成本与实际成本之间的差异。计算公式:CV=EV−AC=BCWP−ACWP。

CV 为正值表示实际消耗人工(或费用)低于预算值,项目有节余;反之,CV 为负值表示项目执行效果不佳,实际消费人工(或费用)超过预算值,即超支。

如图 8-5 所示,CV>0,表示完成某工作量时,实际资源消耗低于计划值。

如图 8-6 所示,CV<0,表示完成某工作量时,实际资源消耗高于计划值。

CV=0 表示完成某工作量时,实际资源消耗等于计划值。

②项目进度偏差(schedule variance,SV)是测量进度绩效的一种指标,反映项目实际已完成作业量的预算成本(挣值)与计划作业量的预算成本之间的差异。进度偏差是一种有用的指标,可表明项目进度是落后还是提前于进度基准。计算公式:SV=EV−PV=BCWP−BCWS。

SV 为正值表示进度提前,SV 为负值表示进度延误,SV 为 0 表示实际与计划相符。

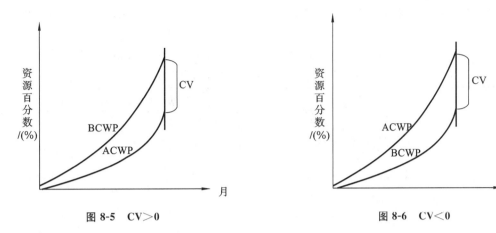

图 8-5　CV＞0　　　　　　　　　　　图 8-6　CV＜0

如图 8-7 所示，SV＞0 表示实际完成工作量超过计划预算值，即进度提前。
如图 8-8 所示，SV＜0 表示实际完成工作量小于计划预算值，即进度拖延。
SV＝0 表示实际完成工作量等于计划预算值，即符合进度计划。

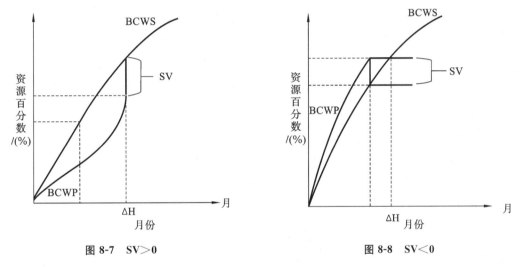

图 8-7　SV＞0　　　　　　　　　　　图 8-8　SV＜0

③成本绩效指数(cost performance index，CPI)是挣值与实际成本之比。计算公式：$CPI=\dfrac{EV}{AC}=\dfrac{BCWP}{ACWP}$。这一指标排除了项目实际作业量变化的影响，从而可度量项目成本控制工作绩效的情况。

CPI＞1 表示实际成本低于预算成本。

CPI＜1 表示实际成本超出预算成本。

CPI＝1 表示实际成本与预算成本相等。

④进度绩效指数(schedule performance index，SPI)是测量进度效率的一种指标，表示挣值与计划价值之比。计算公式：$SPI=\dfrac{EV}{PV}=\dfrac{BCWP}{BCWS}$。

SPI＞1 表示进度提前。

SPI＜1 表示进度延误。

SPI＝1 表示实际进度和计划进度相符。

成本(进度)偏差反映的是绝对偏差,结果很明了直观,有助于管理人员了解项目费用出现偏差的绝对数额,并采取一定的措施,调整或者重新制订费用支出计划和资金筹备计划。

一个项目的计划价值、挣值、实际成本之间的关系可归纳为以下 6 种情况,见表 8-2。

表 8-2 项目计划价值、挣值、实际成本关系表

序号	图 例	参数关系	分析结果	建议措施
1	(费用-进度图：ACWP、BCWS、BCWP)	ACWP>BCWS>BCWP SV<0,CV<0	效率低,进度较慢,投入超前	用工作效率高的人员更换一些效率低的人员
2	(费用-进度图：BCWS、ACWP、BCWP)	BCWS>ACWP>BCWP SV<0,CV<0	效率较低,进度慢,投入延后	增加骨干和高效人员的投入
3	(费用-进度图：BCWP、BCWS、ACWP)	BCWP>BCWS>ACWP SV>0,CV>0	效率高,进度较快,投入延后	若项目偏离不大,维持原状
4	(费用-进度图：BCWP、ACWP、BCWS)	BCWP>ACWP>BCWS SV>0,CV>0	效率较高,进度快,投入超前	抽调部分人员,放慢进度

续表

序号	图例	参数关系	分析结果	建议措施
5	(费用-进度图：ACWP、BCWP、BCWS)	ACWP>BCWP>BCWS SV>0,CV<0	效率较低,进度较快,投入超前	抽调部分人员,增加骨干人员,提高效率
6	(费用-进度图：BCWS、BCWP、ACWP)	BCWS>BCWP>ACWP SV<0,CV>0	效率较高,进度较慢,投入延后	人力不足,迅速增加人员投入

3) 两个完工估算

随着项目的开展,项目团队可根据项目绩效对完工估算(estimate at completion,EAC)进行预测,预测结果可能与完工预算存在差异。预测 EAC 是根据当前掌握的绩效信息来预测项目未来发生的情况和事件,根据在项目执行过程中的工作绩效数据来产生、更新和重新发布。绩效信息包含过去以及未来对项目有影响的任何信息。

在计算 EAC 时,通常用已完成的实际成本加上剩余工作的完工尚需估算(estimate to complete,ETC),项目团队考虑实施 ETC 工作遇到的情况,将 EVM 方法与 EAC 方法结合使用。由项目经理和项目团队进行的自下而上汇总方法,就是一种普通的 EAC 预测方法,即以完成工作的实际成本为基础,并根据已积累的经验来为剩余项目工作编制一个新估算。计算公式:完工估算(EAC)=实际成本(AC)+自下而上的完工尚需估算(ETC)。不同情况下的完工估算公式见表 8-3。

表 8-3 不同情况下的完工估算公式

预测情况	估算公式
(1) 假设将按预算单价完成 ETC,项目将不会出现类似偏差	ETC=BAC−EV; EAC=AC+(BAC−EV)
(2) 假设以当前成本绩效完成剩余工作,后面的项目按照当前偏差情况发展下去	ETC=(BAC−EV)/CPI; EAC=AC+(BAC−EV)/CPI=BAC/CPI

续表

预 测 情 况	估 算 公 式
（3）在偏差发生的情况下，必须按时完工，假设 SPI 和 CPI 同时影响未来 ETC 工作，在这种预算中，由 CPI 和 SPI 共同决定效率指标，并假设之后的项目按照该指标完成。α 和 β 分别为 CPI 与 SPI 的权重	ETC=(BAC−EV)/(α×CPI+β×SPI)； EAC=AC+(BAC−EV)/(α×CPI+β×SPI) 当 CPI 与 SPI 权重相同时： ETC=(BAC−EV)/(CPI×SPI)； EAC=AC+(BAC−EV)/(CPI×SPI)
（4）全新估算，原有的预算不再适用	ETC=自下而上的 ETC； EAC=AC+自下而上的 ETC

8.3.2 图解控制法

图解控制法是一种偏差分析方法，利用甘特图、延迟线、时间线、成本图、资源载荷图等对项目的性能进行偏差分析，审查目标绩效和实际绩效之间的差异（偏差）。在监控项目工作过程中，通过偏差分析对成本、时间、技术和资源偏差进行综合分析，以了解项目的总体偏差情况，以便于采取合适的预防或纠正措施。

1) 甘特图比较法

甘特图比较法是把在项目施工中检查实际进度收集的信息，直接用横道线并列标于原计划的横道线外，进行直观比较的方法。该方法为进度控制者提供了实际施工进度与计划进度之间的偏差，为采取调整措施提供了明确的任务。甘特图比较法是进行项目进度控制时经常用的一种简单的方法，但是它仅适用于施工中的各项工作都是按均匀的速度进行的情况，即每项工作在单位时间里完成的任务量都是相等的。为了方便比较，一般用各项工作实际完成量的累计百分比与计划完成量的累计百分比进行比较。由图 8-9 可以清楚地看到各个阶段的进度，以及各个阶段所占的百分比。

除了图 8-9 所示的常用的比较形式外，甘特图比较法还包括双比例单侧甘特图比较法和双比例双侧甘特图比较法两种形式（见图 8-10、图 8-11）。两种方法的相同之处是在工作计划横道线上下两侧做两条时间坐标线，并在两坐标线内侧每隔一个单位时间分别记载相应工作的计划与实际累计完成比例，即形成所谓的"双比例"；其不同之处是前一方法用单侧附着于计划横道线的涂黑粗线表示相应工作的实际起止时间与持续天数，后一方法则以计划横道线总长表示计划工作量的 100%，再将每单位时间实际完成的工作量占计划工作总量的百分比逐一用相应比例长度的涂黑粗线交替画在计划横道线的上下两侧，从而直观反映计划执行过程中每一单位时间内实际完成工作量的数量比例。

通过图 8-10 可以看出，原计划 9 天完成的一项工作实际完成的时间为 10 天，实际进度比计划进度拖延一天，这项工作的实际开始时间比原计划推迟一天，且在第 6 天停工一天。图 8-11 表示计划用 9 天完成的一项工作实际工作时间为 10 天，虚线延长部分表示实际完成这项工作尚需的天数，通过比较两侧涂黑粗线的长度可以直观地观察到实际完成工作量的多少，而时间坐标线可以直观地反映出实际进度较计划进度的超前或者滞后幅度。

第8章

项目控制：核心控制，随机应变

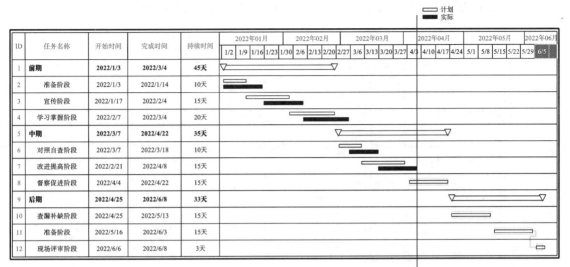

图 8-9 甘特图比较法

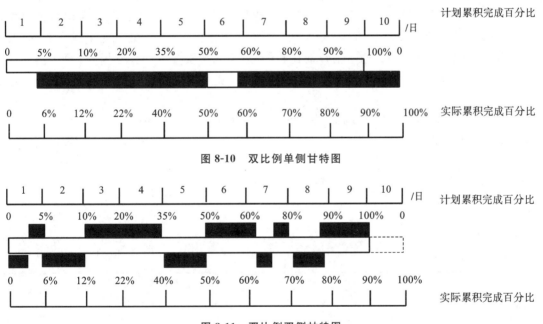

图 8-10 双比例单侧甘特图

图 8-11 双比例双侧甘特图

2）前锋线比较法

前锋线是指在原时标网络计划上，从检查时刻的时标点出发，用点划线依次将各项工作实际进度位置点连接而成的折线。前锋线比较法就是通过实际进度前锋线与原进度计划中各工作箭线交点的位置来判断工作实际进度与计划进度的偏差，进而判定该偏差对后续工作及总工期影响程度的一种方法。

实际进度前锋线的标注方法通常有两种：一种是按已完成的工作量来标定，另一种是按完成全部工作尚需的作业天数来标定。图 8-12 中的一条实际进度前锋线表示在计划进行到第

4 天末第 2 次检查实际进度时,完成工作 C、E、B、D 尚需的作业天数各为 2 天、1 天、3 天、1 天。

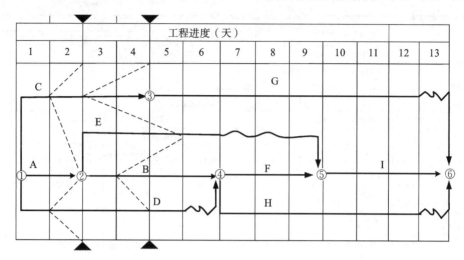

图 8-12 前锋线比较图

前锋线比较法的主要用法可概括为以下三个方面:

(1)比较计划进度和实际进度。对于任意检查日期,工作实际进度位置点与检查日期实际坐标相同,说明计划进度和实际进度一致,若工作实际进度点位于检查日期左侧或右侧,则表示工作实际进度超前或者滞后。通过前锋线比较图,对第二次检查点进行分析,结果见表 8-4,可以发现第二次检查时工作 D 正常,工作 E 超前于计划进度 1 天,工作 B、C 分别滞后于计划进度 1 天、2 天。

表 8-4 第二次检查点检查结果分析

工作名称	检查时完成全部工作尚需的作业时间	计划最迟完成全部工作尚需的作业时间	原有时差	现有时差	情况判别
B	3 天	2 天	0 天	−1 天	滞后 1 天
C	2 天	0 天	0 天	−2 天	滞后 2 天
D	1 天	1 天	1 天	0 天	正常
E	1 天	2 天	3 天	1 天	超前 1 天

(2) 分析工作实际进度能力。工作进度能力是按当前的实际进度状况完成计划工作的能力,工作的实际进度能力可由工作进度能力系数表示,即

$$\beta_{ij} = \frac{\Delta t}{\Delta T}$$

式中:β_{ij}——工作 i,j 的进度能力系数;

Δt——相邻两次实际进度前锋点的时间间隔;

ΔT——相邻两次检查日期的时间间隔。

(3) 预测工作进度。通过检查日期测算出当前的实际进度能力,则进度计划所安排的各项工作的最终完成时间可依据下面的公式进行预测:

$$R_{ij} = T + \frac{d_{ij}}{\beta_{ij}}$$

式中:R_{ij}——工作 i,j 的预测日期;

T——当前检查日期;

d_{ij}——完成工作 i,j 尚需的作业天数;

β_{ij}——工作 i,j 的进度能力系数。

3) 成本累计曲线图

成本累计曲线图又叫作时间累计成本图,是反映整个项目或项目中某个相对独立部分开支状况的图示。它可以从成本预算计划中直接导出,也可利用网络图、条线图等图示单独建立。通常可以采用下面的三个步骤做出项目的成本累计曲线图:

(1) 建立直角坐标系,横轴表示项目工期,纵轴表示项目成本。

(2) 按照一定的时间间隔或时间单元累加各工序在该时间段内的支出。

(3) 将各时间段的支出金额逐渐累加,确定各时间段所对应的累计资金支出点,然后用一条平滑的曲线依次连接各点,就可得到成本累计曲线。确定各时间段的对应点时,横坐标为该时间段的中点。

成本累计曲线图上的实际支出与理想情况的任何一点偏差,都是一种警告信号,但并非说明工作中一定发生了问题。图上的偏差只反映了现实与理想情况的差别,发现偏差时要查明原因,判定是正常偏差还是不正常偏差,然后采取处理措施。

在成本累计曲线图上,根据实际支出情况的趋势可以对未来的支出进行预测,将预测曲线与理想曲线进行比较,可获得很有价值的成本控制信息。这对项目管理很有帮助。

在网络分析中我们知道,大量的非关键工序开始和结束的时间是需要调整的。利用各工序的最早开始时间和最迟开始时间制作的成本累计曲线称为香蕉曲线,如图 8-13 所示。

香蕉曲线表明了项目成本变化的安全区间,如果实际发生的成本变化不超出两条曲线限定的范围,就属于正常变化,可以通过调整开始和结束的时间使成本控制在计划的范围内。如果实际成本超出这一范围,就要引起重视,查清情况,分析变化出现的原因。如果有必要,应迅速采取纠正措施。顺便指出,香蕉曲线不仅可以用于成本控制,还是进度控制的有效工具。

4) 资源载荷图

资源载荷是指在特定时间段,现有进度计划所需的个体资源的数量。资源载荷图表达了项目在不同时间对某种资源的需求量。资源载荷图的制作步骤如下:

(1) 确定单位时间内每项工作所需要的资源量;

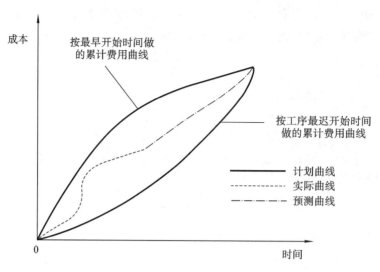

图 8-13 典型的香蕉曲线

（2）根据项目的进度计划，确定项目在不同时间所需要的资源量；
（3）根据项目的进度计划，确定项目在不同时间对资源的累计需求量；
（4）绘制资源曲线。

资源载荷图如图 8-14 所示。

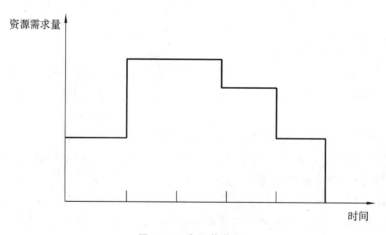

图 8-14 资源载荷图

习　　题

一、单选题

1. 实行项目控制的第一步应该是（　　）。
　A. 收集项目数据　　　　　　　　　　B. 明确项目目标
　C. 进行偏差分析　　　　　　　　　　D. 检查偏差是否合理
2. 甘特图的最大缺点是（　　）。
　A. 结构比较复杂　　　　　　　　　　B. 不能表示各项活动的依赖关系

C. 不能显示开始和结束时间　　　　　　D. 不能显示预期活动时间

3. 项目进度计划控制是指（　　）。
   A. 事前控制和事中控制　　　　　　　B. 事前控制和事后控制
   C. 事中控制和事后控制　　　　　　　D. 整个工期的控制

4. 项目范围蔓延可能来自（　　）。
   A. 项目团队内部　　B. 项目团队外部　　C. 项目发起人　　D. A 和 B

5. 你对当前项目采用挣值进展报告，以向软件开发人员传授挣值的益处。你计划将项目成果展示于餐厅告示栏中，以使团队成员了解项目进展情况。已知 PV＝$2200，EV＝$2000，AC＝$2500，BAC＝$10000，根据挣值分析，上述项目的进度偏差及状态是（　　）。
   A. $-300；项目提前于进度　　　　　B. $+8000；项目按进度计划进行
   C. $-200；项目提前于进度　　　　　D. $-200；项目落后于进度

6. 你对当前项目采用挣值进展报告，以向软件开发人员传授挣值的益处。你计划将项目成果展示于餐厅告示栏中，以使团队成员了解项目进展情况。已知 PV＝$2200，EV＝$2000，AC＝$2500，BAC＝$10000，试回答：该项目的成本绩效指数是多少？它说明截至目前的成本绩效是怎样的？（　　）。
   A. 0.20；实际成本与计划成本完全一致
   B. 0.80；实际成本已超过了计划成本
   C. 0.80；实际成本低于计划成本
   D. 1.25；实际成本已超过了计划成本

7. 你对当前项目采用挣值进展报告，以向软件开发人员传授挣值的益处。你计划将项目成果展示于餐厅告示栏中，以使团队成员了解项目进展情况。已知 PV＝$2200，EV＝$2000，AC＝$2500，BAC＝$10 000，该项目的成本偏差是（　　）。
   A. $300　　　　B. $-300　　　　C. $500　　　　D. $-500

8. 下面不属于范围变更控制的方法的是（　　）。
   A. 项目范围系统控制　　　　　　　　B. 项目实施情况的度量
   C. 追加计划法　　　　　　　　　　　D. 挣值法

9. 进行范围变更控制的基础是（　　）。
   A. 项目范围基准计划　　　　　　　　B. 项目章程
   C. 工作分解结构　　　　　　　　　　D. 项目范围说明书

10. 以下能反映项目实际已完成作业量的预算成本与实际已完成作业量的实际成本之间的绝对差异的指标是（　　）。
    A. 项目进度差异　　B. 成本绩效指数　　C. 项目成本差异　　D. 进度绩效指数

11. 项目在第四个月时，累计的计划费用为$100 000，实际费用总计为$120 000。项目的进展如何？（　　）
    A. 该项目提前于进度　　　　　　　　B. 由于成本超支，该项目存在问题
    C. 该项目将在最初的预算内完成　　　D. 所给信息不足以进行评估

12. 项目的进度偏差等于（　　）。
    A. EV－AC　　　　B. EV－PV　　　　C. AC－EV　　　　D. AC－PV

13. 项目情况报告显示，实际成本超出计划 20%，并且挣值等于计划价值。项目经理得知，

一些员工将于下星期临时休假。下列关于项目的陈述哪一项是正确的?（　　）

  A. 需要调整成本基线

  B. CPI 小于 1

  C. SPI 小于 1

  D. 无须采取措施,因为下星期将调整成本。

14. 挣值管理整合了以下哪些要素?（　　）

  A. 范围、时间和成本　　　　　　　　B. 时间、成本和质量

  C. 风险、时间和成本　　　　　　　　D. 资源、时间和成本

15. 以下哪一项代表着项目已经完工?（　　）

  A. EV＝PV　　　B. EV＝AC　　　C. EV＝BAC　　　D. PV＝BAC

16. 范围变更控制工作通常分为哪两个活动?（　　）

  A. 发现变更和控制变更　　　　　　　B. 发现变更和监督变更

  C. 发现变更和偏差分析　　　　　　　D. 偏差分析和偏差管理

17. 对于（　　）而言,甘特图是非常有用的。

  A. 表示任务之间的关系

  B. 依据计划跟踪实际情况

  C. 与客户、管理层以及项目团队进行良好的沟通

  D. B 和 C

18. 资源累计载荷图表达了项目在不同时间对某种（　　）的累计需求量。

  A. 成本　　　　　B. 资源　　　　　C. 项目　　　　　D. 成员

19. 利用各工序的（　　）和（　　）制作的成本累计曲线称为香蕉曲线。

  A. 最早开始时间;最晚开始时间　　　B. 最早开始时间;最晚结束时间

  C. 最晚开始时间;最晚结束时间　　　D. 最晚开始时间;最早结束时间

20. 在进行进度成本控制的过程中,主要依据哪些指标来给出项目修订或者预防的措施?（　　）

  A. 绩效审查　　　B. 趋势分析　　　C. 偏差分析　　　D. 以上都是

二、多选题

1. 控制进度的主要工作有（　　）。

  A. 判断项目进度的当前状态　　　　　B. 对引起进度变更的因素施加影响

  C. 重新考虑必要的进度储备　　　　　D. 判断项目进度是否已经发生变更

  E. 在变更实际发生时对其进行管理

2. 进行项目控制的基本流程有哪些?（　　）

  A. 制订基准计划,设立目标　　　　　B. 执行项目计划并收集实际进度数据

  C. 计算当前状态与项目计划的偏差　　D. 检查偏差是否可以接受

3. 范围变更控制的工具和方法包括（　　）。

  A. 项目变更控制系统　　　　　　　　B. 项目配置管理方法

  C. 项目的绩效度量方法　　　　　　　D. 项目管理信息系统

4. 项目范围控制方法主要包括（　　）。

  A. 项目范围系统控制　　　　　　　　B. 项目变更配置管理系统

C. 项目实际偏差的分析方法　　　　　D. 项目计划调整的方法

5. 下面对项目进度控制的描述正确的是(　　)。

A. 项目进度控制就是要时刻对每项工作进度进行监督

B. 项目经理必须根据项目实际进度和项目的具体情况,定期地改进项目工作或更新项目进度计划,以实现对项目进度的全面有效控制

C. 对那些出现偏差的工作采取必要措施,以保证项目按照原定计划进度执行,使预定目标按时在预算范围内实现

D. 项目进度控制中,人们没有必要定期地将项目实施情况与项目计划进度进行比较

6. 项目成本控制主要包括(　　)。

A. 对造成成本基准变更的因素施加影响

B. 确保所有变更请求都得到及时处理

C. 变更实际发生时,管理这些变更

D. 确保成本支出不超过批准的资金限额,既不超出按时段、按 WBS 组件、按活动分配的限额,也不超出项目总限额

E. 设法把预期的成本超支控制在可接受的范围内

7. 挣值分析法的关键变量包括(　　)。

A. 计划价值　　　B. 项目已完成工作的实际成本　　C. 项目的计划成本　　D. 挣值

8. 挣值分析法有哪几个度量指标?(　　)

A. 项目进度偏差　　　B. 成本绩效指数　　　C. 项目成本偏差　　　D. 进度绩效指数

9. 造成项目范围变更的主要原因有(　　)。

A. 客户对项目、项目产品或服务的要求发生变化

B. 项目外部环境发生变化,如政府政策的变更

C. 项目范围计划的编制不够周密详细,有遗漏或错误

D. 项目实施组织本身发生变化,如项目团队人事发生变化

E. 市场上出现或设计人员提出了新技术、新手段或新方案

10. 在进行进度成本控制的过程中,主要依据哪些指标确定项目性能,同时给出项目修订或者预防的措施?(　　)

A. 绩效审查　　　B. 趋势分析　　　C. 偏差分析

D. 项目修订　　　E. 预防措施

三、判断题

1. 项目进度控制中,人们必须定期地将项目实施情况与项目计划进度进行比较。(　　)

2. 控制项目范围确保所有变更请求、推荐的纠正措施或预防措施都通过实施整体变更控制过程进行处理。(　　)

3. 项目进度控制指的是整个工期的控制。(　　)

4. 有些项目风险在监控一段时间后发现没有发生,就不需要监控了。(　　)

5. 甘特图为进度控制者提供了实际施工进度与计划进度之间的偏差。(　　)

6. 计划价值指项目实施过程中某阶段计划要求完成的工作量所需的预算工时。(　　)

7. 项目成本控制的关键是经常及时分析项目成本的状况,尽早地预测和及时发现项目的问题以及成本差异,争取在情况变坏之前采取纠偏措施。(　　)

8. 前锋线比较法是通过实际进度前锋线与原进度计划中各工作箭线交点的位置来判断工作实际进度与计划进度的偏差。(   )

9. 在进行项目范围控制时,对部分项目期间保持对范围基准的维护,且需要在部分项目期间开展。(   )

10. 香蕉曲线表明了项目资源变化的安全区间。(   )

四、简答题

1. 项目控制的基本过程是什么?
2. 项目范围控制的定义是什么?
3. 项目进度控制的方法有哪些?
4. 简述挣值分析法的概念和作用。
5. 范围变更控制的主要工作有哪些?

五、案例分析

现有一家汽车研发公司的项目,经分析,费用预算修正结果如表8-5所示。到第15周初,对前14周的实施情况进行总结。

(1) 计算前14周每项工作的挣值,并填入表中。
(2) 计算第14周末挣值总和。
(3) 假设前14周完成了工作量的70%,请计算前14周的计划成本。
(4) 计算该项目前14周已完成工作量的实际成本。
(5) 根据以上结果分析项目进度执行情况。
(6) 假设项目执行情况可反映项目未来的变化,请估计项目完成时的总成本。

表8-5 费用预算修正结果

代号	工作名称	预算费用/万元	实际完成百分比	实际消耗费用/万元	挣值/万元
A	总体设计	250	100%	280	
B	单元分解	300	100%	300	
C	机体设计	150	100%	140	
D	传动设计	300	100%	340	
E	电控系统设计	150	100%	180	
F	电控系统试制	350	0	0	
G	电控系统测试	900	100%	920	
H	电动机设计	250	100%	250	
I	电动机试制	700	50%	400	
J	电动机测试	550	100%	550	
K	车体试制	350	100%	340	
L	车体制造	400	20%	100	
M	总装	200	0	0	0
N	测试	450	0	0	0
	总费用				

第9章 项目控制：辅助控制，精益求精

精益求精，持续改进。

——项目管理谚语

Striving for excellence and continuous improvement.

——project management proverbs

 学习要求

☆ **了解**：项目相关方控制概念和方法。
☆ **掌握**：项目质量控制概念和方法。
☆ **熟悉**：项目风险控制、沟通控制、采购控制的概念和方法。
☆ **核心概念**：项目质量控制、项目风险控制、项目沟通控制、项目采购控制、项目相关方控制。

摩拜共享自行车产品设计的项目质量管理

作为共享经济产品，摩拜共享自行车（图9-1）的产品设计需要满足相关方对质量的期待。对用户而言，他们对摩拜自行车质量的期待可用"安全，便于出行"来概括。对管理者而言，摩拜自行车的质量标准是达到4年不返修。对投资方而言，他们希望自己的投资能得到回报，期待产品的质量能体现投资的价值。对制造方而言，他们期待产能提高，并能降低产品维护成本。为满足各相关方对质量的各种期待，需要引入产品全生命周期设计理念。因此，轮胎采用实心的防爆轮胎，座位不可调节，这样可以在很大程度上降低返修率；以轴承转动取代链条传动，提高能量利用率，从而满足用户"安全，便于出行"的要求。为了满足制造方的期待，现有轴承传动中的非标件齿轮也被改进为标准件，进一步提高了产品的标准化系数，有助于提高产能以及产品的一致性和可靠性，并降低整个产品生命周期维护成本。然而产品要保证质量就得加大投入，这直接导致产品的成本瞬间提升到3000元/辆，对于投资方而言，面对如此高昂的投资费用，在无法预测其是否会带来期望的回报时，往往望而却步。因此，在处理成本和质量两者的关

图 9-1 摩拜共享自行车

系上,摩拜陷入了两难的境地。

思考:在摩拜自行车产品设计项目中,体现了质量管理的哪些思想和原则?

(资料来源:张喜征,彭楚钧,陈芝,文杏梓,《项目管理》,清华大学出版社,2018)

在项目按事先制订的计划朝着最终目标推进的过程中,由于前期工作的不确定性和实施过程中多种因素的干扰,项目的实施经常会偏离预期轨道。正常情况下,项目实施结果会围绕着计划目标上下浮动。因此,为了实现项目的计划目标,项目控制工作是非常有必要的。

9.1 项目质量控制

9.1.1 项目质量控制的概念

项目质量控制是为了评估绩效,确保项目输出完整、正确且满足客户期望,而监督和记录质量管理活动执行结果的过程。具体而言,就是将项目实施结果与事先制定的质量标准进行比较,包括项目实施情况的监督和度量、质量差异与问题的确认、质量问题的原因分析、纠偏措施的采取,以及消除质量差异与问题等一系列活动。质量控制过程的主要作用是,核实项目可交付成果和工作是否已经达到主要相关方的质量要求,可供最终验收;确定项目输出是否达到预期目的,这些输出需要满足所有适用标准、要求、法规和规范。本过程贯穿于整个项目期间。

质量控制过程的目的是在用户验收和最终交付之前测量产品或服务的完整性、合规性和适用性。本过程通过测量所有步骤、属性和变量,来核实与规划阶段所描述规范的一致性和合规性。在整个项目期间应执行质量控制,用可靠的数据来证明项目已经达到发起人或客户的验收标准。

9.1.2 项目质量控制的工具

质量控制的工具有很多,常见的工具有直方图、散点图、帕累托图、鱼刺图、流程图等。

1) 直方图

直方图又称质量分布图,是一种统计报告图,由一系列高度不等的纵向条纹或线段表示数据分布情况,一般用横轴表示数据类型,用纵轴表示数据分布情况。直方图可以比较直观地展示数据的分布状态,用来解析数据的规则性;可以显示某个特性的波动状态,较为直观地传递特性的状态信息,并通过研究波动状态掌握过程状态,从而对工作进行改进。直方图的常见类型有标准型、锯齿型、偏锋型、平顶型、双峰型等。图9-2展示了某工厂生产零件尺寸的直方图。

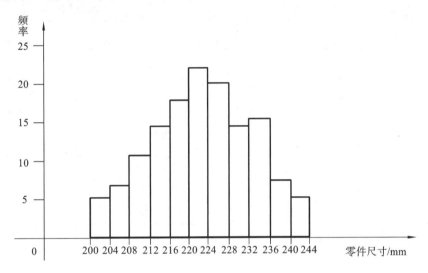

图 9-2 零件尺寸直方图

2) 散点图

散点图又称相关图,用来识别两个变量之间可能存在的关系。创建散点图时,首先要识别出要分析的两个变量,定义其理论关系,其次收集样本数据,接下来在直角坐标系中绘制散点图,最后通过绘制出的数据点寻找规律。在散点图中,数据点的分布越靠近某条斜线,两个变量之间的关系就越密切;数据点的分布越分散,两个变量之间的关系就越弱。图9-3为客户满意度与排队时间的散点图示例。

3) 帕累托图

帕累托图是基于帕累托法则而绘制的,又称为排列图,该图中数据的重要性以下降的顺序排列,按优先顺序表示数据,并将注意力集中在关键数据上,一般来说,关注前两到三个因素就可以解决绝大部分的问题。该方法有助于在很多潜在机会中识别出最大改进机会,或者在全部的问题原因中识别出影响最大的关键原因。

绘制帕累托图的一般步骤为:

①确定要分析的数据集,该数据集应该包含可以分为不同类别的项目或因素,如表9-1所示。

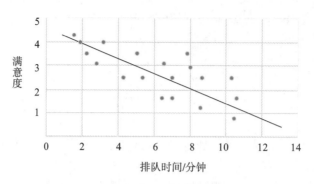

图 9-3　客户满意度与排队时间的散点图

表 9-1　问题统计分析

问　　题	数量/个
延期	3
报告错误	8
格式错误	46
标题不规范	5
图标不规范	4
图片格式有误	29
日期错误	3
引用不规范	1
文字错误	1

②对每个项目或因素进行量化,并将它们按照重要性进行排序,并计算每个项目或因素的累积百分比,如表 9-2 所示。

表 9-2　问题排列降序表

问　　题	数量/个	占比/(%)	累积百分比/(%)
格式错误	46	46	46
图片格式错误	29	29	75
报告错误	8	8	83
标题不规范	5	5	88
图标不规范	4	4	92
日期错误	3	3	95
延期	3	3	98
引用不规范	1	1	99
文字错误	1	1	100

③使用条形图绘制每个项目或因素的百分比和累积百分比。将项目或因素按照重要性从左到右排列,最后绘制累积百分比曲线,使用第二个纵轴来显示,如图 9-4 所示。

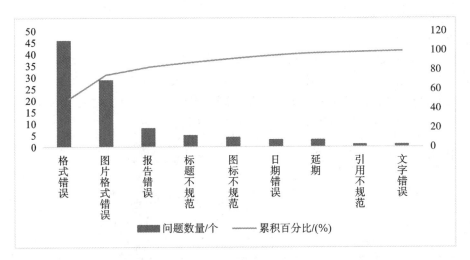

图 9-4 帕累托图

从上图可以解读出,在最左边的柱形显示出最大的改进机会,表示导致最多错误或者缺陷的项目或因素。帕累托图识别出了少数的、关键的原因,也就是导致错误的关键原因。

4) 控制图

控制图可以用来确认工作过程是否处于受控状态,如果工作过程处于正常控制范围之内,就不应对其进行调整,但如果工作过程没有处于正常控制范围之内,则需要对其进行调整。控制界限根据标准的统计原则,通过标准的统计计算确定,代表一个稳定过程的自然波动范围。控制上限和控制下限一般都设定在±3个标准差的位置。控制图可用于监测各种类型的输出变量。控制图最常用来跟踪批量生产中的重复性活动,也可用来监测成本与进度偏差、产量、范围变更频率或其他管理工作成果,以便帮助确定项目管理过程是否受控。图 9-5 展示了某项目进度执行控制图。

在控制图中,控制线是判断过程是否失控的上下界限,如果超过控制线,则说明过程已经失控。判断过程是否失控一般有两种方法,分别是:①七点规则,连续七个点在同一侧,说明过程失控;②单点规则,任意一个数据点超出控制界限,表示过程失控。

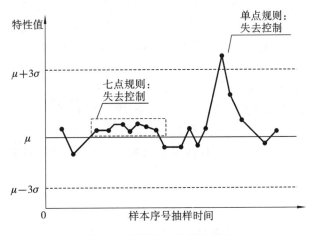

图 9-5 项目进度执行控制图

5）鱼刺图

鱼刺图也叫因果图、石川图，可以直观地反映出产品质量因素之间的关系，并以树状图的方式表示出来。图 9-6 展示了用鱼刺图分析混凝土强度不足的原因。在现实中，项目质量因素之间并不是简单的直接对应关系，而且一个项目质量问题的结果可能是由多个项目质量控制方面的原因共同或累积造成的。所以，项目质量控制人员需要使用因果图去找出导致项目产出物或工作质量问题的各个原因，从而有针对性地采取纠偏措施。

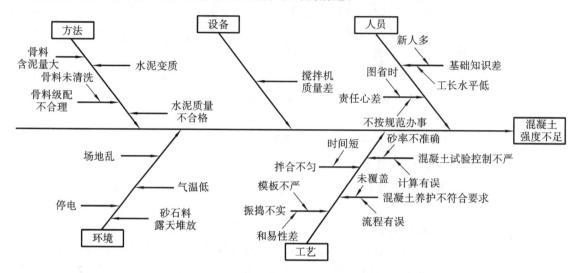

图 9-6　用鱼刺图分析混凝土强度不足的原因

绘制鱼刺图的一般步骤为：

①描述需要解决的质量问题，作为质量管理的目标结果。例如，在过程能力分析后，发现插头槽径合格率低的原因主要是槽径的分布中心偏离了规格中心，主要集中在规格上限附近，则要解决的问题是槽径特性分布中心偏大，而不是槽径特性的合格率低。

②明确可能导致质量问题的原因的主要类别。对制造过程来说，考虑的类别因素主要为 5M1E（人员、机器、材料、方法、测量和环境）；对服务和管理类过程来说，经常使用 4P（人员、政策、程序和场所）作为主要类别；此外，也可以采用其他更适合项目的分类。

③分析、讨论导致每种问题的潜在原因。可以采用头脑风暴法、德尔菲法、项目小组技术等工具和方法，集思广益，尽可能多地列出潜在的影响因素，形成原因清单，再看这些原因适合归为哪几种类别，并按此分类。在进行原因归类时，最好一个原因只归于一个类别，如果某项原因可能和多个类别有关，选择最合适的类别。

④对每一类别的原因进行进一步分析，识别各原因之间的因果关系，由此确定出第一层次原因、第二层次原因等。例如，技术水平低和新人都是造成产品良品率低的原因，两者同属于造成良品率低的人员因素，而新人是造成技术水平低的一个可能原因，因此对于技术水平低和新人来说，新人是"因"，技术水平低是"果"。

⑤绘制正式的鱼刺图。

a. 将问题描述画在最右边的矩形框中；

b. 从左向右画一箭头线，作为鱼刺图的脊梁；

c. 根据列出的导致问题的可能原因的类别数，分别在脊梁的上方和下方绘制连接到脊梁的

箭头线作为大刺,并将类别名称标注在方框中;

d. 在各个类别的大刺上根据该类别第一层次原因的个数绘制连接到大刺的箭头线作为中刺,并在刺上简要描述原因;

e. 用小刺列出影响中刺的第二层次的原因,依次类推。

6) 流程图

流程图通常被应用于项目质量控制过程中,其主要目的是确定以及分析问题产生的原因。图 9-7 展示了某项目质量控制流程图。

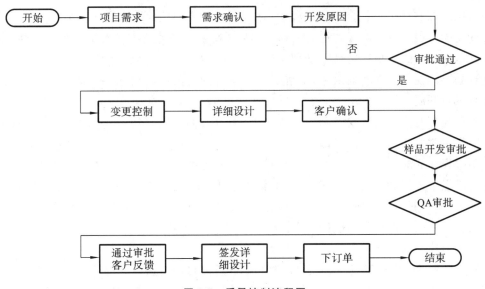

图 9-7　质量控制流程图

7) 核查表

核查表是主要应用于系统地收集资料和积累数据,并对数据进行整理和分析的统计图表。质量控制活动多数情况下运用数据分析方法来对缺陷做出统计归纳和初步分析。表 9-3 展示了某汽车轮胎的质量核查表。

表 9-3　某汽车轮胎的质量核查表

编号	种类	检查记录	小计/个	频率/(%)
A	裂纹	正正正正正正正	35	15.5
B	气孔	正正正正正正正正	40	17.7
C	不平滑	正正正正正正正正正	45	20
D	掉砂	正正正正正正	30	13.3
E	纹饰不良	正正正正正	25	11.1
F	划痕	正正正正正正正	35	15.1
G	色差	正正正	15	6
问题合计			225	

9.2 项目风险控制

9.2.1 项目风险控制的概念

项目风险控制是指在整个项目过程中,根据项目风险管理计划和项目实际发生的风险与项目发展变化所开展的各种监督和控制活动。项目风险监控是建立在项目风险的阶段性、渐进性和可控性基础之上的一种项目风险管理工作,在监控中不断了解风险的进展过程,才能对项目风险进行必要的控制。准确地说,当了解了项目风险的成因及其后果等主要的特性以后,就可以对项目风险开展监控工作了。

项目风险都有一个不断发展和变化的过程,随着人们的监督控制行为的变化,项目风险的发展也会发生改变。所以,对项目风险的控制过程就是一种发挥人的主观能动性去影响和改变项目风险过程和后果的工作,同时在工作中所产生的各种信息会进一步提高人的主观能动性,也会进一步完善人们对项目风险的认识程度,使人们对项目风险的监控行为更加符合客观规律。实际上,从不断地认识项目风险到不断地对风险进行决策,是一个通过人的行为使项目风险逐步从不可控向可控转化的过程。

项目风险控制的目标有:

(1) 努力尽早识别项目风险。项目风险控制的首要目标是通过开展持续的项目风险识别和评估,尽早发现项目所存在的各种风险及项目风险的各种特性,积极地制定出各种项目风险的应对措施。这是开展项目风险控制的前提条件。

(2) 积极消除项目风险事件的后果。项目风险并不都是可避免的,项目风险控制的目标是积极采取行动,努力消除这些风险事件带来的不利后果,努力提升项目风险的正面影响。

(3) 吸取项目风险管理中的经验教训。对各种已经发生的项目风险,吸取经验教训,避免在以后的项目中发生同样的风险事件。

9.2.2 项目风险控制的步骤

项目风险控制的流程如图 9-8 所示,可采用以下步骤:

(1) 建立项目风险控制体系。建立项目风险控制体系就是要根据项目风险识别和评估报告所给出的项目风险信息,制定整个项目的风险控制方针、风险控制程序以及风险控制管理体系。

(2) 确定要控制的具体项目风险。这一步是根据项目风险识别与评估报告所列出的各种具体项目风险,确定要对哪些风险进行控制,而对哪些风险可以容忍并放弃对它们的控制。这通常要按照项目具体风险后果严重性的大小和风险的发生概率,以及项目组织的风险控制资源情况来确定。

(3) 确定项目风险的控制责任。这是分配和落实项目具体风险控制责任的工作。所有需要控制的项目风险都必须落实具体负责人员,同时要规定他们所承担的具体责任。

(4) 确定项目风险控制的行动时间。对项目风险的控制要制定相应的时间计划和安排,不

第9章
项目控制：辅助控制，精益求精

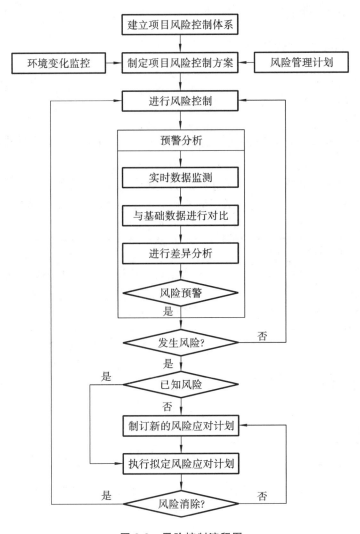

图9-8 风险控制流程图

仅包括进行监测的时间点和监测持续时间,还包括解决风险问题的时间表与时间限制。

（5）制定各个具体项目风险的控制方案。由负责具体项目风险控制的人员根据风险的特性和可能发生的时间,制定各个具体项目风险的控制方案。要找出能够控制项目风险的各种备选方案,然后对方案进行必要的可行性分析,以验证各个风险控制备选方案的效果,最终选定要采取的风险控制方案。

（6）实施具体项目风险控制方案。这一步要按照确定的具体风险控制方案开展项目风险控制活动。在具体实施时,必须根据项目风险的发展与变化,不断地修订项目风险控制方案和办法。

（7）跟踪具体项目风险的控制过程。这一步的目的是收集项目风险事件控制工作的信息并给出反馈,即利用跟踪去确认所采取的风险控制活动是否有效,项目风险的发展是否有新的变化等,以便不断提供反馈信息,从而指导项目风险控制方案的具体实施。

（8）判断项目风险是否已经解除。若认定某个项目风险已经解除,则该风险的控制作业已完成。若判定该风险仍未解除,就要重新进行风险识别,重新开展下一步的风险控制作业。

9.2.3 项目风险控制的方法和工具

项目风险控制的方法和工具有很多,常见的有审核检查法、监视单法、风险报告、趋势分析法、风险分解结构等。

1) 审核检查法

审核检查法是一种传统的风险控制方法,贯穿于项目的全过程,从项目建议书开始直到项目结束。

审核对象主要有项目建议书、项目的招标文件、设计文件、产品和服务的技术规格等。通常在项目进行到一定程度时,以会议的形式进行审核,项目风险评审表如表9-4所示。

表9-4 项目风险评审表

评审类型	问题
项目章程	各部分内容是否清晰
相关方清单	最让他们头疼的事情是什么
沟通计划	是否存在沟通不善等问题
假设	能否确保每个假设条件都可以实现
制约因素	各制约因素如何增加项目难度
工作分解结构	通过工作分解结构可以发现哪些风险
进度计划	项目里程碑或其他合并点可能出现哪些问题
资源需求	哪些环节员工超负荷工作
交接点	工作在项目员工之间交接会出现哪些问题

检查一般在项目的实施过程中进行,检查的目的是将各方面的问题和意见及时地反馈给相关人员,检查对象为已成功完成的工作,包括设计文件、实施计划、实验计划和设备等。

2) 监视单法

监视单是项目实施过程中需要管理工作者给予特别关注的重点区域的清单。监视单的内容可浅可深,浅则可以列出已辨识出的风险,深则可以列出风险顺序、风险处理活动、风险在监视单中已停留的时间、各项风险活动计划完成的日期和实际完成日期等。

3) 项目风险报告

项目风险报告用于向决策者和项目组织成员通报风险状况和风险活动的评估。如果时间紧迫,可以采用口头报告的形式,正式的报告需要量化评估而做出书面报告。

4) 趋势分析法

趋势分析法是一种应用数学技术的风险控制方法,它基于项目前期的历史数据,用于预测项目未来的发展趋势或结果,如图9-9所示。趋势分析法通常用于监控各种参数,例如技术参数、费用和进度参数。该方法基于统计分析与预测原理,包括回归分析、相关分析、趋势外推分析等一系列统计分析与预测方法。

5) 风险分解结构

风险分解结构(risk breakdown structure,RBS)列出了一个典型的项目中可能发生的风险

第9章

项目控制：辅助控制，精益求精

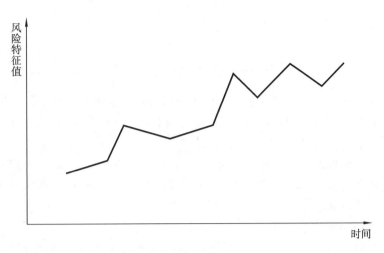

图 9-9　趋势分析法

分类和风险子分类。不同的 RBS 适用于不同类型的项目和组织。图 9-10 为一个风险分解结构示例。

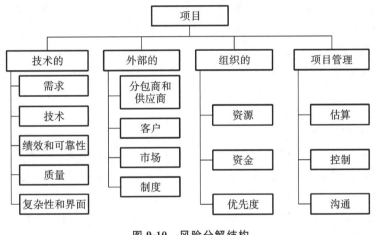

图 9-10　风险分解结构

9.3　项目沟通控制

项目沟通控制是在整个项目生命周期中对沟通进行监督和控制的过程，以确保满足项目相关方对信息的需求。本过程的主要作用是，随时确保所有沟通参与者之间的信息流动的最优化。项目沟通控制过程可能会引发项目沟通管理工作中的某些过程重新开展，这种重复体现了项目沟通管理各过程的持续性。对某些特定信息（如问题或关键绩效指标）的沟通，可能会立即引发修正措施，而对其他信息的沟通则不会。应该仔细评估和控制项目沟通的影响和对影响的反应，以确保在正确的时间把正确的信息有效传递给项目相关方。

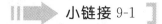

小链接 9-1

诸葛亮七擒七纵,以诚服人

公元 223 年,蜀汉发生了以益州郡豪强地主雍闿为首的武装叛乱,孟获以蜀汉政府故意为难当地人为借口,号召更多的人起来反叛。这样,叛乱队伍迅速扩大,很快席卷了整个南中地区。

面对这种情况,诸葛亮采取了积极的安抚手段,没想到叛军的气焰更加嚣张。诸葛亮为稳定后方,为北伐做准备,决定亲自率兵南征。公元 225 年,诸葛亮率军南征,讨伐叛军,最终大军到了南中,接连打了几个胜仗,雍闿被杀,孟获成为叛军首领。

为了更好地解决少数民族与蜀汉政权的关系,诸葛亮对孟获采取"攻心"政策。蜀军在与孟获交战时,只许生擒,不许加以伤害。初次交战,孟获果然被活捉,诸葛亮对他不杀不辱,大加优待,为使其心服,还亲自带他参观蜀军阵势,孟获却不服气,声称自己不知道蜀军的虚实,要求把他放回去,再打一仗。诸葛亮真的把他放了回去,再次作战,结果孟获又被蜀军擒获,但他仍不服气,诸葛亮又将他放回,就这样,一共捉了七次,放了七次。当最后一次要放还他时,孟获心服口服,非常佩服诸葛亮的诚心、大度与智谋,同时知道了蜀汉并非存心与自己为敌。孟获归降后,其他几股反叛势力也很快归降了蜀汉。诸葛亮善于沟通,对孟获做耐心细致的思想工作,未留一兵一卒镇守,使得南中地区获得了长治久安的大好局面。

(案例来源:金井露,《华为项目管理图解》,广东经济出版社,2017)

项目沟通控制的常用方法和工具如下。

1) 信息管理系统

信息管理系统为项目经理获取、储存和向相关方发布有关项目成本、进度进展和绩效等方面的信息提供了标准工具。项目经理可借助报表、电子表格和演示资料的形式分发报告,也可以借助图表把项目绩效信息可视化。信息管理系统具有以下功能:①数据处理功能,包括数据收集和输入、数据传输、数据存储、数据加工和输出;②预测功能,运用现代数学方法、统计方法和模拟方法,根据过去的数据预测未来的情况;③计划功能,根据企业提供的约束条件,合理地安排各职能部门的计划,针对不同的管理层,提供相应的计划报告;④控制功能,根据各职能部门提供的数据,对计划的执行情况进行检测,比较执行与计划的差异,针对差异情况分析原因;⑤辅助决策功能,采用各种数学模型和所存储的大量数据,及时推导出有关问题的最优解或满意解,辅助各级人员进行决策。

2) 专家判断法

项目团队经常依靠专家判断来评估项目沟通的影响、采取行动或进行干预的必要性、应该采取的行动、对这些行动的责任分配和时间安排。可使用专家判断法来处理各种技术和管理问题,专家判断可以来自拥有特定知识或受过特定培训的小组或个人,例如顾问、相关方(包括客户或发起人)、专业和技术协会、行业团体、主题专家、项目管理办公室(PMO)。最后项目经理应该在项目团队的协作下,决定所需要采取的行动,以确保在正确的时间把正确的信息传递给正确的项目相关方。

3）召开会议

项目重要会议如图9-11所示。在会议中,需要与项目团队展开讨论和对话,以便确定最合适的方法,用于更新和沟通项目绩效,以及回应各相关方对项目信息的请求。会议可在不同的地点举行,如项目现场或客户现场,可以是面对面的会议或在线会议。项目会议也包括与供应商、卖方和其他项目相关方的讨论与对话。

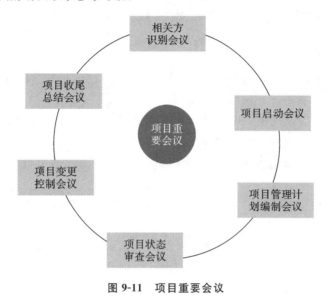

图 9-11　项目重要会议

9.4　项目采购控制

项目采购控制是管理采购关系、监督合同绩效、实施必要的变更和纠偏,以及关闭合同的过程。本过程的主要作用是,确保买卖双方履行法律协议,满足项目需求。本过程应根据需要在整个项目期间开展。

▶▶ 小链接 9-2

华为公司的采购管理

作为管理网络倡导者、实践者和领先者的华为技术有限公司为了建立国际竞争力,不惜高价从知名的跨国公司 IBM 请来顾问,帮助企业建立起自己的采购系统,以求更好发展。华为采购部由多个物料专家团(commodity expert group,CEG)组成,各物料专家团负责采购某一类或某一族的物料,以满足业务部门、地区市场的需要。按物料族进行采购运作的目的是在全球范围内利用华为的采购杠杆。每个物料专家团都是一个跨部门的团队,通过统一的物料族策略、集中控制的供应商管理和合同管理提高采购效率。华为相信,只有良好的沟通才能培育出良好的合作关系。华为提供多样化的沟通渠道,以便华为和供应商进行开放的对话和讨论。每个物料专家团内部都有供应商接口人,负责与供应商的接口和沟通,处理供应商与华为来往过程中可能碰到的任何问题和疑问。相应地,也要求供应商通过这一单一的接口与华为接触。通过这一渠道,专家团会将所有可能影响到供应商业务的采购策略和计划传达给供应商。华为设立供应商反馈办公室,主要是为了处理所有与采购相关的问题,包括供应商针对华为员工或某部门的不公平行为和不道德行为的投诉等,供应商可以坦诚地让华为知悉自己的顾虑,同时也帮助华为遵守承诺,此举的目的在于促进华为与供应商建立更为开放、有效的关系。

项目采购控制的常用方法和工具有:

(1) 合同变更控制系统。合同变更控制系统规定了修改合同的过程,包括文书工作、跟踪系统、争议解决程序,以及各种变更所需的审批层次。

(2) 采购绩效审查。采购绩效审查是一种结构化的审查,买方依据合同来审查卖方在规定的成本和进度内完成项目范围和达成质量要求的情况。

(3) 检查和审计。在项目执行过程中,应该根据合同规定,由买方开展相关的检查和审计,卖方应该对此提供支持。

(4) 报告绩效。根据协议要求,评估卖方提供的工作绩效数据和工作绩效报告,形成工作绩效信息,并向管理层报告。

(5) 支付系统。通常先由被授权的项目团队成员证明卖方的工作令人满意,再通过买方的应付账款系统向卖方付款。

(6) 索赔管理。如果买卖双方不能就变更补偿达成一致意见,甚至对变更是否已经发生也存在分歧,那么被请求的变更就成为有争议的变更或潜在的推定变更。有争议的变更也称为索赔、争议或诉求。

(7) 记录管理系统。记录管理系统在采购控制中扮演重要角色,它可以用于记录、跟踪和管理采购相关的信息和文件。它包含一套特定的程序、相关的控制功能,以及作为项目管理信息系统一部分的自动化工具。

9.5 项目相关方控制

控制相关方参与是监督项目相关方关系,并通过修订参与策略和计划来引导相关方合理参与项目的过程。本过程的主要作用是,随着项目进展和环境变化,维持或提升相关方参与活动的效率和效果。本过程需要在整个项目期间开展。

想要控制相关方的参与情况,项目管理层就需要收集和分析一系列的文件和信息,比较重要的有相关方管理计划、问题日志、工作绩效信息以及其他项目文件。相关方管理计划为控制工作提供了基准。问题日志记录已解决的老问题,并随着新问题的出现随时更新记录,它为项目管理者提供了控制的重点和角度。项目实施过程中产生的工作绩效信息可以说明相关方的参与程度,对其分析可以发现相关方管理过程中出现的不合理的地方,及时采取纠偏措施进行改进。

第9章
项目控制：辅助控制，精益求精

▶ 小链接 9-3

洛克希德·马丁公司的相关方管理

洛克希德·马丁公司的全称为洛克希德·马丁空间系统公司，创建于1912年，是一家美国航空航天制造商。该公司管理的F-35战斗机项目中有上千个分包商，不少是事后被选入项目的。洛克希德·马丁公司选择分包商的标准较高，不仅看其能否完成任务，更重视其能否给项目带来价值。能否影响本区现任议员、能否拉拢退役将领或退休议员是F-35战斗机项目选择分包商或外部相关方的重要指标。对于项目已有的相关方，洛克希德·马丁公司总是尽量维护其利益，做到荣辱与共，即便在项目最困难的时候。例如，F-35战斗机项目的负责人多以升迁的方式离职，尽管某些升迁只是短暂的或有名无实的。洛克希德·马丁公司的做法无疑是要维护"F-35"人的光辉形象，这样做实际上也维护了自己的形象，从而维护了项目的形象。

(案例来源：黎亮，肖庆钊，宋瑾，《项目管理》，清华大学出版社，2022)

项目相关方控制的常用方法和工具如下。
(1) 项目相关方信息管理系统。表9-5展示了项目相关方信息管理系统。

表9-5 项目相关方信息管理系统

项目相关方管理活动	负责人	时段
1. 确定每个相关方的名称		
2. 确定相关方所有的需求与期望		
3. 将相关方的需求和期望转化为项目的要求		
4. 管理并影响相关方融入项目的活动		
5. 让相关方签名确认最终的项目需求		
6. 评估相关方的知识和技能		
7. 分析项目，以确保相关方的需求能得到满足		
8. 指派给相关方一些项目工作，保证他们融入项目		
9. 把相关方当作专家		
10. 通过沟通，保证相关方能够及时获取所需的信息		
11. 让相关方一起总结经验教训		
12. 在项目或者阶段结束的时候让相关方接受可交付成果		

(2) 专家判断法。为确保全面识别和列出新的相关方，应对当前相关方进行重新评估。当项目经理或管理团队缺乏相关经验时，应该与受过专门培训或具有专业知识的小组一起协作完成。

(3) 召开会议。可在状态评审会议上交流和分析有关相关方参与的信息。

知识扩展

帕累托法则

帕累托法则(Pareto principle)是罗马尼亚管理学家约瑟夫·朱兰提出的一条管理学原理，该法则以意大利经济学家维尔弗雷多·帕累托的名字命名。帕累托于1906年提出了著名的关于意大利社会财富分配的研究结论：20%的人口掌握了80%的社会财富。这个结论对大多数国家的社会财富分配情况都成立。因此，该法则又被称为80/20法则(见图9-12)。80/20法则只是帕累托分布函数在特定常数时的一个特定值，其他极端情况还有64/4等，这就意味着一个国家64%的社会财富只属于4%的人。

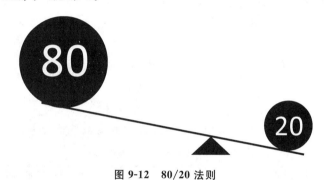

图9-12　80/20法则

80/20分析法可检验两组类似数据之间的关系，并用来改变它们所描述的关系。主要用途是用来发现这个关系的关键起因——20%的投入就有80%的产出，并在取得最佳业绩的同时减少资源损耗。假如20%喝啤酒的人喝掉80%的啤酒，那么这部分人应该是啤酒制造商主要的销售对象，要尽可能争取这20%的人来购买啤酒，最好能进一步增加他们的啤酒消费。啤酒制造商出于实际理由，可能会忽视其余80%喝啤酒的人，因为他们的消费量只占20%。同样的，当一家公司发现自己80%的利润来自20%的顾客时，就应该努力服务于20%的顾客。这样做，不但比把注意力平均分散给所有的顾客更容易，也更值得。再者，如果公司发现80%的利润来自20%的产品，那么这家公司应该全力来销售那些高利润的产品。

经常应用80/20法则的几个领域如下。

战略：除非用80/20法则仔细观察过企业的不同层面并重新制定战略，否则几乎不可避免地要为太多人浪费太多精力。这个法则对确定企业的事业发展方向具有极大价值。

库存管理：在库存管理中广泛应用的ABC控制法也是80/20法则在营运资金管理中的实际应用。ABC控制法的实质在于抓住重点，区别对待，分类控制，管好、用好资金。按企业的货物品种和所占用资金的多少进行分类排队，把它们分为A、B、C三类。A类货物数量最少，但占用资金比例大，因此应严格控制。B类货物较A类多，价格较低，原则上不要求同A类存货那样严格控制，可以实行一般控制。C类货物种类繁多，但价格低廉，占用资金很少，因此可实行适当放松控制。

市场：营销应致力于提供优质服务，而现有的产品或服务的20%创造了80%的利润。应该以最大努力来留住为公司提供80%利润的20%的客户。

销售：监管销售业绩的关键是停止考虑平均力量，而要开始考虑80/20法则。留住表现佳

第9章

项目控制：辅助控制，精益求精

的销售员，让每个人都能采用取得投入、产出最高比例的方法。让销售员努力用20%的产品创造80%的销售额，并把握那些能做成80%生意和创造80%的利润的客户。

信息技术：投资的回报通常遵循80/20法则，所得利益的80%源自最简单系统的20%，大多数软件用80%的时间仅仅完成20%的有效指令。

质量：很小比例的质量缺陷往往造成最频繁的质量问题。如果弥补了最关键的20%的质量缺陷，将获得80%的利益。所有降低成本的有效技术大多采用80/20法则的三个洞察力：简化，通过排除无益活动；集中，在改进的几个关键推动力上；和业绩比较。降低成本是一项昂贵的业务，需集中80%的精力花在那些（大概是20%）最有潜力降低成本的地方。

协商：问题的20%或更少将包含争议部分的80%的价值；在最后20%的有效时间内将会出现80%的让步。

习 题

一、单选题

1. 在直方图中，若出现中间高，两边低，数据大致呈正态分布的情况时，这种直方图属于哪种类型？（ ）

   A. 标准型　　　　　B. 锯齿型　　　　　C. 偏锋型　　　　　D. 平峰型

2. 利用控制图分析质量数据，质量控制标准常以（ ）为控制界限。

   A. $\mu \pm \sigma$　　　　　B. $\mu \pm 2\sigma$　　　　　C. $\mu \pm 3\sigma$　　　　　D. $\mu \pm 4\sigma$

3. 控制图中的控制上限和控制下限表明（ ）。

   A. 项目团队不受处罚的最大偏差范围

   B. 产品质量合格与不合格的分界线

   C. 生成过程不需要采取纠正措施的界限

   D. 判断项目成败的重要统计依据

4. 控制图在均值线的一侧有7个连续的数据点，这时应该怎样处理？（ ）

   A. 不采取任何行动，因为没有超出控制界限

   B. 告诉客服

   C. 停止生产

   D. 在继续生产的同时，查明原因，寻求解决办法

5. 可以用散点图表示两个变量之间的相关性，两个变量之间关系的密切程度取决于数据点分布（ ）。

   A. 靠近某条横直线的程度　　　　　B. 靠近某条竖直线的程度
   C. 靠近某条曲线的程度　　　　　　D. 靠近对角线的程度

6. （ ）也称为帕累托图，它是将质量改进项目从最重要到最次要进行排列而采用的一种简单图示技术。

   A. 排列图　　　　　B. 因果图　　　　　C. 四方图　　　　　D. 控制图

7. 帕累托图可以用来进行质量控制是因为（ ）。

   A. 它按缺陷的数量多少画出一条曲线，反映了缺陷的变化趋势

B. 它将缺陷数量从大到小进行了排列,使人们关注数量最多的缺陷
C. 它将数据的重要性以下降的顺序进行排列,项目团队应关注造成最多缺陷的原因
D. 它反映了按时间顺序抽取的样本的数值点,能够清晰地看出过程实现的状态

8. 帕累托图的主要用途在于( )。
   A. 集中注意力在最关键的问题上　　　B. 质量问题量化
   C. 帮助预见未来的问题　　　　　　　D. 改进质量管理

9. 下列哪一项说明了帕累托图是指出重大缺陷的有效工具?( )
   A. 它指出了项目可交付成果均可接受容限
   B. 通过识别相对少量的造成最大影响的原因,它可能指出最有效的改善机会
   C. 它可准确地展示不同因素如何导致缺陷
   D. 它分析了两个变量的关系

10. 控制图有助于项目经理( )。
    A. 着眼于改进质量最重要的问题上　　B. 着眼于刺激思考
    C. 探索理想的结果　　　　　　　　　D. 确定某流程是否正常运转

11. 因其形状很像鱼骨,是一种发现问题"根本原因"的方法,是一种透过现象看本质的分析方法,因果图也叫( )。
    A. 鱼刺图或者流程图　　　　　　　　B. 鱼刺图或者核查表
    C. 鱼刺图或者石川图　　　　　　　　D. 鱼刺图或者散点图

12. 属于质量控制工具的是( )。
    A. 控制图　　　B. 帕累托图　　　C. 散点图　　　D. 以上都是

13. ( )是一种展示两个变量之间的关系的图形,它能够展示两支轴的关系,一支轴表示过程、环境或活动的任何要素,另一支轴表示质量缺陷。
    A. 帕累托图　　　B. 散点图　　　C. 直方图　　　D. 控制图

14. 在项目风险控制中,要收集项目风险事件控制工作的信息并给出反馈的步骤是( )。
    A. 建立项目风险控制体系　　　　　　B. 确定项目风险控制的行动时间
    C. 实施具体项目风险控制方案　　　　D. 跟踪具体项目风险的控制结果

15. 流程图通常被应用于项目质量控制过程中,其主要目的是( )。
    A. 建立项目风险体系　　　　　　　　B. 判断项目成败
    C. 判断项目是否可控　　　　　　　　D. 确定以及分析问题产生的原因

16. 下列哪一项不属于项目采购控制常用方法和工具?( )
    A. 合同变更控制系统　　　　　　　　B. 信息管理系统
    C. 采购绩效审查　　　　　　　　　　D. 检查和审计

17. 以下哪种风险控制方法会列出一个项目中可能发生的风险分类和风险子分类?( )
    A. 风险分解结构　　B. 监视单法　　C. 趋势分析法　　D. 项目风险报告

18. 项目沟通控制是在整个项目生命周期中对沟通进行( )和( )的过程。
    A. 监督;指导　　B. 监督;控制　　C. 整合;控制　　D. 识别;反馈

19. ( )的主要作用是确保买卖双方履行法律协议,满足项目需求。
    A. 项目采购控制　　B. 项目质量控制　　C. 项目风险控制　　D. 项目沟通控制

20. ( )是监督项目相关方关系,并通过修订参与策略和计划来引导相关方合理参与项

目的过程。

A. 项目质量控制　　B. 项目沟通控制　　C. 项目相关方控制　　D. 项目采购控制

二、多选题

1. 质量控制的工具有（　　）。
   A. 直方图、流程图　　　　　　　　B. 散点图、核查表
   C. 帕累托图、鱼刺图、控制图　　　D. 对比分析

2. 在控制图中，判断过程是否失控一般有两种方法，分别是（　　）。
   A. 七点规则　　B. 单点规则　　C. 过程监管规则　　D. 累计百分点法

3. 帕累托图说明（　　）。
   A. 在任何一组东西中，最重要的只是一小部分
   B. 关键的多数和次要的少数原理
   C. 其余80%尽管是多数，却是次要的
   D. 关键的少数和次要的多数原理

4. 在项目沟通控制中，信息管理系统具有以下哪些功能？（　　）
   A. 数据处理功能　　B. 预测功能　　C. 计划功能
   D. 控制功能　　　　E. 辅助决策

5. 鱼刺图的主、分支主要包括以下选项中的（　　）。
   A. 人员　　B. 机器　　C. 方法　　D. 材料

6. 创建散点图有哪些步骤？（　　）
   A. 识别出变量　　B. 收集数据　　C. 定义变量关系　　D. 绘制图形

7. 项目风险控制的目标有（　　）。
   A. 努力尽早识别项目风险
   B. 积极消除项目风险事件的后果
   C. 吸取项目风险管理中的经验教训
   D. 掌握实际项目风险发展变化情况

8. 项目风险控制有哪些工具和方法？（　　）
   A. 风险分解结构　　B. 项目风险报告　　C. 审核检查
   D. 监视单　　　　　E. 趋势分析

9. 以下哪些属于项目风险控制的步骤？（　　）
   A. 建立项目风险控制体系　　　　B. 确定要控制的具体项目风险
   C. 确定项目风险控制的行动时间　D. 实施具体项目风险控制方案

10. 重要的项目会议有哪几种？（　　）
    A. 项目变更控制会议　　　　　　B. 相关方识别会议
    C. 项目启动会议　　　　　　　　D. 项目状态审查会议

三、判断题

1. 在散点图中，数据点的分布越分散，两个变量之间的关系就越弱。（　　）

2. 在散点图中，数据点的分布越靠近某条斜线，两个变量之间的关系就越疏远。（　　）

3. 鱼刺图看上去有些像鱼骨，问题或缺陷（即后果）标在"鱼头"外。在鱼骨上长出鱼刺，上面按出现机会多寡列出产生问题的可能原因，有助于说明各个原因之间如何相互影响。（　　）

4. 鱼刺图可以帮助我们找出引起问题潜在的根本原因。(   )

5. 直方图可以比较直观地展示数据的分布状态,也可以显示某个特性的波动状态,较为直观地传递特性的状态信息。(   )

6. 用控制图判断过程是否失控一般有七点规则和单点规则两种方法。(   )

7. 帕累托图中数据的重要性是以上升的顺序排列的。(   )

8. 确定要控制的项目风险一般要按照项目具体风险后果严重性的大小和风险的发生概率,以及项目组织的风险控制资源情况来确定。(   )

9. 项目沟通控制的主要作用是随时确保所有沟通参与者之间的信息流动的最优化。(   )

10. 项目沟通控制是在整个项目生命周期中对沟通进行监督和控制的过程,项目沟通控制过程可能会引发项目沟通管理工作中的某些过程重新开展。(   )

四、简答题

1. 项目质量控制的概念和方法有哪些?
2. 简述鱼刺图的绘制步骤。
3. 简述帕累托图的绘制步骤。
4. 风险控制的步骤有哪些?
5. 项目沟通控制有哪些方法?

五、案例分析

C公司是国外一家知名的电信设备供应商,在国内拥有许多电信运营商客户。C公司主要通过分销的方式发展其在中国的业务,由其在国内的合作伙伴与电信公司签约并提供系统集成服务。

2020年,国内一家省级电信公司(H公司)打算上马一个项目,并通过发布RFP(需求建议书)以及谈判和评估,最终选定C公司为其提供相关电信设备。国内某集成公司(L公司)作为C公司在中国国内的代理商之一,成为该项目的系统集成商。L公司是第一次参与此类工程。电信公司(H公司)和L公司签订了总金额近1000万元的合同。张先生是L公司负责该项目的项目经理。该项目的施工周期是三个月,由国外电信设备供应商C公司负责提供主要设备,L公司负责全面的项目管理和系统集成工作,包括提供主机、外设及相关附属设备,并负责整个项目的运作和管理。C公司和其代理商L公司之间签署的是设备采购合同,一次性付款,这就意味着C公司不承担任何项目风险,而L公司虽然有很大的利润,但同时承担了全部的风险。L公司和客户H公司之间签署的是集成服务合同,合同类型为固定价分期付款合同,按照惯例,10%的尾款要等到系统通过最终验收一年后才能支付。

项目实施3个月后,整套系统安装完成。但自系统试运行之日起,不断有问题暴露出来。H公司要求L公司负责解决,可其中很多问题涉及C公司的设备问题。因此,L公司要求C公司予以配合,C公司也一直积极参与此项目的工作。

然而,随着对项目的阶段性测试工作的展开,H公司发现系统的实际技术指标远远没有达到L公司在最初的技术建议书上的承诺。对于H公司来说,他们认为,按照RFP的要求,L公司实施的项目没有达到合同的要求。因此,直至2022年,H公司还拖欠L公司10%的验收款和10%的尾款。L公司多次召开项目会议,要求C公司给予支持。但由于开发周期的原因,C公司的设备无法马上达到新的技术指标并满足相关的功能。于是,项目持续延期。为完成此项目,L公司只好不断将C公司的最新升级系统(软件升级)提供给H公司,甚至派人常驻在H公司(外地)。

又经过了3个月的艰苦调试,H公司终于通过了最初验收。在L公司同意承担系统升级工作直到完全满足RFP的基础上,H公司支付了10%的验收款。然而,2002年年底,C公司由于内部原因暂时中断了在中国的业务,其产品的支持力度大幅下降,结果致使该项目的收尾工作至今无法完成。

作为项目经理,L公司的张先生简单估算了一下,公司原本可以在此项目上获得250万元左右的毛利,可是考虑到增加的项目成本(差旅费、沟通费用、公关费用和贴现率)和尾款,实际毛利不到70万元。如果再考虑机会成本,实际利润可能是负值。

问题:从L公司的角度,分析该项目失败的原因及避免方法。

(案例来源:https://www.cnitpm.com/pm1/42066.html)

第10章 项目收尾：善始善终，总结经验

前90%的工作要花掉项目90%的时间，而后10%的工作会花掉项目又一个90%的时间。

——项目管理谚语

The first 90% of the work will spend 90% of the project time, and the next 10% of the work will spend another 90% of the project time.

——project management proverbs

学习要求

☆ **了解**：项目终止、项目收尾的基本定义。
☆ **掌握**：区分合同收尾与行政收尾，会撰写项目收尾报告、经验总结。
☆ **熟悉**：项目后评估的概念、作用、特点、方法和内容。
☆ **核心概念**：项目终止、项目收尾、项目验收、项目后评价、项目经验总结。

案例导入

某项目的主要工作已经基本完成，经核对项目的"未完成任务清单"后，终于可以提交给客户方代表老刘验收了。在验收过程中，老刘提出了一些小问题。项目经理张斌带领团队很快妥善解决了这些问题。但是随着时间的推移，客户的问题似乎不断。时间已经超过了系统试用期，但是客户仍然会提出一些问题，而其中有些问题是客户曾经提出过并已经得到解决的问题。随着时间一天天地过去，张斌不知道什么时候项目才能验收，才能结项，才能拿到最后一批款项。

作为项目经理，请你分析发生这件事情的可能原因，你认为现在张斌应该怎么办？你从中吸取了哪些经验和教训呢？

项目管理不但要认真做好项目的启动工作，还要认真做好项目的收尾工作，做到"善始善终，善作善成"。在快速变化的商业环境下，项目收尾的好坏，不仅影响组织利润，也影响对项目的评价，甚至会成为获取新的商业机会的关键。

第10章

项目收尾：善始善终，总结经验

10.1 项 目 终 止

任何一个项目都会经历启动、计划、实施、控制和收尾五个基本过程。项目终止是项目生命周期的最后阶段的最后一步，它的出现标志着项目的预期目标已经实现，或者现阶段已经可以明确地判断，即使持续该项目，其预期目标也不可能实现。无论出现哪一种情况，都表明该项目已经到达终点。由于项目终止涉及项目的成功或失败，因此对于整个项目管理具有重要意义。在项目的收尾阶段应对项目进行有效的管理，实施恰当的决策，总结分析该项目的经验教训，为今后的项目管理提供丰富经验。

10.1.1 项目终止条件

一般来说，项目完成后就要终止。当项目没能正常实施直至结束，而采取各种方式进行终止时，说明项目进行中产生了一些导致项目终止的原因，主要有以下五个方面：①项目的目标已经实现；②项目的下一步进展已经很难或不可能获得好的结果；③项目被无限期地延长；④项目所必需的资源被转移出该项目；⑤项目的关键成员离开项目组。这五个原因中有一个或一个以上存在时，就应适时终止项目。

（1）项目的目标已经实现。项目的实施是在时间、质量、成本三种因素的控制之下进行的，当某些因素的改变使项目提前得以实现的时候，可以根据实际情况终止项目，以节约项目的资源投入。

（2）项目的下一步进展已经很难或不可能获得好的结果。在很多项目的实施过程中，可能会由于这样或那样的原因而无法进行。例如，项目所在地发生影响到项目的战争，为保证人员安全和减少损失，项目被迫终止。又如，在项目实施期间，由于其中一个重要的投资方发生危机，预期的投资资金不能到位，这将直接导致项目由于缺少资金支持而被迫终止。

（3）项目被无限期地延长。导致项目被无限期延长的原因往往以政治、战争等原因较为常见。一方面，业主因政治、战争等原因无法再继续实施项目；另一方面，业主不愿意终止项目，希望影响项目实施的政策、战争或经济方面的原因在一段时间后能够有所缓解，使项目在间隔一段时间后可以继续进行。

（4）项目所必需的资源被转移出该项目。有时候由于某些突发原因，正在应用于项目的某些资源被转用到其他方面，例如，项目所在的国家宣布进入紧急状态，很多属于战备物资的钢铁、水泥等材料以及外汇等被国家征用，这就使得项目因为缺乏物资和资金不得不宣布终止。

（5）项目的关键成员离开项目组。一个项目的实施除了必要的资金和物资投入之外，人力资源的投入也是一个很重要的方面，特别是对于管理信息系统这类技术含量高的项目而言，项目实施中的关键技术人员在项目管理中起着举足轻重的作用。例如，某公司承建的网络改造工程，由于核心技术人员的出走，该项目被迫终止。

除了上述五类导致项目终止的原因之外，还有项目目标和范围定义不清楚、高层管理人员不支持、项目经理选择不当以及计划和控制薄弱等因素可能会导致项目终止。由此可知，项目终止的决定因素是比较复杂的，它包括政治方面、经济方面、市场方面、人事方面以及其他方面的因素,通常是这些因素的综合结果。因此,在处理项目终止的时候,应综合考虑这些决定因素,同时参考项目的实际情况,在定性分析的基础上,做出项目终止的决策。

10.1.2 项目终止分类

项目终止形式多种多样,按照其终止结果,可以分为成功终止和失败终止;按终止原因,可以分为正常终止和非正常终止;按终止程度,可以分为完全终止和非完全终止;按终止状态,可以分为绝对式终止、附加式终止、整合式终止、自灭式终止,见表10-1。

表10-1 项目终止分类

划分标准	分 类
终止结果	成功终止、失败终止
终止原因	正常终止、非正常终止
终止程度	完全终止、非完全终止
终止状态	绝对式终止、附加式终止、整合式终止、自灭式终止

1)成功终止与失败终止

按照终止结果,项目终止可以分为成功终止和失败终止。

成功终止是指项目目标已经实现,项目成功完成而终止项目。项目成功需具备以下几方面条件:①在同客户充分交流的基础上规划出了一份真实可行的项目计划,它符合客户需求。②项目的冲突得到了有效的控制和解决。③项目目标清楚简洁,分目标具有可操作性,项目团队成员都能充分理解。④项目目标从项目启动到结束都处于有效的控制和跟踪状态。⑤规定时间内,有足够的项目团队成员来完成既定的工作任务。⑥在项目实施之前,98%的工作任务已得到界定,资源已配置齐全。⑦项目经理经常与项目团队交流,倾听他们的建议,帮助他们解决问题,掌握项目进展的第一手资料。⑧项目经理注意研究已终止的类似项目,善于从中吸取经验和教训。

失败终止是指已经可以确定项目目标无法完全实现,迫不得已终止项目。对于项目的失败终止,项目参与方均必须为此付出代价。因此,在项目立项初期,就应该进行充分论证,分析各种风险以及估计项目成功实施的概率,制订合理的项目实施计划,尽可能地避免项目发生失败终止。

2)正常终止和非正常终止

按照终止原因,项目终止可以分为正常终止和非正常终止。

项目的正常终止是指项目的目标已经实现,该项目达到了它的终点。在项目正常终止后,应对项目进行项目竣工验收和后评价,实现项目的移交和清算。

非正常终止是指项目由于种种原因不能完成预期目标,或者项目管理者自动放弃对目标的实施而造成的项目任务完结。一般来说,项目非正常终止是不得已而为之,是对预期目标的脱离。

当项目因为政治、经济或管理等方面的原因而无法继续维持,或项目目标不可能实现时,高层管理人员应该考虑终止项目的执行,以避免造成更多的损失。例如,近些年来全国各地城中村项目改造建设,在很多情况下是因为资金链断裂而被迫停止的。

由不可预见的因素、环境变化、组织变化、目标变化而导致失败的项目并非真正的失败项

第10章 项目收尾：善始善终，总结经验

目，因为从某种意义而言，这些因素是不可抗拒的。因管理、决策问题而导致预算超支、进度推迟、资源严重浪费的项目才是失败的项目。

项目非正常终止有以下几方面原因：①项目计划太简单或者过于复杂，甚至脱离实际，难以操作。②项目的主要冲突无法解决，浪费了过多的时间和资源。项目经理或经理班子的管理水平、领导水平欠佳。项目和团队对最初的项目目标理解有分歧。③在项目进程中，项目监控不充分，从而不能预见即将发生的问题，当问题出现时，又不能找到适当的解决办法。④项目人力资源不足，且工作效率低下。⑤项目经理以及主管单位之间缺乏有效、充分的沟通。⑥做决策时优柔寡断。⑦项目所需的资源供应缓慢，导致项目进度一再拖延。

对于项目终止问题，需要考虑决定项目终止的因素有哪些，如何做出项目终止决策，以及如何来执行决策和终止后的行动。

3) 完全终止和非完全终止

按照终止程度，项目终止可分为完全终止和非完全终止。

完全终止是指所有的项目活动全部停止，项目资源撤销，项目组成员解散。导致项目完全终止的原因可能是项目成功终止，也可能是项目失败终止。

非完全终止是指项目的部分活动停止，原定项目计划进行大幅度的修改。项目的非完全终止可能导致原项目的取消、新项目的形成，或者导致原定项目目标重新确定。

4) 绝对式终止、附加式终止、整合式终止、自灭式终止

按照终止状态，项目终止可分为绝对式终止、附加式终止、整合式终止和自灭式终止。

绝对式终止即项目一旦终止，所有与项目有关的实质性活动都将停止，项目组将解散，项目组成员回到原来的单位或重新安排工作。这个过程发生在项目得出成功或者不成功结论的时候。绝对式终止的项目可能的情况：①外部环境的变化，如因政治原因以及突发事件等被迫终止项目；②项目目标已经成功实现；③以项目目前的状态来看是无法成功的。

附加式终止是指项目中止时被发展成为企业或组织的一个组成部分，即"附加"给企业，一般是对企业内部项目而言，而且一般是成功项目。这种"附加"的过程可能是先把项目转化为企业的一个部分，然后逐步发展壮大，最终发展成为一个独立的子公司，项目的成功往往成为企业新的经济增长点。以这种方式终止的项目，其项目成员及所属财产、设备可直接转移给新成立的部门或子公司，其组织运行方式由项目管理方式过渡为日常的、标准化的公司运作方式。

整合式终止是指随着项目的结束，项目资源（包括项目团队在内）被重新整合到组织的现有机构。在矩阵型和项目型组织中，完成项目任务的人员回到各自的职能部门或者等待新的项目任务。在这个过程中，流失关键组织成员的现象并不少见。他们可能十分喜欢项目团队的氛围和成就，对组织的重新整合毫无兴趣，因而会离开公司，寻找新的项目挑战。

自灭式终止，即项目通过自生自灭的方式而最后终止，是一个逐渐终止的过程，往往通过预算的缩减来逐渐终止项目，最终使项目不了了之。也可能是由于预算缩减，组织不得不将多个项目记录存档，等待经济状况改善、资金到位时再恢复项目。

10.1.3 项目终止任务清单

项目终止工作繁多，建议利用终止任务清单进行核对（见表10-2），制定相对正式的项目收尾程序。

项目管理

表 10-2 项目终止任务清单

任务编号	任务描述	是否用于项目	完成日期	负责人	备注
(一)	项目管理办公室和项目管理团队				
1	召开项目收尾工作会议				
2	制订项目团队解散和重新任命计划				
3	进行必要的人事调整				
4	对项目团队的每位成员进行工作评价				
(二)	指令和程序(对下述任务发出指令)				
1	撤销项目团队				
2	对所有的工作任务和合同进行收尾				
3	终止汇报程序				
4	编写项目接收报告				
5	结束项目并做好处置善后工作				
(三)	财务				
1	进行财务收尾工作				
2	进行最终的财务审计				
3	编制项目财务收尾报告				
4	搜集应收票据				
(四)	项目最终定义				
1	更新项目范围最新说明				
2	更新项目最终任务分解书				
(五)	计划、预算和进度				
1	更新所有项目交付物的实际交付日期				
2	更新其他所有合同责任的实际履行日期				
3	更新项目最终状况和任务状况报告				
(六)	工作授权和控制				
1	对所有的工作命令和合同进行收尾处理				
(七)	项目评估和控制				
1	保证所有安排的收尾工作已完成				
2	编写项目最终评估报告				

第10章
项目收尾：善始善终，总结经验

续表

任务编号	任务描述	是否用于项目	完成日期	负责人	备注
3	召开项目最终评审会议				
4	终止财务、人力资源和项目进度汇报程序				
(八)	向管理层和用户汇报				
1	向用户提交项目收尾报告				
2	向管理层提交项目收尾报告				
(九)	营销和合同管理				
1	对所有最终合同文件及变更单、弃权书、有关信函进行整理、汇编				
2	按合同条款核实并编制文件				
3	将所需的运输证明和客户验收证书进行汇编				
4	正式通知客户终止合同				
5	对客户进行索赔				
6	做好对客户的反索赔工作				
7	向公众发布终止合同				
8	编制最终合同状况报告				
(十)	项目延期或重新开始				
1	对项目或合同的延期或重新开始相关新业务的可能性提出书面建议				
2	获取延期承诺				
(十一)	项目记录控制				
1	将完整的项目资料整理好,并转交给指定的经理				
2	按规定的程序处理其他项目记录				
(十二)	采购及分包				
1	记录符合程度和完成情况				
2	核实最终支付情况和财务记录				
3	通知供货商、分包商终止执行合同				
(十三)	工程文件记录				
1	将工程文件记录汇总、归档				

续表

任务编号	任务描述	是否用于项目	完成日期	负责人	备注
2	编制最终技术报告				
（十四）	现场操作				
1	停止现场操作				
2	处置设备和材料				

10.2 项目收尾

项目收尾包括合同收尾和行政收尾两部分。前者是对外（如果是外部项目），完成合同规定的责任和义务，获得客户或项目发起人的验收，正式结束项目；后者是对内，对项目团队成员进行评价，进行人员安置和设备处置，以及总结项目的经验和教训，改进项目管理等。项目收尾有正常收尾和非正常收尾之分。无论是项目目标达成而正常终止，还是项目因某种原因被提前终止或者被取消，都需要进入项目收尾阶段，项目收尾的完成标志着项目的正式结束。

10.2.1 合同收尾

在合同双方当事人按照合同的规定履行完各自的义务后，应该进行合同收尾工作，这是完成每个项目合同所必需的过程，主要工作包括获得客户或发起人对项目最终产品、服务或成果的验收，并解决所有的遗留问题和正式结束项目。合同收尾的核心工作是交付项目成果，交付工作一般分为两个步骤：①进行自查自检，由项目团队全面检验项目工作和项目产出物，对照项目定义和决策阶段所提出的项目目标和项目产出物的要求，确认项目是否达到目标或要求，如果存在问题或缺陷，则进行整改或返工，直至达到目标和要求。②进行项目成果移交，由项目团队或项目执行机构与项目客户或发起人按照合同要求进行验收和移交工作，移交内容包括项目产出物的实物和项目产出物的产权或所有权。在验收和移交过程中，如果项目客户或发起人根据合同对项目工作和项目产出物提出整改要求，则项目团队需要采取行动满足这类要求，直至项目最终成果被接收为止。

当项目正常收尾时，合同收尾是在合同双方当事人按照合同的规定履行完各自的责任义务后所需进行的一系列管理工作。一般来说，合同条款和条件规定了合同正常收尾的具体程序，如项目成果验收标准和移交程序。合同双方当事人只需根据项目合同条款的规定，逐项核对，看是否完成了合同要求的全部工作，并将项目结果移交给客户，进行项目结算（处理应收应付款）和处理未尽事宜。在合同收尾后，未解决的争议可能需进入诉讼程序。

当项目非正常收尾时，如果合同为提前终止规定了终止程序以及双方的责任和权利，则在项目合同收尾阶段，合同双方当事人可按照合同规定处理合同因故终止的未尽事宜。如果合同没有规定提前终止情况下双方的责任和权利，则合同双方当事人需要在合同收尾阶段通过协商谈判，甚至法律诉讼，来解决合同因故终止的未尽事宜。

通常,合同一旦签订便不能随意终止,但当出现一些特殊情况时,合同也可能提前终止。项目合同提前终止的情况有以下几种:①合同双方混同为一方。如供应商加入项目组织,这时合同就提前终止。②合同由于不可抗力的原因提前终止。如一项建筑工程的地皮被政府强制征用,导致项目终止,因此采购合同也将提前终止。③合同双方通过协商,解除各自的义务。如项目组织和供应商通过协商达成一致意见,供应商不再提供货物,项目组织也不再继续付款,此时合同就终止了。④仲裁机构或法院宣告合同终止。如当合同纠纷交由仲裁机构或法院裁决时,合同被判决终止。

10.2.2 行政收尾

行政收尾是对项目工作进行全面、系统和深入的回顾,进行项目管理后评价,考虑"如果有机会重新做该项目可以如何改进",并将有关经验教训提炼出来形成文档,使其成为"组织过程资产"的一部分,更新项目实施机构的过程资产。如果项目没有全部完成而提前结束,则应查明有哪些工作已经完成,完成到了什么程度,哪些工作没有完成,并将核查结果记录在案,形成文件,并总结经验教训。

此外,随着项目接近尾声,大多数项目活动已经完成,团队成员将陆续从项目中释放出来,需要进行安置。项目人员的重新安置非常重要,如果处置不当,可能导致人心涣散,人人有后顾之忧,从而影响项目按时完成。人员的来源不同,人员安置的途径也有所不同。如果是项目执行机构内部招聘的人员,一般安排他们回到原来的部门或者安排到其他的项目中;如果是外聘的人员,一般由他们自己寻找出路或者推荐到其他项目中。无论哪种情况,一般都需要对团队成员在项目中的表现做出评价,作为人员重新安置的基础。

10.2.3 合同收尾与行政收尾的关系

项目合同收尾与项目行政收尾密切相关,因为两者都涉及验证所有工作和可交付成果是否可以接受的工作。项目合同收尾涉及项目交付成果的核实,如所有工作是否按要求完成了,是否令客户满意;项目行政收尾需要用到项目合同收尾的相关资料,如更新记录以反映最后成果,并将其归档以备后用。

项目合同收尾与项目行政收尾之间也有区别:①合同收尾针对合同,在合同结束时要开展合同收尾。行政收尾针对项目阶段和整个项目,在每个阶段和整个项目结束时都要开展相应的行政收尾。②合同收尾是结束采购过程的工作,而行政收尾是结束项目或阶段过程的工作。③合同收尾是外部的,是项目业主向项目承包商签发合同结束的书面确认。行政收尾是内部的,是由项目发起人或高级管理层给项目经理签发项目阶段结束或项目整体结束的书面确认。④从整个项目说,合同收尾在前,行政收尾在后。如果是以合同形式进行的项目,在收尾阶段,先要完成项目审计和合同收尾,然后才能结束项目,进行行政收尾。合同收尾与行政收尾之间的关系见表10-3。

表10-3 合同收尾与行政收尾

对　　比	合　同　收　尾	行　政　收　尾
发生时间	合同结束时	每个项目或阶段结束时
经验总结	采购审计	经验教训总结

续表

对　　比	合　同　收　尾	行　政　收　尾
审批者	项目业主向项目承包商签发合同结束的书面确认	由项目发起人或高级管理层向项目经理签发项目阶段结束或项目整体结束的书面确认
交接对象	与外部客户交接	与公司内部人员交接
先后顺序	先与外部客户交接,再跟公司内部人员交接;因此先进行合同收尾,再进行行政收尾	
产品核实	如果把产品核实定义为可交付成果完整性验收,则二者都需要产品核实。 注意:如果一定要二选一,建议选合同收尾	

10.2.4　项目收尾报告

在项目收尾前,项目管理者应该撰写一份正式文档——项目收尾报告。项目收尾报告基本内容包含以下部分。

第一部分,描述原项目(招标时)的基本情况,即范围、进度、成本、质量等。

第二部分,说明在范围、进度、成本、质量等方面与原计划的偏差。

第三部分,分析项目生命周期中的客户关系。

第四部分,总结风险管理工作,提供项目过程中发生的主要威胁和机会的列表,并说明是如何应对的,以及应对的实际结果。

第五部分,总结经验教训,包含事情的经过和采取的措施,并指出这些经验教训的受益者有谁。

应该以客观、透明的方式跟踪项目的历史记录,营造轻松、合作的氛围,以便消除负面影响。图 10-1 是某项目收尾总结报告模板。

项目名称:		
项目总体描述	成果	
	起止日期	
	总成本	
	使用技术	
项目评价	与用户需求的符合程度	
	成功之处	
	失败之处	
成功或失败的原因:		
项目管理的手段和技术及对它们的评价:		
项目小组的建议及项目的经验或教训:		
最终项目甘特图:		
所有可交付成果的附件:		
项目经理签字: 日期:		

图 10-1　某项目收尾总结报告模板

第10章　项目收尾：善始善终，总结经验

10.3　项目验收

项目验收是指由项目相关方(如项目发起人和客户)对已经完成的项目可交付成果进行检查和接收的过程。在项目全过程中始终进行有效管控很重要，而成功地结束项目更重要。

10.3.1　项目顺利验收的关键因素

充分理解客户需求是项目顺利验收的关键。顺利验收的关键因素包括批准的产品规范、交货收据和工作绩效文件。符合验收标准的可交付成果应该由客户或发起人正式签字批准。因此，相关方需要在规划阶段早期介入(有时需要在启动阶段就介入)，对可交付成果的质量提出意见，以便在质量控制过程能够据此评估绩效并提出必要的变更建议。应该从客户或发起人那里获得正式文件，证明相关方对项目可交付成果的正式验收。此外，从项目范围管理知识领域的各规划过程获得的需求文件或范围基准，以及从其他知识领域的各执行过程获得的工作绩效数据，是项目顺利验收的关键因素。

10.3.2　项目阶段性验收

虽然通常所说的项目验收是指项目结束时的验收，但是项目管理学科中，项目验收还包括更早时间进行的可交付成果验收。在项目管理学科中，验收具有非一次性的特征。

在项目执行和监控阶段，当某个可交付成果完成时，就应及时进行质量检查，确认其质量是否合格。如果质量合格，再立即通过确认范围过程进行实质性验收。按照《PMBOK® 指南》的规定，对每个可交付成果的质量合格性和整体可验收性的检查，都应该在项目的监控阶段而不是收尾阶段完成。这样做的目的，是要在还有时间解决问题时发现问题。只有在监控阶段已经通过实质性验收的可交付成果，才能在收尾阶段进行形式上的验收并办理移交手续。

在对整个项目进行最终验收之前，也必须按照项目生命周期的阶段划分，对每个阶段进行阶段验收。阶段验收通常与某个或某几个重要可交付成果的实质性验收同时进行，因为该可交付成果的形成之时往往也是项目的某个阶段结束之时。

10.3.3　项目最终验收

在项目最终验收之前，主要相关方应该对项目验收的对象达成一致意见。不仅项目的最终产品要验收，项目工作过程中所产生的一系列文件和档案资料也要验收。项目验收的依据是项目计划。项目最终验收不仅要确认项目的范围和质量是否符合计划要求，项目产品能否发挥所要求的功能，而且要确认项目的成本和进度绩效是否符合要求。总的来说，项目最终验收就是要确认项目在多大程度上实现了项目目标。

项目最终验收可以采取多种方式进行。项目产品的整体试运行是项目最终验收之前必须要进行的工作。人们不仅可以在试运行阶段对项目产品进行调试和修正，而且可以通过考察试运行的过程和结果来判断项目产品的功能是否符合要求。在试运行的基础上，再由各主要相关方组成的验收小组运用现场实地考察、专家鉴定等方式，对项目进行集中验收。图10-2为某公司的验收报告。

项目名称	××软件项目		
项目阶段	系统已上线		
甲方	公司		
联系人	张三	联系电话	027-8754××××
乙方			
联系人	李四	联系电话	027-8788××××
验收组成员			
项目概况	由于阳光集团的业务不断拓展和扩大，日常费用报销、给供应商付款的业务越来越大，给工作人员带来一定的困扰，保险服务集团系统通过网上报销系统，提高工作效率和工作质量，希望通过信息化建设实现企业的持续性、健康性发展。 本项目于2023年8月1日正式启动，经过网上报销系统的实施工作，目前系统已经正式上线使用，并用系统完成了现阶段预算管理、费用的报销、借支管理、出纳管理资金划拨管理、业务申请管理、工作流管理、报表及各接口集成		
交付文档	需求分析说明书.doc，软件设计说明书（概要设计、架构设计）.doc，软件设计说明书（数据库设计）.doc，软件设计说明书（详细设计）.doc，项目开发计划.doc，软件测试计划.doc，软件单元测试报告.doc，软件集成测试报告.doc，运维计划.doc，用户操作手册.doc，数据库.doc，运维手册.doc，用户反馈意见.doc，可行性分析报告.doc，软件硬件配置及部署方案.doc，所有源代码		
验收结果	已完成如下功能：1.开发预算模块；2.借支模块；3.报销模块；4.系统设置模块；5.业务申请模块；6.资金划拨模块；7.报表模块；8.各接口集成		
甲方单位签章 日期		乙方单位签章 日期	
备注			

图 10-2　验收报告

10.4　项目后评价

项目后评价是指对已经完成的项目的目的、执行过程、效益、作用和影响所进行的系统的、客观的分析。通过对项目活动实践的检查、总结，确定项目的预期目标是否达到，项目规划是否合理有效，项目的主要效益指标是否实现。通过分析、评价找出项目成功或失败的原因，总结经验教训，并通过及时、有效的信息反馈，为未来新项目的决策和提高投资决策水平提出建议，同时针对项目后评价实施过程中出现的问题提出改进建议，从而达到提高投资效益的目的。

10.4.1　项目后评价的作用

项目后评价的作用主要包括以下六个方面：
（1）提高项目决策科学化水平。通过建立完善的项目后评价制度和科学的方法体系，一方面可以促使评价人员努力做好可行性研究工作,提高项目预测的准确性;另一方面可以通过后评价的反馈信息,及时纠正项目决策中存在的问题。

(2) 总结项目管理的经验教训,提高项目管理水平。项目管理涉及许多部门,只有这些部门密切合作,项目才能顺利完成。如何协调各部门之间的关系,具体采取什么样的合作形式,尚在不断摸索中。项目后评价通过对已建成项目的实际情况进行分析研究,总结经验,从而提高项目管理水平。

(3) 为国家投资计划和政策的制定提供依据。通过项目后评价能够发现宏观投资管理中的不足,从而使国家可以及时修正某些不适合经济发展的技术经济政策,修订某些已过时的指标参数,确定合理的投资规模和投资流向,协调各产业、各部门之间及其内部的各种比例关系。

(4) 为银行部门及时调整信贷政策提供依据。通过项目后评价,可及时发现项目建设过程中使用资金存在的问题,分析贷款项目成功或失败的原因,从而为银行部门调整信贷政策提供依据。

(5) 加强过程监督,促进项目发展。后评价是一个向实践学习的过程,同时是一个对投资活动进行监督的过程。项目后评价的监督功能与项目的可行性研究、实施监督结合在一起,构成了对投资活动的监督机制。同时,针对后评价中发现的问题,可以制定有效的改进措施,促进项目发展。

(6) 可以对企业经营管理进行诊断,促使项目运营状态正常化。项目后评价通过比较实际情况和预测情况的偏差,探索偏差产生的原因,提出切实可行的措施,从而促使项目运营状态正常化,提高项目的经济效益和社会效益。

10.4.2 项目后评价的工作内容

项目后评价的工作内容包括项目目标后评价、项目实施过程后评价、项目效益后评价和项目管理后评价。其中,项目效益后评价又可以分为项目经济效益评价、项目影响评价、项目可持续性评价和项目综合效益评价。

1) 项目目标后评价

评定项目立项时预定目标的实现程度是项目后评价的主要任务之一。因此,在进行项目后评价时要对照原定目标的主要指标,检查项目实际的情况和发生的变化,分析发生改变的原因,以判断目标的实现程度。判别项目目标的指标应在项目立项时就确定下来,一般包括宏观目标,即对地区、行业或国家经济、社会发展的总体影响和作用。建设项目的目标可能是解决特定的供需平衡,向社会提供某种产品或服务,指标一般可以量化。目标后评价的另一项任务是要对项目原定目标的正确性、合理性和实践性进行分析、评价。

2) 项目实施过程后评价

开展项目实施过程后评价时,应对照立项评估或可行性研究报告所预计的情况和实际执行的过程进行比较和分析,找出差别,分析原因。一般要分析以下几个方面:①项目的立项、准备和评估;②项目内容和建设规模;③工程进度和实施情况;④配套设施和服务条件;⑤受益者范围及其反应;⑥项目的管理和机制;⑦财务执行情况。

3) 项目效益后评价

项目效益后评价以项目投产后实际取得的效益(包括社会、经济、环境等方面)及隐含在其中的技术影响为基础,重新测算项目的各项经济数据,得到相关的投资效益指标,然后将它们与项目前期评估时预测的有关经济效果值(如净现值、内部收益率、投资回收期等)、社会环境影响值(如环境质量值等)进行对比,评价和分析其偏差情况及原因,吸取经验教训,从而提高项目投资管理水平。项目效益后评价具体包括经济效益评价、影响评价、可持续性评价以及综合效益评价。

(1) 项目经济效益评价。

项目经济效益评价包括财务评价和经济评价(或称国民经济评价),其评价内容与项目可行性研究无太大差别,主要分析指标还是内部收益率、净现值和贷款偿还期等反映项目盈利能力和清偿能力的指标。进行项目经济效益评价时必须注意以下几点:①项目可行性研究采用的是预测值,项目后评价则是对已发生的财务现金流量和经济流量采用实际值,并按统计学原理加以处理,对后评价时点以后的流量做出新的预测。②当财务现金流量来自财务报表时,应收而实际未收到的债权和非货币资金都不可计为现金流入,只有当实际收到时才作为现金流入;同理,应付而实际未付的债务资金不能计为现金流出,只有当实际支付时才作为现金流出。必要时,要适当调整实际财务数据。③实际发生的财务数据都含有通货膨胀的因素,而通常采用的盈利能力指标是不含通货膨胀水分的。因此项目后评价采用的财务数据要剔除物价上涨的因素,以实现前后评价的一致性和可比性。

(2) 项目影响评价。

项目影响评价包括经济影响评价、社会影响评价和环境影响评价。

经济影响评价主要评价项目对所在地区、所属行业和国家所产生的经济方面的影响。要注意将经济影响评价与项目效益后评价中的经济评价区别开来,避免重复计算。评价内容主要包括分配就业、国内资源成本(或换汇成本)、技术进步等,由于经济影响评价的部分因素难以量化,一般只能做定性分析。

社会影响评价是对项目在社会经济和发展方面的有形和无形的效益和结果的一种分析,重点评价项目对所在地区和社区的影响。社会影响评价一般包括贫困、平等、参与、妇女和持续性等内容。

环境影响评价一般包括项目的污染控制、地区环境质量、自然资源利用和保护、区域生态平衡和环境管理等几个方面。

(3) 项目可持续性评价。

项目的可持续性评价即评价项目的可延续性和可重复性。项目的可延续性是指在项目的建设资金投入完成之后,项目可以按既定目标继续执行和发展,接受投资的项目业主愿意并可能依靠自己的力量继续去实现既定目标。项目是否具有可重复性,即是否可在未来以同样的方式建设同类项目。项目可持续性评价一般可作为项目影响评价的一部分。

项目可持续性的影响因素一般包括本国政府的政策、管理、组织和地方参与,财务因素,技术因素,社会文化因素,环境和生态因素,外部因素等。

(4) 项目综合效益评价。

项目综合效益评价包括项目的成败分析和项目管理的各个环节的责任分析。项目综合效益评价一般采用成功度评价方法,该评价方法是依靠评价专家或专家组的经验,综合各项指标的评价结果,对项目的成功程度做出定性的结论,也就是通常所说的打分的方法。成功度评价是以用逻辑框架法分析的项目目标的实现程度和经济效益的评价结论为基础,以项目的目标和效益为核心所进行的全面、系统的评价。

4）项目管理后评价

项目管理后评价是以项目竣工验收和项目效益后评价为基础，结合其他相关资料，对项目整个生命周期中各阶段管理工作进行评价。其目的是通过对项目各阶段管理工作的实际情况进行分析和研究，形成项目管理情况的总体概念；通过分析、比较和评价，了解目前项目管理的水平；通过吸取经验和教训，来保证更好地完成以后的项目管理工作，促使项目预期目标更好地完成。

项目管理后评价包括项目过程后评价、项目综合管理后评价及项目管理者评价，主要包括以下几个方面：①投资者的表现。评价者要从项目立项、准备、评估、决策和监督等方面来评价投资者和投资决策者在项目实施过程中的作用和表现。②借款人的表现。评价者要分析、评价借款者的投资环境和条件，包括执行协议能力、资格和资信，以及机构设置、管理程序和决策质量等。世界银行、亚洲开发银行贷款项目还要评价协议承诺兑现情况、政策环境、国内配套资金等。③项目执行机构的表现。评价者要分析、评价项目执行机构的管理能力和管理者的水平，包括合同管理、人员管理和培训，以及与项目受益者的合作等。世界银行、亚洲开发银行贷款项目还要对项目技术援助、项目的监测评价系统等进行评价。④外部因素的分析。影响项目成果的还有许多外部的管理因素，如价格的变化、国际国内市场条件的变化、自然灾害、内部形势不安定等，以及项目其他相关机构的因素，如联合融资者、合同商和供货商等。评价者要对这些因素进行必要的分析与评价。

10.4.3　项目后评价常用方法

1）统计预测法

统计预测法是以统计学原理和预测学原理为基础，对项目已经发生的事实进行总结和对项目发展前景做出预测的项目后评价方法。后评价中大量的基础资料是以统计数据为依据的，后评价的调查方法在许多方面与统计调查相同，其数据的处理和分析方法也与统计分析类似。

项目后评价可作为连续项目管理期间的有效衔接，针对已完成项目做出总结，以前一个项目的大数据分析结果为基础，预测下一个项目管理期间的各种数据，实现二者数据的对比与分析，并根据分析结论给出良好的项目发展意见。

2）对比分析法

对比分析法是把客观事物加以比较，以达到认识事物的本质和规律并做出正确的评价。对比分析法是项目后评价的基本方法，包括前后对比法与有无对比法。

前后对比法是指将项目实施之前的情况与项目完成之后的情况加以对比，对比项目前期预测所得出的结论与实际实施后得到的结果，明确其中的差距，以及差距形成的原因，是确定项目效益的一种方法。前后对比法是项目实施前后相关指标的对比，用以直接估量项目实施的相对成效。

有无对比法是指将项目实际发生的情况与若无项目可能发生的情况进行对比，以度量项目的真实效益、影响和作用。有无对比法在评价建设项目的经济效益和影响方面起了很大的作用。

对比分析法在项目管理中有以下三个方面的作用：

①将实际指标与计划指标对比，用以检查项目计划的完成情况，分析完成计划的积极因素和影响计划完成的原因，以便及时采取措施，保证项目目标的实现。在进行实际指标与计划指

标的对比时,还应注意计划本身的质量。如果计划本身出现质量问题,则应调整计划,重新正确评价实际工作的成绩,以免挫伤员工的积极性。

②本期实际指标与上期实际指标对比。通过这种对比,可以看出各项技术经济指标的动态情况,反映项目管理水平的提高程度。在一般情况下,一个技术经济指标只能代表项目管理的一个侧面,只有成本指标才是项目管理水平的综合反映。因此,成本指标的对比分析尤为重要,一定要真实可靠,而且要有深度。

③与本行业平均水平、先进水平对比。通过这种对比,可以反映本项目的技术管理和经济管理与其他项目的平均水平和先进水平的差距,进而采取措施以赶超先进水平。

3) 逻辑框架法

逻辑框架法(logical framework approach,LFA)是美国国际开发署(USAID)在1970年开发并使用的一种设计、计划和评价的方法,也是一种综合系统的研究和分析问题的思维框架。在项目概念阶段,采用逻辑框架法可以明确项目的目标,确定考核项目实施结果的主要指标,分析项目实施和运营中的主要风险,从而加强项目的实施和监督管理。在项目收尾阶段,在项目后评价中采用LFA有助于对关键因素和问题做出系统的、合乎逻辑的分析。

项目后评价逻辑框架是一个4×4的矩阵,横行代表项目目标的层次(垂直逻辑),竖行代表如何验证这些目标是否达到(水平逻辑),如表10-4所示。垂直逻辑用于分析项目计划做什么,弄清项目手段与结果之间的关系。水平逻辑的目的是衡量项目的资源和结果,确立客观的验证指标及指标的验证方法。

表10-4 LFA的基本模式

层次描述	客观验证指标	验证方法	重要外部条件
目标	目标指标	监测和监督手段及办法	实现目标的主要条件
目的	目的指标	监测和监督手段及办法	实现目的的主要条件
产出	产出物定量指标	监测和监督手段及办法	实现产出的主要条件
投入	投入物定量指标	监测和监督手段及办法	实现投入的主要条件

可通过应用逻辑框架法来确立项目目标层次间的逻辑关系,分析项目原定的预期目标、各种目标的层次、目标实现的程度和项目成败的原因,以分析项目的效率、效果、影响和可持续性,主要包括以下内容:①项目的效率评价主要反映项目投入与产出的关系,即反映项目把投入转换为产出的程度,也反映项目管理的水平。②项目的效果评价主要反映项目的产出对项目目标的贡献程度。③项目的影响分析主要反映项目目的与最终目标间的关系,评价项目对外部经济、环境和社会的作用和效益。④项目的可持续性分析主要通过项目产出、效果、影响的关联性,找出影响项目持续发展的主要因素,分析满足这些因素的条件和可能性,提出相应的措施和建议。

4) 成功度评价法

成功度评价法是项目后评价经常采用的方法,它来自实践经验的总结,是依靠评价专家或专家组的经验,以逻辑框架法分析的项目目标的实现程度和经济效益分析的评价结论为基础,以项目的目标和效益为核心,所进行的全面、系统的评价。

成功度评价法的关键在于要根据专家的经验建立合理的指标体系,并结合项目的实际情况,采取适当的方法对各个指标进行赋权。

第10章

项目收尾：善始善终，总结经验

进行项目成功度分析时，通常把项目的成功度分为5个等级，具体如下：①完全成功。已经达到项目最初所制定的目标，甚至超出了预期，该项目最大程度发挥了有限成本的作用，取得了非常好的经济效益，将项目的影响与功能发挥到最大化。②基本成功。相关管理控制人员通过利用有效成本达到了企业预期的目标，所取得的效益和影响效果也达到了预期效果，项目大多数原定目标得以实现。③部分成功。项目最终只实现了一部分原定目标，实际经济效益与资金投入匹配度不高，没有完全达到企业所预期的效果，具体表现为经济效益不高与营销效果不佳。④不成功。只实现了小部分的预期目标，实际经济效益与成本投入呈现持平状态，而且项目的功能存在一定的问题，所取得的效益比较低，影响比较差。⑤失败。项目目标几乎没有实现或者难以实现，项目失败导致之前的投入被浪费掉，为避免更多的资金损失，只能停止该项目。

项目成功度是通过成功度表来进行测定的，表10-5里设置了评价项目的主要指标。在评价具体项目的成功度时，评价者需要根据项目的类型和特点，确定表中的指标和项目相关程度，将它们分为"重要""次重要""不重要"三类，只需测定重要和次重要的指标。在测定指标时采用评分制，可以将成功度的五个级别分别用A、B、C、D、E表示。通过指标重要性分析和各单项成功度的综合，可得到项目总的成功度指标。

表10-5　项目成功度评价

评定项目指标	相关重要性	评定等级	备注
1. 宏观目标			
2. 产业政策			
3. 决策程序			
4. 建设布局和规模			
5. 项目目标与市场			
6. 设计与技术装备水平			
7. 资源和建设条件			
8. 资金来源和融资			
9. 项目进度及其控制			
10. 项目质量及其控制			
11. 项目投资及其控制			
12. 项目经营			
13. 机构和管理			
14. 项目财务效益			
15. 项目经济效益			
16. 社会和环境影响			
17. 项目可持续性			
项目总评			

成功度评价法是一种定性和定量相结合的效益分析方法，项目的成功度容易受到预定目标合理性以及项目实施过程中特殊情况的影响，因此在应用成功度评价法进行项目后评价时要十分注意项目原定目标的合理性、实际性以及环境条件变化带来的影响，以便根据实际情况评价

项目的成功度。

10.5 项目经验总结

根据项目管理知识体系PMBOK®,造成项目变化的原因、选择的行动背后的理由以及其他类型的经验教训都应该记录在案,都应作为该项目的档案以及其他项目的历史数据库保存起来。

▶ 小链接 10-1

到休假时间了

李强已经准备好了要休一个长假,与家人去海南。他只需完成他的工作,回到家里,然后去赶飞机即可,这听起来简单,但到了周五下午6:30,李强仍然待在他的办公室里忙碌着。李强是一个项目集经理,他一直在负责一个持续了6个月的新产品研发项目,目前该项目集已接近完成,可李强还需要准备一份检查清单,列出在项目集收尾阶段应该做的工作内容。

李强知道,大家期望项目集的项目在项目集中止前收尾,因为项目集收尾过程中能获取重要的信息,如经验教训和客户签收。他也知道,该项目集的正式验收应通过评审项目集范围和项目集收尾文档,以及验证交付物与项目集需求的结果来实现。所有这些将有助于李强学到导致项目集成功或失败的经验,为公司将来的项目集实施打好基础。

李强正在仔细检查这些文档,他记下一些要点。

(1) 确保所有交付已完成并且项目集完成的条件已得到满足。

(2) 获得客户的签字或许可该项目集已完成的协议,没有更多的工作需要开展。

(3) 检查客户的重要反馈信息。

(4) 释放项目集中的资源到其他项目集中去。

(5) 分析项目集的结果,包括经验教训,主要解决以下问题:①交付的产品或解决方案满足业务需求和目标吗?我们漏掉了什么?从这个项目集中,在战略上和运作上我们都学到了些什么?②客户满意吗?他们喜欢什么?他们不喜欢什么?③该项目集的完成符合制定的进度表吗?是否有拉动任务执行的机会(任务可提前完成)被确定,可供今后的项目集做参考?④项目集是在预算内完成的吗?是否有可以降低成本的机会被确定,可为今后的项目集所参考?⑤风险被识别出来并降低了吗?它可以用于未来的项目集吗?⑥有什么不同的处理方式?

(6) 确保这些经验教训已在适当的场合分享。

(7) 确保所有需要的文档已被达成。

(8) 庆祝项目完成。

有些人并不轻信别人的经验或建议。当你试图制订符合团队能力的进度计划或向公司管理者证明项目管理的益处时,可以把过去项目的表现当作事实论据,证明你制订的计划是可行的。如果公司提出的工期与预算是过往项目未能满足的,你就有理由要求公司降低要求;此外,

第10章

项目收尾：善始善终，总结经验

你可以用过往项目的经验来证明，用于质量保证与控制的时间不仅不会增加成本，反而能节约成本。

这些经验能够证明项目管理对提高项目绩效的作用，或证明缺乏项目管理对项目的害处。新加入的项目工作人员可能看不到项目管理的价值，过往经验提供的鲜活的例子就是很好的证明。假设在过去的项目中你曾遭遇范围蔓延，此时，如果记录在案的经验可以说明缺乏变更管理是症结所在，那么说服管理层建立变更管理系统就容易多了。如果能证明范围蔓延给其他项目造成了额外成本负担，或证明提前备好的变更管理流程为其他项目节省了成本，一定更能说服对成本十分在意的管理者。

项目总结最大的好处用一句话能够归纳——从已经完成的项目（或工作）中汲取尽可能多的经验，为今后的发展打好基础。

项目总结的目的和意义在于总结经验和教训、防止犯同样的错误、评估项目团队、为绩效考核积累数据以及考察是否达到阶段性目标等。总结项目经验和教训，对其余项目和公司的项目管理体系建设和项目文化也起到不可或缺的作用。完善的项目汇报和总结体系对项目的延续性是很重要的，例如项目完成后项目的售后维护、设备保修等。特别是项目收尾时的项目总结，项目管理机构应在项目结束前对项目进行正式评审，其重点是确保可以为其他项目提供可利用的经验，此外，看是否有可能引申出用户新的需求而进一步拓展市场。

如何进行有效的项目总结呢？

要想做好项目总结工作，首先应该在项目启动时对其加以明确规定，比如项目评价的标准、总结的方式以及参加人员（如项目办公室、商务部、售前部、市场部、储运部）等。除此之外，如果可能，项目总结大会还应吸收用户及其余相关项目干系人参加，以保证项目总结的全面性和充分性。

其次，不能等到项目结束才进行总结，项目的每一个阶段都要进行适当的总结，保证有价值的经验教训可以及时地转变为成功完成项目的能力。

再次，事后归档是必不可少的，项目总结能够采取多种沟通形式，不一定需要正式的总结会和总结报告。大家在一起闲聊时，话匣子一打开，很容易变成一个控诉会，此时，项目经理要控制和引导谈话方向，最后要得出实质性的结论，把大家提出的各类意见变成系统化的建议或解决方法。

最后，必须强调的是，项目总结不能报喜不报忧，特别是对于失败的项目，总结会不应该成为批斗会，要坚持对事不对人的原则。只有这样，项目总结才能顺利展开，并对此类工作有指导意义。

习　　题

一、单选题

1. 以下关于合同收尾的叙述中，(　　)是不正确的。

A. 在合同收尾前的任何时候，只要在合同变更控制条款下，经双方同意都可以对合同进行修订

B. 合同收尾包括项目验收和管理收尾

C. 提前终止合同是合同收尾的一种特例

D. 合同收尾的工具包括合同收尾过程,过程审计,记录管理系统

2. 导致项目终止的因素不包括( )。

   A. 项目目标已实现 　　　　　　　　B. 项目被无限期延长

   C. 项目关键人员离开 　　　　　　　D. 项目费用超支

3. 下面哪一项不属于项目终止状态的划分?( )

   A. 自灭式终止 　　B. 附加式终止 　　C. 非完全终止 　　D. 绝对式终止

4. 项目终止按终止结果可以分为( )。

   A. 正常终止和非正常终止 　　　　　B. 成功终止和失败终止

   C. 完全终止和非完全终止 　　　　　D. 绝对式终止和附加式终止

5. 项目或阶段收尾时可能需要哪项工作?( )

   A. 项目产品、服务或成果通过客户或发起人的验收

   B. 进行项目可行性研究

   C. 实施方案编制

   D. 实施方案审核

6. 项目收尾过程是结束项目某一阶段中的所有活动,正式收尾该项目阶段的过程。( )就是按照合同约定,项目组和业主一项项地核对,检查是否完成了合同所有的要求,是否可以把项目结束掉,也就是我们通常所讲的项目验收。

   A. 管理收尾 　　　B. 合同收尾 　　　C. 项目验收 　　　D. 项目检查

7. 项目非正常终止原因不包括( )。

   A. 项目的冲突无法解决

   B. 项目任务已全部完成

   C. 项目计划太复杂,脱离实际,难以操作

   D. 项目进程中,项目监控不充分,不能预见将要发生的问题

8. 项目收尾报告包含哪些内容?( )

   A. 描述原项目的基本情况 　　　　　B. 分析项目生命周期中的客户关系

   C. 总结风险管理 　　　　　　　　　D. 以上都是

9. 项目后评价的作用不包括( )。

   A. 提高项目决策科学化水平

   B. 加强过程监督,促进项目发展

   C. 为后续项目提供历史经验教训

   D. 为国家投资计划和政策的制定提供依据

10. 项目后评价不包括哪项内容?( )

    A. 项目控制后评价 　　　　　　　　B. 项目目标后评价

    C. 项目效益和管理后评价 　　　　　D. 项目影响和可持续性后评价

11. 项目效益后评价不包括( )。

    A. 经济效益评价 　　B. 影响评价 　　C. 综合效益评价 　　D. 负面因素评价

12. 下列关于项目合同收尾与项目行政收尾的说法错误的是( )。

    A. 两者都涉及验证所有工作和可交付成果是否可以接受的工作

    B. 合同收尾包括项目验收和管理收尾

C. 项目行政收尾需要用到项目合同收尾的相关资料

D. 行政收尾是为某阶段或项目的正式结束而建立、收集和分发有关信息

13. 下列关于项目合同收尾与项目行政收尾之间的关系说法不正确的是( )。

A. 从整个项目说,合同收尾发生在行政收尾之前

B. 项目行政收尾要由项目发起人或高级管理层给项目经理签发项目阶段结束或项目整体结束的书面确认

C. 项目合同收尾则要项目业主向项目承包商签发合同结束的书面确认

D. 从整个项目说,合同收尾发生在行政收尾之后

14. 过程评价需要分析的方面不包括( )。

 A. 项目的立项、准备和评估   B. 配套设施和服务条件

 C. 项目资金的消耗情况   D. 工程进度和实施情况

15. 下列关于项目经济效益评价的说法不正确的是( )。

A. 项目后评价是对已发生的财务现金流量和经济流量采用实际值,并按统计学原理加以处理

B. 当财务现金流量来自财务报表时,应收而实际未收到的债权和非货币资金都不可计为现金流入,只有当实际收到时才作为现金流入

C. 项目后评价采用的财务数据要剔除物价上涨的因素,以实现前后评价的一致性和可比性

D. 项目经济效益评价是对项目盈利情况的评价

16. 项目影响评价的内容不包括( )。

 A. 经济影响评价   B. 环境影响评价   C. 社会影响评价   D. 资源消耗评价

17. 项目可持续性的影响因素不包括( )。

 A. 项目人员环境保护意识   B. 技术因素

 C. 财务因素   D. 环境和生态因素

18. 项目管理后评价不包括( )。

 A. 投资者的表现   B. 借款人的表现

 C. 项目执行机构的表现   D. 项目团队成员的表现

19. 下面不属于项目后评价常用的方法的是( )。

 A. 统计预测法   B. 对比分析法   C. 逻辑框架法   D. 优化管理法

20. 对比分析法在项目管理中的作用不包括( )。

A. 将实际指标与计划指标对比,用以检查项目计划的完成情况

B. 本期实际指标与上期实际指标对比,通过对比可以看出各项技术经济指标的动态情况,反映施工项目管理水平的提高程度

C. 通过对比分析找出管理的薄弱点

D. 与本行业平均水平、先进水平对比。通过这种对比,可以反映本项目的技术管理和经济管理与其他项目的平均水平和先进水平的差距

二、多选题

1. 项目收尾的主要工作有( )。

 A. 客户的验收   B. 整理项目变更记录

C. 记录经验教训 　　　　　　　　　　D. 进行项目后评价

E. 归档项目文件

2. 项目合同提前终止有(　　)。

A. 合同双方混同为一方 　　　　　　B. 合同由于不可抗力的原因提前终止

C. 合同双方通过协商,解除各自的义务 　D. 仲裁机构或法院宣告合同终止

3. 项目合同收尾的具体步骤为(　　)。

A. 核实合同付款情况 　　　　　　　B. 成本核算

C. 归还租赁来的仪器设备 　　　　　D. 测量相关方的满意程度

4. 行政收尾包括(　　)。

A. 项目结果的鉴定和记录 　　　　　B. 项目记录的收集

C. 检查和验收承包商的工作 　　　　D. 评审并终止承包商的合同

5. 项目后评价的作用包括(　　)。

A. 提高项目决策科学化水平 　　　　B. 提高项目管理水平

C. 加强过程监督,促进项目发展 　　　D. 为国家投资计划和政策的制定提供依据

E. 为银行部门及时调整信贷政策提供依据

6. 项目后评价的工作内容包括(　　)。

A. 项目目标后评价 　　　　　　　　B. 项目实施过程后评价

C. 项目效益后评价 　　　　　　　　D. 项目管理后评价

7. 哪些是项目后评价的常用方法?(　　)

A. 统计预测法　　　B. 对比分析法　　　C. 逻辑框架法　　　D. 成功度评价法

8. 下面对逻辑框架法描述正确的是(　　)。

A. 逻辑框架法是一种概念化论述项目的方法

B. 逻辑框架法的核心概念是事物的因果逻辑关系,即"如果"提供了某种条件,"那么"就会有某种结果

C. 逻辑框架法是一种综合和系统的研究和分析问题的思维框架,也是一种概念化论述项目的方法

D. 逻辑框架法把目标及因果划分为目标、目的、产出、投入活动四个层次

9. 行政收尾涵盖哪些活动?(　　)

A. 测量相关方的满意程度

B. 达到阶段或项目的完工或退出标准所必需的行动和活动

C. 为关闭项目合同协议或项目阶段合同协议所必须开展的活动

D. 收集关于改进或更新组织政策和程序的建议,并将它们发送给相应的组织部门

E. 检查和验收承包商的工作

10. 通过逻辑框架法分析项目的内容包括(　　)。

A. 项目的效率评价 　　　　　　　　B. 项目的效果评价

C. 项目的影响分析 　　　　　　　　D. 项目的可持续性分析

E. 项目的风险分析

三、判断题

1. 行政收尾是在合同收尾前面进行的。(　　)

2. 项目验收是指由项目相关方(如项目发起人和客户)对已经完成的项目可交付成果进行检查和接收。(　　)

3. 项目终止形式多种多样,按终止的状态,可以分为绝对式终止、附加式终止、整合式终止、非完全终止。(　　)

4. 项目行政收尾不需要项目合同收尾的资料,所以项目合同收尾和项目行政收尾不相关联。(　　)

5. 每个可交付成果的质量合格性和整体可验收性的检查,都应该在项目的监控阶段而不是收尾阶段完成。(　　)

6. 项目后评价可以确定项目预期的目标是否达到,项目或规划是否合理有效,项目的主要效益指标是否实现。(　　)

7. 项目后评价并不能为国家投资计划和政策的制定提供依据。(　　)

8. 项目管理后评价包括项目的成败分析和项目管理的各个环节的责任分析。(　　)

9. 项目后评价的有无对比法是指将项目实际发生的情况与若无项目可能发生的情况进行对比,以度量项目的真实效益、影响和作用。(　　)

10. 成功度评价法的关键在于要根据专家的经验建立合理的指标体系进行评价,因此不需要结合项目的实际情况。(　　)

四、简答题

1. 简述项目终止的主要因素。
2. 项目终止的分类有哪些?
3. 项目合同提前终止的情况有几种?
4. 简述行政收尾所涵盖的活动。
5. 项目后评价的内容包括哪些?

五、案例分析

某公司承接了某银行的信息系统集成项目,并任命王工为项目经理,这也是王工第一次担任项目经理。王工带领近20人的团队,历经近11个月的时间,终于完成了系统建设工作,并通过了试运行测试。王工在与甲方项目负责人简单地对接了项目交付清单之后,就报告公司项目已经结束,部分项目人员可以进行转移。王工组织剩下的项目团队成员召开了项目总结会议。随后公司的财务要求王工根据合同催甲方支付剩余30%的项目款。

当王工打电话催促甲方支付项目尾款时,甲方的项目经理告诉他项目还没有结束,甲方还没有在验收报告上签字确认,项目的很多常规性文件还没有提交,而且需要在试运行的基础上,进一步修改程序和功能设置,现在根本没有达到项目收尾的条件。

(1) 项目收尾包括哪些具体工作?
(2) 项目经理王工在收尾管理方面主要存在哪些问题?
(3) 对于软件和信息系统集成项目来说,项目收尾时一般提交的文件包括哪些?

参考文献

[1] 白思俊.现代项目管理概论[M].3版.北京:电子工业出版社,2021.
[2] 白思俊.项目管理导论[M].3版.北京:机械工业出版社,2018.
[3] 毕星,项目管理[M].3版.北京:清华大学出版社,2017.
[4] 陈关聚.项目管理[M].2版.北京:中国人民大学出版社,2017.
[5] 程敏.项目管理[M].北京:北京大学出版社,2013.
[6] 丁荣贵,赵树宽.项目管理[M].上海:上海财经大学出版社.2017.
[7] 房西苑,周蓉翌.项目管理融会贯通[M].北京:机械工业出版社,2010.
[8] 何清华,杨德磊.项目管理[M].2版.上海:同济大学出版社,2019.
[9] 霍映宝.项目管理[M].北京:中国商务出版社,2018.
[10] 哈罗德·科兹纳.项目管理2.0:利用工具、分布式协作和度量指标助力项目成功[M].付永康,周思雯,计浩耘,译.北京:电子工业出版社,2016.
[11] 哈罗德·科兹纳.项目管理案例集[M].4版.王丽珍,陈丽兰,译.北京:电子工业出版社,2015.
[12] 郭致星.极简项目管理:让目标落地、把事办成并使成功可复制的方法论[M].北京:机械工业出版社,2020.
[13] 金井露.华为项目管理图解[M].广州:广东经济出版社,2017.
[14] 高屹.不懂心理学怎么管项目[M].北京:中国电力出版社,2019.
[15] 高屹.八堂极简项目管理课[M].北京:中国电力出版社,2017.
[16] 黎亮,肖庆钊,宋瑾.项目管理PRINCE2+PMBOK[M].2版.北京:清华大学出版社,2022.
[17] 鲁耀斌.项目管理[M].北京:科学出版社,2007.
[18] 刘通,梁敏.《项目管理知识体系指南(PMBOK®指南)(第七版)》完全解读[M].哈尔滨:哈尔滨工业大学出版社,2022.
[19] 刘建荣.项目管理:操作指南[M].大连:东北财经大学出版社,2021.
[20] 刘大双,赵志高,肖莉.Microsoft Project 2013实战应用[M].北京:中国电力出版社,2014.
[21] 卢向南.项目计划与控制[M].3版.北京:机械工业出版社,2017.
[22] 莉莉安娜·布赫季科.工作分解结构实操秘诀[M].2版.汪小金,王爱萍,译.北京:中国电力出版社,2016.
[23] 玛丽莎·希尔瓦.项目经理枕边书[M].尉艳娟,译.北京:中国电力出版社,2020.

[24] 牟绍波,张嗣徽.项目管理——原理与案例[M].北京:机械工业出版社,2019.

[25] 米泽创一.项目管理式生活[M].袁小雅,译.北京:北京联合出版公司,2019.

[26] 孙彩,高晶,安宁.项目管理学[M].哈尔滨:哈尔滨工业大学出版社,2020.

[27] 苏秦.质量管理与可靠性[M].3 版.北京:机械工业出版社,2019.

[28] 孙慧.项目成本管理[M].3 版.北京:机械工业出版社,2018.

[29] 戚安邦.项目管理[M].北京:高等教育出版社,2015.

[30] 杰克·R.梅雷迪思,斯科特·M.谢弗,小塞缪尔·J.曼特尔.项目管理:战略管理的视角[M].10 版.戴鹏杰,甄真,译.北京:中国人民大学出版社,2021.

[31] 杰弗里·K.宾图.项目管理(原书第 4 版)[M].鲁耀斌,赵玲,等译.北京:机械工业出版社,2018.

[32] 汪小金.大学生项目管理通识教程[M].北京:机械工业出版社,2010.

[33] 汪小金.项目管理方法论[M].3 版.北京:中国电力出版社,2020.

[34] 徐盛华,刘彤.项目管理[M].2 版.北京:清华大学出版社,2016.

[35] 黄琨,张坚.工程项目管理[M].北京:清华大学出版社,2019.

[36] 吴承恩.西游记:名家演播版[M].曹灿,演播.郭英德,讲解.长沙:岳麓书院,2020.

[37] 叶苏东.项目管理:管理流程及方法[M].北京:清华大学出版社,2019.

[38] 于兆鹏,看四大名著学项目管理[M],北京:中国电力出版社,2020.

[39] 张喜征,彭楚钧,陈芝,等.项目管理[M].北京:清华大学出版社,2018.

[40] Project Management Institute.项目管理知识体系指南(PMBOK® 指南)第六版[M].北京:电子工业出版社,2018.